本书由

大连市人民政府资助出版

The Published book is sponsored
by the Dalian Municipal Government

U0810084

海洋经济可持续发展丛书

国家自然科学基金项目（41571126）
教育部人文社会科学重点研究基地重大项目（17JJD790010）

经济地理学视角的港城关系

郭建科 / 著

科学出版社
北京

图书在版编目（CIP）数据

经济地理学视角的港城关系 / 郭建科著. —北京：科学出版社，2018.7
（海洋经济可持续发展丛书）
ISBN 978-7-03-058110-5

Ⅰ. ①经… Ⅱ. ①郭… Ⅲ. ①港口经济-关系-城市经济-经济发展-研究-中国 Ⅳ. ①F552.3 ②F299.21

中国版本图书馆 CIP 数据核字（2018）第 133373 号

责任编辑：石 卉 吴春花 / 责任校对：孙婷婷
责任印制：徐晓晨 / 封面设计：有道文化

编辑部电话：010-64035853
E_mail：houjunlin@mail.sciencep.com

科学出版社出版
北京东黄城根北街 16 号
邮政编码：100717
http://www.sciencep.com

北京凌奇印刷有限责任公司印刷
科学出版社发行 各地新华书店经销
*
2018 年 7 月第 一 版 开本：B5（720×1000）
2020 年 1 月第二次印刷 印张：17 3/8 插页：1
字数：300 000

定价：98.00 元

（如有印装质量问题，我社负责调换）

“海洋经济可持续发展丛书”
专家委员会

主　任　韩增林（辽宁师范大学）

副主任　曾　刚（华东师范大学）

　　　　　栾维新（大连海事大学）

委　员（以姓氏笔画为序）

　　　　　孙才志（辽宁师范大学）

　　　　　杨荫凯（国家发展和改革委员会）

　　　　　狄乾斌（辽宁师范大学）

　　　　　张广海（中国海洋大学）

　　　　　张效莉（上海海洋大学）

　　　　　郭建科（辽宁师范大学）

　　　　　盖　美（辽宁师范大学）

　　　　　戴桂林（中国海洋大学）

丛 书 序

浩瀚的海洋，被人们誉为生命的摇篮、资源的宝库，是全球生命保障系统的重要组成部分，与人类的生存、发展密切相关。目前，人类面临人口、资源、环境三大严峻问题，而开发利用海洋资源、合理布局海洋产业、保护海洋生态环境、实现海洋经济可持续发展是解决上述问题的重要途径。

2500 年前，古希腊海洋学者特米斯托克利（Themistocles）就预言："谁控制了海洋，谁就控制了一切。"这一论断成为 18～19 世纪海上霸权国家和海权论者最基本的信条。自 16 世纪地理大发现以来，海洋就被认为是"伟大的公路"。20 世纪以来，海洋作为全球生命保障系统的基本组成部分和人类可持续发展的宝贵财富而具有极为重要的战略价值，已为世人所普遍认同。

中国是一个海洋大国，拥有约 300 万平方公里的海洋国土，约为陆地国土面积的 1/3。大陆海岸线长约 1.84 万公里，500 平方米以上的海岛有 6500 多个，总面积约 8 万平方公里；岛屿岸线长约 1.4 万公里，其中约 430 个岛有常住人口。沿海水深在 200 米以内的大陆架面积有 140 多万平方公里，沿海潮间带滩涂面积有 2 万多平方公里。辽阔的海洋国土蕴藏着丰富的资源，其中，海洋生物物种约 20 000 种，海洋鱼类约 3000 种。我国滨海砂矿储量约 31 亿吨，浅海、滩涂总面积约 380 万公顷，0～15 米浅海面积约 12.4 万平方公里，按现有科学水平可进行人工养殖的水面约 260 万公顷。我国海域有 20 多个沉积盆地，面积近 70 万平方公里，石油资源量约 240 亿吨，天然气资源量约 14 亿立方米，还有大量的可燃冰资源，就石油资源来说，仅在南海就有近 800 亿吨油当量，相当于全国石油总量的 50%。我国沿海共有 160 多处海湾、400 多公里深水岸线、60 多处深水港址，适合建设港口来发展海洋运输。沿海地区共有 1500 多处旅游景观资源，适合发展海洋旅游业。此外，在国际海底区域我国还拥有分布在太平洋的 7.5 万平方公里多金属结核矿区，开发前景十分广阔。

虽然我国资源丰富，但我国也是一个人口大国，人均资源拥有量不高。据统计，我国人均矿产储量的潜在总值只有世界人均水平的 58%，35 种重要矿产资源的人均占有量只有世界人均水平的 60%，其中石油、铁矿只有世界人均水平的 11%和 44%。我国土地、耕地、林地、水资源人均水平与世界人均水平相比差距更大。陆域经济的发展面临着自然资源禀赋与环境保护的双重压力，向海洋要资源、向海洋要空间，已经成为缓解我国当前及未来陆域资源紧张矛盾的战略方向。开发利用海洋，发展临港经济（港）、近海养殖与远洋捕捞（渔）、滨海旅游（景）、石油与天然气开发（油）、沿海滩涂合理利用（涂）、深海矿藏勘探与开发（矿）、海洋能源开发（能）、海洋装备制造（装）以及海水淡化（水）等海洋产业和海洋经济，是实现我国经济社会永续发展的重要选择。因此，开展对海洋经济可持续发展的研究，对实现我国全面、协调、可持续发展将提供有力的科学支撑。

经济地理学是研究人类地域经济系统的科学。目前，人类活动主要集聚在陆域，陆域的资源、环境等是人类生存的基础。由于人口的增长，陆域的资源、环境已经不能满足经济发展的需要，所以提出“向海洋进军”的口号。通过对全国海岸带和海涂资源的调查，我们认识到必须进行人海关系地域系统的研究，才能使经济地理学的理论体系和研究内容更加完善。辽宁师范大学在 20 世纪

70 年代提出把海洋经济地理作为主要研究方向，至今已有 40 多年的历史。在此期间，辽宁师范大学成立了专门的研究机构，完成了数十项包括国家自然科学基金、国家社会科学基金在内的研究项目，发表了 1000 余篇高水平科研论文。2002 年 7 月 4 日，教育部批准“辽宁师范大学海洋经济与可持续发展研究中心”为教育部人文社会科学重点研究基地，这标志着辽宁师范大学海洋经济的整体研究水平已经居于全国领先地位。

辽宁师范大学海洋经济与可持续发展研究中心的设立也为辽宁师范大学海洋经济地理研究搭建了一个更高、更好的研究平台，使该研究领域进入了新的发展阶段。近几年，我们紧密结合教育部基地建设目标要求，凝练研究方向、精炼研究队伍，希望使辽宁师范大学海洋经济与可持续发展研究中心真正成为国家级海洋经济研究领域的权威机构，并逐渐发展成为“区域海洋经济领域的新型智库”与“协同创新中心”，成为服务国家和地方经济社会发展的海洋区域科学领域的学术研究基地、人才培养基地、技术交流和资料信息建设基地、咨询服务中心。目前，这些目标有的已经实现，有的正在逐步变为现实。经过多年的发展，辽宁师范大学海洋经济与可持续发展研究中心已经形成以下几个稳定的研究方向：①海洋资源开发与可持续发展研究；②海洋产业发展与布局研究；③海岸带海洋环境与经济的耦合关系研究；④沿海港口及城市经济研究；⑤海岸带海洋资源与环境的信息化研究。

党的十八大报告提出，要提高海洋资源开发能力，发展海洋经济，保护海洋生态环境，坚决维护国家海洋权益，建设海洋强国。当前，我国经济已发展成为高度依赖海洋的外向型经济，对海洋资源、空间的依赖程度大幅提高，今后，我国必将从海洋资源开发、海洋经济发展、海洋科技创新、海洋生态文明建设、海洋权益维护等多方面推动海洋强国建设。

“可上九天揽月，可下五洋捉鳖”是中国人民自古以来的梦想。“嫦娥”系列探月卫星、“蛟龙号”载人深潜器，都承载着华夏子孙的追求，书写着华夏子孙致力于实现中华民族伟大复兴的豪迈。我们坚信，探索海洋、开发海洋，同样会激荡中国人民振兴中华的壮志豪情。用中国人的智慧去开发海洋，用自主创新去建设家园，一定能够让河流山川与蔚蓝的大海一起延续五千年中华文明，书写出无愧于时代的宏伟篇章。

"海洋经济可持续发展丛书"专家委员会主任
辽宁师范大学校长、教授、博士生导师
韩增林
2017 年 3 月 27 日于辽宁师范大学

前　言

港口城市是沿海区域发展的重要增长极，港城关系不仅是港口城市可持续发展的主要矛盾之一，也是沿海地区港口–腹地经济地域系统发展的基本动力之一。港口与城市的关系是地理学、经济学、城市科学和交通运输科学等的交叉领域，并以地理学为主，是城市地理学、交通运输地理学、港口地理学等研究的交汇点。以港口为节点展开的活动与形成的联系，绝大部分具备空间特征，大多与港口–城市–区域这一发展背景相关。因此，港口演变与城市发展的关系，强调区域宏观分析与城市微观解构的对接，其研究对港口本身、港口城市和沿海区域发展实践具有重要的指导意义。

经济地理学视角的港城关系研究核心是港口与城市发展在特定的、不同尺度时空背景下的空间经济关系。与其他学科相比，经济地理学研究港城关系除考察港口与城市的经济关系外，更强调两者之间的功能关系和空间关系。更准确地说，经济关系是背景和条件，空间关系是主线，功能关系是纽带。随着现代港口经济与港口城市发展日新月异，港与城在有限空间内共存，相互作用不断强化，影响日益深刻。港城关系已成为影响港口、城市及沿海区域发展的重要因素，相关的研究成果也不断涌现。但由于其研究对象的学科交叉性和边缘性，多数学者虽注意到了港口与城市、区域发展的空间关系问题，但多将该研究看作港口研究的副产品，目前尚缺乏全面、深入地对港口与城市关系研究的理论梳理和总结。

本书紧密围绕从港口城市的区位选择与生产、空间生产，到港口及城市空间发展演化，再到区域体系及区域联系的逻辑主线，从微观入手，以港城相互作用关系为纽带，在港口城市发展演化中逐步扩大空间尺度，诠释经济地理时空变迁中的港口与城市关系。本书的特色或创新之处主要表现在以下几个方面。第一，在理论分析、方法体系和案例与实证位序上，结合国外学者的经典理论和国内学者的主要贡献，从港口城市形成发展的区位选择——港城关系的萌芽与基础，到港口城市随港口功能演化不断实现空间扩张——港城关系的时空变迁，再到港口城市内部空间生产与区域港口城市体系发育——港城关系在不同尺度的特质与表现，将港城关系以港口城市的形成、发展、演化、转型的逻辑脉络连接起来；从理论与方法、实证与案例、微观与宏观等不同维度，全面阐述和立体呈现港城关系经济地理学内涵及相关主题，构建经济地理学视角的港城关系研究理论、方法技术体系。第二，结合作者在该领域长期的理论、实证等方面的研究积累，全面梳理了国内外相关理论方法成果，通过检索国内外主要文献，总结概括了经济地理学学者研究港城关系的主要模型和计量方法，期望为从事相关研究的科研工作者和高等院校学生提供一个较为全面实用的工具书。同时，在案例分析方面，主要运用大量研究实证，为读者联系理论与方法运用、体会不同城市及区域的港城关系特征提供生动素材。

本书由大连市学术专著资助出版评审委员会资助出版。作者指导的研究生参与了第五章、第六章、第七章第三节、第九章至第十一章的部分内容编写，他们是何瑶、吴陆陆、杜小飞、王丹丹、谷月、陈园月、杨文毅、金一，秦娅风、侯雅洁、王雯雯、董梦茹、孙景田参与了校对工作，在这里对他们一并表示感谢。

郭建科

2018年4月

目　　录

从书序 / i

前言 / v

上篇：理论与方法

第一章　绪论 / 3

第一节　港城关系的内涵 / 4

第二节　经济地理学视角的优势与特色 / 5

第三节　相关研究主题与进展 / 6

第四节　基本范畴与研究范式 / 19

第五节　现有不足及今后研究趋向 / 21

第二章　西方学者的经典理论 / 25

第一节　港口区位论 / 26

第二节 港-城空间模型 / 30
第三节 港口功能演化理论 / 36
第四节 港口体系演化理论 / 38

第三章 中国学者的理论贡献 / 43

第一节 港口区位势 / 44
第二节 海港城市成长模式 / 47
第三节 港口枢纽网络结构理论 / 49
第四节 港城空间互动模式 / 52
第五节 “港-城空间系统”理论 / 54
第六节 港城系统熵模式 / 58
第七节 港口（城市）体系演化理论 / 59

第四章 港-城空间相互作用的机理分析 / 65

第一节 港城关系演化的驱动机制 / 66
第二节 临港产业集聚的牵引机制 / 72

第五章 相关数量方法及空间计量模型 / 77

第一节 从 RCI 到 DCI 的港城关系测定指数 / 78
第二节 港城耦合系统测度模型 / 83
第三节 港口城市土地利用模拟的分形模型 / 89
第四节 临港产业集聚水平测度模型 / 93
第五节 港口城市体系位序-规模法则 / 97
第六节 港城关系的区域空间计量分析 / 99

下篇：案例与实证

第六章　港口区位引发城市发展的势能积蓄——基于辽宁省港-腹双核的消长及正负效应分析 / 115

第一节　辽宁省的城市结构及相关模型构建 / 116

第二节　区域交通可达性的时空演化 / 120

第三节　内外联系的综合可达性及城市分类 / 123

第四节　可达性的区位因素及其抗阻能力分析 / 125

第五节　主要港口及腹地城市区位优劣 / 128

第七章　港城互动的纽带——从临港优势到产业集聚 / 131

第一节　不同产业对临港区位的依赖程度分析 / 132

第二节　临港服务业的集聚——基于企业视角 / 137

第三节　临港制造业的集聚——以石化产业为例 / 143

第八章　港城关系作用下的城市空间生产 / 157

第一节　大连港-城空间系统演化特征 / 158

第二节　青岛港城发展的空间关联特征 / 168

第三节　宁波港城空间结构演化过程 / 173

第九章　港城关系分类及其要素驱动模式比较 / 177

第一节　辽宁沿海港口成长的影响因素分析 / 178

第二节　基于 DCI 的环渤海地区港口城市港城关系测定 / 186

第二节　环渤海地区港城要素驱动模式差异 / 191

第十章 港城耦合的系统评价与多尺度分析 / 197

第一节 环渤海地区港城耦合协调度测定与比较 / 198

第二节 环渤海地区港口-城市体系偏移增长与重心耦合态势 / 206

第十一章 港口城市的区域体系及网络联系 / 217

第一节 环渤海地区港口体系位序-规模分布演化特征 / 218

第二节 区域港口体系的航运网络联系 / 232

第三节 多功能视角的中国港口城市等级体系 / 237

第十二章 港口城市发展的区域协调与空间管治 / 243

第一节 案例区域：辽宁沿海港口城市概况 / 244

第二节 港口-城市-产业系统存在的矛盾与问题 / 246

第三节 协调发展与空间管治策略 / 249

参考文献 / 253

彩图 / 263

上篇：理论与方法

第一章

绪　论

第一节 港城关系的内涵

港口与城市发展的关联分析一直是学术界研究的热点问题，两者存在必然联系，而港城关系的基础则是港口经济。现代港口经济是以港口为中心，港口城市为载体，综合运输体系为动脉，港口相关产业为支撑，海陆腹地为依托，并实现彼此间相互联系、密切协调、有机结合、共同发展，进而推动区域繁荣的开放型经济（董维忠，2005）。通过以上概念可知，港口经济是陆地经济和海洋经济的结合，是在市场条件下，按照经济合理的原则，通过港口发挥其辐射和聚集作用，使货物、科技、加工、生产等资源实现充分而便捷的交流与配置。

港口经济主要由经济中心、经济腹地和经济网线三种经济要素共同组成，这些经济要素相互作用、相互联系共同形成一种有机的社会经济系统。其中，港口城市是港口经济的空间载体和经济中心，港口城市利用其优越的区位条件和交通条件，对各资源要素产生强大的吸引力，各种要素通过港口经济循环实现增值，并使港口城市成为资源转化、物资集散、资金配置、信息交换、人才集聚的经济中心（赵鹏军和吕斌，2005）。世界上大多数沿海城市的产生和发展，大多是先有港口的兴盛而后有城市发展，城市的繁荣又促进港口的壮大。港口是在世界范围内吸纳人流、物流、资金流、技术流、商流和信息流等各种生产力要素的重要平台，各种资源不断得到优化配置，形成了诸多具有经济中心、贸易中心、金融中心和国际航运中心等功能的国际著名港口城市（杨镜吾和沈豹，2006）。

抛开港口经济的大概念，单就港口的基本功能——运输枢纽及其空间边界来讲，港口是港口城市的重要组成部分，但前者对后者的物质外貌和经济职能的形成起着重要作用，故在有些场合下，港口是港市的同义语（杨吾扬和张国伍，1986），由此足见港城关系对于港口城市的重要性。一般而言，港口对城市发展的拉动主要表现在直接和间接两个方面，前者为货物的运输、储存和加工，后者为对相关产业的促进和优化。城市对港口的推动也主要表现在直接和间接两个方面，前者指城市贸易的产生对商品进出口的需求推动港口物流发展；后者指城市临港产业的壮大和人口集聚促进贸易繁荣（杜小飞和郭建科，2014）。根据王缉宪（2010）的观点，港城关系有很多方面，如功能关系、空间关系、财政关系、人事关系、组织关系等，它们之间有很多交叉，并不容易将任何单一关系拎清。从港口城市本体出发，他将港城关系的内涵归纳为四个方面。

第一方面是经济与功能关系，作为不同运输方式衔接的一个界面环境，港口对于其所在城市来说，首先是经济影响。这种港城经济关联度和贡献可大可小，与每个具体港口在运输系统中的功能及扩展的其他附属功能有关，也与该城市的经济结构及其区域功能有关，且这种关系一直处于动态变化中。经济关系包括城市对港口的需求、港口对产业发展的影响、城市对港口的投入、港口提供的就业机会、港口对城市整体经济的贡献等多个方面。

第二方面是地理形态互动关系。港口和城市在逐渐发展过程中可能走向兴盛也可能走向衰落，但在这个过程中，城市空间格局及其各组成部分的相互关系不仅影响港口本身的运作，而且港口的选址及空间拓展也限制了城市未来变化的某些可能或者引导不同的发展方向。同时，新港的选址不但与城市环境及格局有关，而且港口及城市在扩展规模上的互动过程、滨水岸线再开发也属于港城空间关系的重要部分。

第三方面是港口为城市带来的区域联系或外部网络关系。港口作为运输节点，一旦吸引到大量的腹地货源或海上航线，进而连接内陆腹地的各种运输方式转型为区域物流中心，其区域联系和外部网络变得极为庞大。在全球化、区域一体化等趋势下，港口成为所在城市参与国际生产贸易网络的切入点，为一个城市带来难以想象的发展机会和成长空间。

第四方面是协调管治关系，这层关系包括城市对于港口及其所用土地的拥有权、管理权、规划参与、控股方式及各层面的行政管理关系。随着国际码头、保税园区、自由港等新兴港口区域及港口管理体制的转变，这种关系将更加复杂化、多元化。

第二节 经济地理学视角的优势与特色

港口与城市的关系是地理学、经济学、城市科学和交通运输科学等的交叉领域，并以地理学为主，是城市地理学、交通运输地理学、港口地理学等研究的交汇点。以港口为节点展开的活动与形成的联系，绝大部分具备空间特征，大多与港口-城市-区域这一发展背景相关（徐永健等，2001）。因此，港口演变与城市发展的关系，强调区域宏观分析与城市微观解构的对接，其研究对港口本身、港口城市和沿海区域发展实践具有重要的指导意义。

与其他学科相比，经济地理学研究港城关系除考察港口与城市的经济关系外，更强调两者之间的功能关系和空间关系，或者更准确地说，经济关系是背景和条件，空间关系是主线，功能关系是纽带。与此同时，经济地理学不同子学科也有自身的独特视角和特殊性。其中，城市地理学的研究重心是在区域和城市两种尺度的地域系统中考察城市空间组织（许学强，1997）；交通运输地理学的研究对象是交通运输在生产力地域组合中的作用，客货运输及流向分析、交通线网或枢纽的地域结构和类型（杨吾扬和张国伍，1986）；港口地理学的核心主题是阐释港口的要素、形态和过程（王成金，2008）。有鉴于此，经济地理学研究港城关系主要有三种方式。第一，以港口为中心，探讨港口形态、要素、功能及其空间成长与城市、区域的关系问题。第二，以城市为中心，将港口作为城市要素，探讨港口与城市在产业、功能、空间成长等方面的关系问题。第三，以整个区域为中心，围绕港口与港口、港口与城市、港口与腹地区域的关系，将港口作为交通枢纽或将港口城市作为增长极，探讨港口与城市、港口群与城市群、港口体系与城市体系在产业、功能及要素流动方面的关系问题。

随着现代港口经济与港口城市发展日新月异，港与城在有限空间内共存，相互作用不断强化，影响日益深刻。港城关系已成为影响港口、城市及沿海区域发展的重要因素，相关的研究成果也不断涌现。但由于其研究对象的学科交叉性和边缘性，目前尚缺乏全面、深入地对港口与城市关系研究的理论总结和梳理。多数学者虽注意到了港口与城市、区域发展的空间关系问题，但多将该研究看作港口研究的副产品，尚未有深入、系统的理论梳理和全面分析（郭建科和韩增林，2010）。

第三节　相关研究主题与进展

一、港口区位促发的城市及区域发展

地理视角的港口研究始于德国学者 E.A.高兹（E.A.Kautz）于 1934 年所著

的《海港区位论》（杨吾扬和张国伍，1986）。受区位论影响，相关学者最早是从港口区位认识中关注区域内港与城的相互位置关系，认为“门户功能”与“中心地”同时存在，交通城市从事装卸货活动，沿交通路线集结服务设施。这些城市倾向于沿铁路线或海岸线呈线状分布……城市在交通路线的聚合点或端点发展，它们对交通的依赖破坏了中心地法则带来的对称性……（Ullman and Harris，1945）。

港口区位的生成、发展与演化，是港城关系发生、发展的先决条件。从区位论开始，港口区位就成为沿海区域发展的增长极和活跃的节点。在西方国家，随着全球化的深入发展和国际贸易的日益繁荣,产业临港布局的趋势更加明显，进而带动港城工业化及其空间效应的研究。

Olivier 和 Brian（2006）认为港口作为一类地理空间，也是一种经济系统。港口发展面临现代物流重组的新环境，在全球化及综合物流下发生角色转变。20 世纪 60～70 年代，海运革命和国际贸易促使以港口为主的海岸带开发兴起，出现了临海工业布局趋向，许多国家依托港口及其毗邻区域配置工业增长点，临海工业开发区成为政府对国家经济干预的重要手段（董洁霜和范炳全,2006）。港口工业化及其对城市的空间作用与影响成为该时期港口与区域发展相关的研究重点和热点。Hoyle 和 Pinder（1981a）在 *City Port Industrialization and Regional Development* 一书中，将港口发展、城市扩张、工业发展及区域开发的交互作用作为主题。他们认为“作为多式联运的重要节点，港口往往发展成为一个主要工业集聚点和重要的就业地点，以及国家和地区经济发展的增长极点”。Vigarie 将该书中临海工业开发区的区域空间作用归纳为五个方面：①吸引直接相关或依赖于基本核心工业的其他工业；②地方为工业区的发展提供支持与补给，促进工业区的区内、区际经济相互作用，从而使工业区协同于当地环境；③多种产业融合于工业区并产生自增长（self-generating）效应；④直接或间接吸引劳动力；⑤工业区连接多种交通网并成为人口迁入中心，从而增强其自增长效应。后来，Hoyle 和 Hiling（1984）应用协同发展理论，从港口-城市-腹地横向系统，探讨港口、工业与城市、区域的空间相互作用及其变化。70 年代以来，国外学者对全球范围内正在兴起的自由港或许多国家在其主要港口设置自由贸易区、出口加工区、免税区等类似自由港的现象进行了深入研究（Pollock，1973，1981）。

改革开放后，中国沿海港口城市的区位优势得到释放，港口建设和临港工业布局加快，港口区位选择的问题亟待解决。基于现实需求，地理学者从海港的经济地理区位分析入手，从宏观和微观两个空间尺度探讨港口与城市的空间成长规律，进而成为港城空间关系研究的主要内容，对我国现代港口地理学的发展和港城关系研究的理论范式形成产生了深远影响。

（1）区域层面的港口城市空间体系研究

中国学者重视在大的区域尺度内，通过比较分析，考察沿海港口城市空间体系的形成与演变问题。郑弘毅（1982）、郑弘毅和顾朝林（1987）率先对此进行了系统研究，其观点主要有三个方面：①从海港城市性质看，海港城市是按其交通职能和地理位置划分的一种特殊的城市类型。空间上，港口是城市的一个重要组成部分；时间上，港口与城市同步发展，互为消长。港口的形成和发展极大地制约了我国海港城市体系的形成与发展。②从区域空间格局看，在地区范围内原有城市体系中，当其中一个城市由于港口建设而引起海港吞吐能力发生重大变化的情况下，各城市之间、港口之间的原有吸引范围将会重新调整，各经济部门从布局到结构都将产生新的消长过程，直至达到新的平衡。③从港城空间相对位置看，港口与城市的距离要求与城市规模成正比。城市规模大，经济力量强，城市与港口的距离即使远一些，也仍能起到城市的依托作用。王成金（2007）对秦汉时期以来中国港口分布格局的发展过程与空间特征进行系统解析，并从产业布局、政治经济空间关系、大宗物资运输、国际贸易、外来势力和现代交通等多角度出发，深入分析了中国港口分布格局演化的基本机理。最终从空间格局演化轨迹、首要港口变迁、驱动机制、港口体系开放性、港口区位和发展阶段等角度，系统总结了中国港口分布格局的基本发展规律，揭示了港口及港口城市的兴衰、空间格局与国家历史文明进程的深度关联。

（2）区域港口空间演化与城市及腹地格局重构

从微观层面看，许多学者探讨港区建设与城市的空间扩散问题，指出港城互为依存，上海新港选择应有效配合城区扩散，金山嘴建港具有利于城市用地规模、工业布局和水系整治三方面的区位优势（郑弘毅，1982；郑弘毅和顾朝林，1988）；他们的研究还表明我国海港城市发展，城市布局形态演变和用地发展方向趋向一城多镇的布局形式，逐渐从单心组团式布局结构向多心分散式布局结构演变，具有海港建设深水化、港城布局分散化的客观发展规律。杨吾扬和张国伍（1986）在《交通运输地理学》一书中指出，港口同所在城市在地域上如何布局，对港口和城市职能的发挥及未来的发展有关键性的影响；并从港口与城市相对位置、港口配置与城市用地组织、港口作业区配置、港口和港外仓库等多方面，详细论述了港口城市中港与城的空间关系问题。高小真（1990）分析了中国改革开放初期短缺经济状态下的港城相互作用。

从区域层面看，王铮等（2002）提出港口枢纽网络结构理论，分析港口空间演化对区域发展的影响，阐述这种网络结构形成的机理。董洁霜和范炳全（2003）、董洁霜等（2006）结合区位势理论，提出港口区位势的概念、计算模型，并探讨其区位势的增长机制。郭建科和韩增林（2014）提出海港空间效应的概念、识别模型，从城市和区域两个层面，分析港口产生的地域空间效应特征、机制与路径。

二、港-城演化模型及空间成长规律

Morgan（1952）对港口形态进行了系统分析。Taaffe 等（1963）以加纳和尼日利亚为例，将“龙头”港的产生和港口序列的形成过程看作是导致港口区位空间格局发生变化的重要因素，成为最早的港城发展动力模型。英国地理学家 Bird（1965）通过考察英国河港的发展过程，提出了著名的港口通用模型（Anyport）理论，将港口发展划分为六大阶段，并通过刻画港口功能提升和形态空间拓展的规律，揭示了港城空间关系变化特征及空间分离的必然趋势。该模型开创了港-城空间模型研究的先河，成为港口发展基础理论，后来多位学者对 Bird 模型进行修改和拓展，产生了一系列丰富的研究成果。Hoyle（1989）提出 Anyport-type 模型，更加强调了港口和城市的联系。Barke（1986）基于欧洲诸港建立了集装箱主枢纽港的生命周期五阶段模型，认为在最后阶段，规模较大、发展迅速的港口区域开始面临拥挤的困境后，鼓励一些港口活动离开城市核心向不拥挤的郊区港区发展，港口分散化趋势意味着从主要港口到毗邻不拥挤的新港口的迁移。近年来，Notteboom（2005）又提出港口发展三阶段论。此外，McGee（1967）曾总结出东南亚港口城市空间结构模式，形象地刻画了海港城市空间结构特点。港口通用模型为不同区域河口港间进行比较提供了一种简便、可行的方式。特别是对全球大港而言，港口通用模型具有全球普适性，首次考虑了港城相互作用问题。但该模型的不足之处在于对港口服务的陆向腹地和由班轮服务的海向腹地，尤其是航运活动考虑较少（徐永健等，2001）。

在国内，吴传钧和高小真（1989）以港口与城市的功能演化为视角，以功能演化的动力机制为基础，探讨海港城市的一般成长模式，将海港城市的成长分为初级商港型、港口工业型和多元化型三个阶段。与“港口通用模型”相比，该模型更加强调港城在功能和产业上的联系，并阐述了港城空间关系的强度变化规律，成为后来国内港城关系研究的基础模型，为我国发展港口与港口城市互动理论奠定了基础。许继琴（1997）提出港口城市成长四阶段论，即港城初始阶段、港城相互关联阶段、港城集聚阶段和城市自增长阶段；认为港城集聚阶段是在港口工业化基础上发挥港口产业的空间聚集和协作引力并产生乘数效应，使港城产业体系趋于完善。万旭东和麦贤敏（2009）从港口对城市空间布局与发展方向、产业结构、交通体系的建立、城市生态保护策略等方面系统阐述了港口在城市空间组织中的作用（图 1-1 和图 1-2）。郭建科和韩增林（2013）提出了中国式海港城市“港-城空间系统”演化理论，基于港城关系将港口城市的空间演化过程阐释为港城形成初期的港-城共生、港-城空间集聚、港口外迁与城市裂变、港-城双向网络发展四个时序阶段，并在吴传钧港城关系数理模型的基础上，扩展了港城关系演化的新阶段和新特征，深化了港城相互作用的动力机制及其演化过程。赵鹏军和吕斌（2005）、梁国昭（2008）、李加林（1998）、李加林等（2008）、郭建科等（2013）结合鹿特丹、广州、宁波、大连等案例，揭示港口作用下的城市空间拓展和形态变化规律，探讨港城关系作用下的港口城市空间演化路径。此外，在港城模型构建方面，王缉宪（2010）、庄佩君和汪宇明（2010）、梁双波等（2007）、陈航等（2009）、郭建科和韩增林（2013）分别从不同视角探讨港城关系的生命周期和变化规律，总结港城关系变化的作用机制，试图揭示港城关系发展的新阶段、新特征和不同类型港城关系的发展差异。

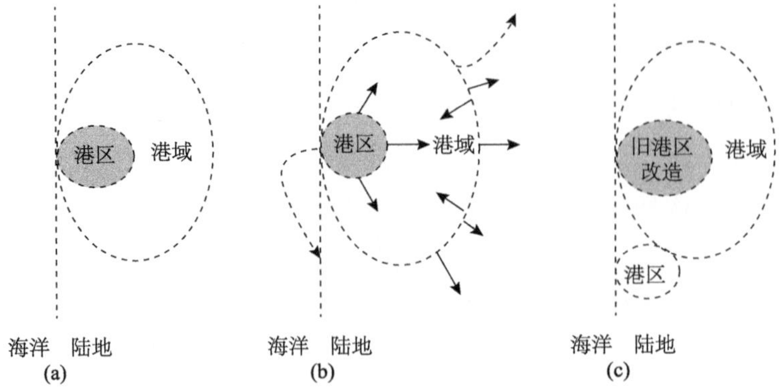

图 1-1　港区和港城空间变化趋势

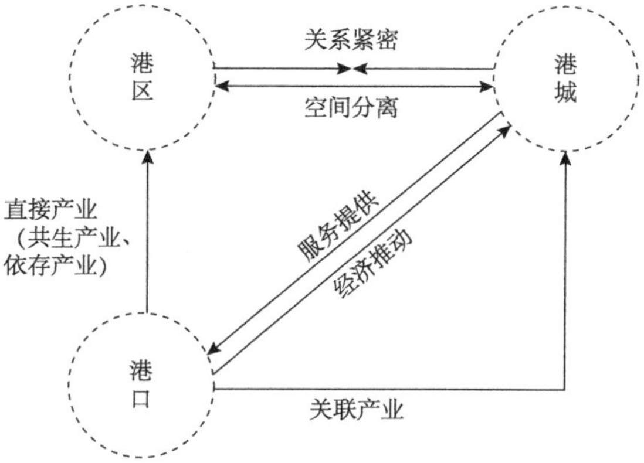

图 1-2 港区和港城空间变化的内在机理

许多学者还注意到了影响港城空间关系的新因素和新作用。一方面，随着海运技术变革所带来的港口区位变化，船舶大型化、港区外迁与深水港发展等发展趋势对港口及其城市空间演变产生了新的影响。另一方面，当老海港城市成为经济中心，由于城市规模的扩大，港口泊位增多，以及港口水深要求提高，港口布局向经济中心外围扩散。新建港口相应作为依托的小港城，往往就是老港城的卫星城镇。海港城市具有海港建设深水化、港城布局分散化的客观发展规律。张耀光等（2006）探讨了洋山深水港对上海国际航运中心建设的地域空间作用。郭建科和韩增林（2006）分析了港口主导下现代物流参与港口城市空间再造的机制，构建了其空间路径。肖红（2008）分析了集装箱运输对港口城市交通的影响。

三、港城功能关系的测定

Vallega（1968，1979）用每个居民的商业海事吨数反映国家对港口的依赖程度，利用 RCI（relative concentration index，相对集中指数）衡量港口地区和人类居住地间的组织状况。Kenyon（1974）运用每个居民的平均船货吨数度量美国港口城市的运输功能和城市规模的相对重要性。20 世纪末 21 世纪初的港城关系深入结构研究并强调可持续发展能力，Turner 和 Bateman（1998）从可持续发展的角度对不列颠海岸带的环境和社会经济变化做了方法论的探讨。法国地理学家 Ducruet 和 Lee（2006）等提出港口功能和城市功能的关系矩阵，在港城关系研究方面实现了质的飞越。

在国内，吴传钧第一次将定量思维引入中国的港城关系研究中，并对中国北方海港进行分类比较后，建立了港城关系强度的数理模型，认为港城关系强度是一个循环上升的过程。近年来，从功能要素、功能演化等方面研究港城关系的成果也逐渐增多，基本围绕以下三个方面进行。一是港口拉动城市发展。沈秦伟等（2013）对大连市港口物流与城市经济增长的因果关系进行探讨。杜小飞和郭建科（2014）对辽宁沿海经济带港口拉动城市发展的脉冲响应进行分析，探讨了港城关系的影响因素。二是城市推动港口发展。郭建科等（2015a）运用脉冲响应函数探讨辽宁沿海各城市对港口成长的影响因素变化。三是港城关联度、耦合协调状态的判定及测度，这方面的成果较为丰富。梁双波等（2007）运用灰色关联度分别测算南京港城关联发展程度变化特征。陈航等（2009）、姜丽丽等（2011）运用 RCI 对不同区域港口城市的港城功能关系和港城规模关系进行测算，并据此对港口城市进行类型划分，分析不同港口城市阶段演进的差别。武强（2012）运用相对集中系数和 RCI 揭示 1916～1936 年近代中国港城关系变迁特征。

港城系统耦合及空间系统关联性是近年来研究港城关系的一个新视角。杨山等（2011）通过构建港城耦合的 PU-SD 模型（port-urban system dynamics model），剖析港城耦合系统多重反馈机理和各系统相互作用过程，并运用综合发展度和系统熵从要素构成、横向测度、系统有序状况等方面测算连云港港城系统涨落及演进规律。郇恒飞等（2012）运用协调度对连云港港城协调发展度进行评价，分析港城关系演化轨迹。郭建科等（2015b）在提出中国海港城市港-城空间系统演化模型的基础上，深化了港城关系强度曲线变化规律。他们还针对港城关系多个定量方法的优缺点，提出了 DCI（dynamic concentration index，动态集中指数）的概念，用 DCI 表达动态 RCI 的含义，并综合运用港城发展的弹性系数和港城增长的相对集中指数构建 DCI 定量识别模型，进而运用脉冲响应函数分析不同港口城市港城关系的影响因素和动力机制，进一步深入了对港城关系的功能联系和作用机制的研究。

四、港城界面与港城空间规划

20 世纪 90 年代后，国内外地理学者重点关注港城界面的空间利用与空间多元化。对于港口城市发展中现实问题的关注，促使学者对港城界面即滨水区进行了广泛研究，出现了 90 年代著名的“滨水区复兴运动”，成为国际上港口与城市空间联系研究的一个高潮。McCalla（1985）认为只要某岸线近期存在活跃的港口生产活动，则该岸线两侧的用地就可成为滨水区。60～80年代，一些位于城区内的港区因不再适用于港口生产而遭到废弃。到90年代，城市滨水区再开发已经成为全球地理学家和城市规划师探讨的热点之一。世界各地的港口正经历着长期艰苦的老港区重建过程。主要做法都是在港城界面地区引入新的、适应于发展趋势的功能，包括休闲与娱乐、科技等第三产业和文化功能，从而使这一区域在工业结构调整和运输技术发展的新条件下，成为港口城市一个立体、复合的综合功能区。Hall（1991）认为滨水区再开发的意义可与50年代的修建高速公路运动和 60 年代的新城运动相提并论。港城界面地区的复兴成为20世纪末城市港口规划系统面临的主要挑战（Pinder et al.，1988）。徐永健等（2001）认为滨水区再开发与港口城市更新和经济转型密不可分，是港城关系发展中的最新阶段，它主要针对港口逐渐远离城市核心区后的空间利用问题。

进入21世纪后，众多学者关注港城功能空间多元化。部分学者将海岸带看作是沿海城市、海港和工业区融为一体的地域空间，注重港城发展与环境的关系；指出影响港口城市发展的环境应包括港口城市之间竞争的经济环境和海洋运输的技术环境（Chaline，1993）；探讨如何改善港口周围传统的令人不悦的环境，进一步将对居住有影响的港口活动迁出居住区，装备现代化的污染处理设施等（Miguet，1993）；通过编制滨海地区总体规划并建立重要的沿海鱼类及野生动物栖息地的保护区，如纽约（Lilian，1993）。

经济全球化，以及中国应对世界经济变动和能源格局的战略调整，引发了我国新一轮海港城市建设实践。2000年以来，城市规划师结合自身的规划实践，将港区开发与港城建设联系起来，探讨港城空间规划理论与实践。

1）港城界面再开发与港城空间融合研究。何子张和段进（2005）从用地、道路网络、界面、节结地和空间组织关系五方面探讨青岛港区及毗邻区在工业化和城市化快速发展过程中，面临的提升、转型和治理及与城市空间形态的融合问题。胡峰等（2006）通过考察广州历次城市空间拓展与港口发展的关系，指出广州港城空间矛盾主要表现在港区与城市互争发展空间；大型港区移动带动港口工业并形成大量生产岸线；游览岸段日益成熟，带动了客运码头的发展，推动了滨水公共空间不足、滨江景观环境差等问题的解决。周铁军和陈威成（2008）从社会价值、功能变化和城市景观等多个方面，分析客运码头发展与城市空间的脉络关系演化；认为港口码头转变为公共活动空间，港口码头与城市肌理关系的交接出现了性质转变,表现为空间的相互渗透及与城市的景观融合。赵晓波（2008）提出厦门港区更新与改造的具体方案及开发策略。

2)港口主导下的城市空间规划与发展模式研究。港口城市拓展中出现的空间冲突问题，迫使城市管理者认识到必须通过空间规划加快港与城的发展模式转变，实现港与城的协调发展。朱力等（2009）指出港口及与之配套的集疏运体系是天津空间结构变动的关键性推动者。当前港口和城市的空间关系更多地表现为港城空间冲突和矛盾，应通过开辟新港，带动临港工业发展，疏解老港压力。万旭东和麦贤敏（2009）提出在港口区域定位下，以生态优先为原则，考虑港口产业体系，进行产业空间布局；通过强化港城空间联系的交通体系实现对港口城市空间组织发展变化的引导。此外，干靓翻译了 Dirk Schubert 的文章，分析汉堡港转型过程中港岸区域的开放、改造、再利用问题，揭示其港岸区域产业、土地空间置换特点，探讨若干重大项目在港城开发中的定位（Schubert，2006）。林艳君（2004）探讨宁波从河港到海港变迁下的城市空间优化策略。郝之颖（2007）探讨大连长兴岛新建海港城市的发展动力、启动方式、空间发展模式选择。总之，港城空间关系是一个“共生、分离、融合、再分工”的螺旋状循环发展过程；巨型港口城市在二次崛起的发展阶段，临港新区与中心城区过分的功能空间分离不利于港区要素集聚和对腹地区域空间效应的发挥,临港新区必须提升综合服务功能,才能实现港口城市复兴的历史进程。

3）随着对港口发展新因素的关注，港口与城市空间研究的视角逐渐多元化，空间尺度也由港城界面，转向海岸带综合开发利用。张耀光等（2004）提出以港口开发和岸线综合利用及生态保护为基础的海洋产业发展思路，将岛屿港口开发带动造船等临港产业布局调整、崇明海岛生态旅游城作为上海城市特色空间的重点加以培育。林桂兰和左玉辉（2007）剖析了厦门城市化过程中形成的以海港、海湾为核心，海经济、海景观、海文化、海安全、海生态和海健康“六位一体”的海湾城市复合系统。

五、临港产业在城市的集聚与扩散

产业集聚是经济学、地理学关注的热点领域，但由于临港产业的识别具有相对性，概念、内涵比较宽泛，因此以临港产业为对象研究产业集聚与扩散的学者和成果不是太多，但随着临港产业集群化态势日益明显，这方面的成果也逐渐增多。Haezendonck（2001）最早提出临港产业的概念，并用“钻石模型”分析临港产业集群；de Langen（2002）对临港产业集群的界定、结构、绩效及政府对集群的监管进行了系统地研究。国内学者的研究主要集中在以下四方面：一是产业临港集聚的依赖程度及选址问题；二是从区域尺度对临港产业集聚水平进行测定并分析城市差异；三是对临港产业与城市空间拓展、居民感知等进行多维度空间分析；四是港航企业的空间集聚、扩散及对城市产业空间成长的影响。

（1）产业临港集聚的依赖程度及选址问题

国内较早研究临港产业集聚的学者是惠凯（2004），他详细界定了临港产业的概念，总结了集聚产生及发展成集群的动因和内外部条件。邬珊华等（2014）以钢铁产业、石化产业、汽车制造产业为对象，分析和对比其空间分布特征，研究这三类临港产业选址行为的差异。研究表明：石化产业靠近沿海沿江区域的现象最明显，其离散程度介于钢铁产业和汽车制造产业之间；钢铁产业除选址在沿海沿江地区外，还有部分选址在离矿山较近的内陆地区，其离散程度最大；而汽车制造产业选址靠近沿海区域的现象不显著，其离散程度最小；产业选址效用随到港口、原材料供应地、产品市场可达性的提高而增加，随地价和劳动力成本的上升而减少；临港产业临港需求的产生主要受产业运输成本驱动，经比较发现石化产业的综合运输成本高于钢铁产业，因此石化产业表现出最强的临港偏好程度。封学军等（2017）基于多目标规划和系统布置设计方法构建产业空间布局模型，并对模型进行求解分析，解决临港产业的规模大小和空间布局两个问题。以江苏盐城滨海港临港产业区为例，计算出滨海港临港产业最佳布局方案，进而验证模型的可行性和准确性。

（2）从区域尺度对临港产业集聚水平进行测定并分析城市差异

陈国亮（2015）探讨了中国海洋产业协同集聚的形成机制，发现其具有显著的空间溢出效应。他指出中心港口对周边地区海洋产业协同集聚存在辐射效应，但这种辐射效应符合空间距离衰减定律。研究表明：在 500 公里范围内，长江三角洲（简称长三角）海洋产业协同集聚的空间外溢是存在的；珠江三角洲（简称珠三角）的海洋产业空间外溢效应主要局限于广东省内，还没有实现跨区域渗透；通过考察京津唐海洋产业协同集聚空间外溢的“中心-外围”结构，发现产业协同集聚变量与空间距离表现出“倒 S”形特征，由回归系数的计算发现，在 75 公里范围内，距离京津唐地区越近，受海洋产业协同集聚影响越显著。说明京津唐的海洋产业协同集聚辐射范围还没有突破京津唐区域，这可以归结为京津唐附近地区港口较多，如青岛、大连、天津纷纷争夺国际航运中心的位置，形成了争夺效应，弱化了京津唐海洋产业协同集聚的空间外溢效应。韩增林等（2017）以环渤海地区16个城市的临港石化产业为研究对象，采用修正的EG指数和产业间协同集聚指数对其在2003年和2013年的集聚程度进行测算，利用空间计量模型测度其集聚效益，最后通过对比集聚类型、集聚程度和集聚效益对环渤海地区各港口城市临港石化产业的集聚水平进行综合评定。

（3）对临港产业与城市空间拓展、居民感知等进行多维度空间分析

郭思等（2011）从规模化效应、技术扩散与知识外溢效应、提高区域整体竞争优势和创新四个方面入手，较为系统全面地分析了上海临港装备制造业的发展过程和网络组织特征。研究发现：上海临港已经基本呈现出以大型装备企业为核心企业群体和以装备配套企业为外围企业群体的企业网络组织，但核心企业的本土根植性不强，装备产业集群仍处于孕育阶段。梁辰等（2012）利用遥感分析与地理信息系统技术手段，综合运用分形维数计算、空间重心分析等方法对大连地区1995～2010年四个时相的城市空间结构进行研究，总结分析了港口功能升级背景下城市空间结构的演变过程与规律，探讨了临港产业集聚对城市空间结构演变的作用。滕堂伟和施春蓓（2013）基于卫星城（子城）与大都市（母城）间的微观区域尺度，以上海临港产业区为例，测度卫星区域的区域经济联系方向和地域差异。研究表明：临港产业区的对外区域经济量远低于其他成熟开发区间的经济联系强度，其联系方向主要集中在近郊区，并呈现出与滨江沿海发展轴和沪港发展轴的相对一致性；在继续加强临港产业区内部互动结网的同时，加强其与上海其他开发区间的经济联系，成为临港今后发展的重要驱动力来源与政策着力点。马仁锋等（2015）以镇海区居民感知石化区影响镇海人居环境的问卷调查数据为基础，通过满意度单要素与综合评价，探讨了转型期城市特殊功能区——临港石化工业区的环境影响与人居环境之间关系的居民感知现状及其空间差异。研究表明：石化企业集聚的潜在危险与环境排放构成的居住安全、环境污染是集聚区环境外部性的首要负外部性，是影响城市人居环境的重要方面；本地居民认知的石化集聚区环境外部性对人居环境影响的空间特征符合地理学第一定律。

（4）港航企业的空间集聚、扩散及对城市产业空间成长的影响

曹卫东（2012）以上海港口后勤区为例，建立港航企业空间属性数据库，

从中微观尺度刻画上海港口后勤区主要港航企业的区位特征和空间关联。研究表明：不同类型港航企业的区位选择具有明显差异性，港航企业多以中心城区为核心，沿黄浦江空间集聚明显，而无船承运企业则呈现大分散小集聚布局；港航企业区位选择与制造业具有空间可分性，而国际集装箱运输企业地域依赖性明显。梁双波等（2013）探讨了港口物流企业空间格局及演化规律，认为上海港口物流企业空间格局演化受到港口功能演变、综合交通网络建设、商务支撑条件、城市规划及发展政策等因素的综合影响。曹有挥等（2017）基于全球生产网络理论和地理尺度关联思想，构建了一个多尺度相统一的港航服务业空间组织理论分析框架。他们认为少数枢纽港口城市成为港航服务业集聚发展的主要节点，其产业结构重心由运输仓储类向代理与技术服务类、高级服务类逐次转移；在城市尺度上，受港航服务业不同行业的内在属性及城市不同区位禀赋特性的共同作用，从中心向外围总体呈现高级服务类-代理与技术服务类-运输仓储类圈层式分布格局。

六、从互动关系看港城历史兴衰

在国内，历史地理学者最早关注到港口与城市的研究，这些研究大体上可分为国家层面的港口城市兴衰及其对区域经济格局的历史影响、港口城市发展模式及比较研究、港城空间关系在城市发展中的历史作用等宏观、中观和微观三个层面的研究主题。历史地理学者通过“复原”已经变化或消失了的当初赖以发展的各种自然和人文因素，认识城市的起源和发展全过程，揭示出其发展规律，从而为其今后的规划和建设提供必要的科学依据（侯仁之，1962）。

（1）国家层面的港口城市兴衰及其对区域经济格局的历史影响

黄盛璋（1951）分析了我国港口城市发展在区域分布上的盛衰消长，探讨了从古到今的港口城市分布格局变迁及成因。吴松弟（2004）和复旦大学历史地理研究中心（2005）从港城关系的角度阐释了中国近代以来的港口城市兴起及其在中国近现代化空间进程中的历史作用，论述了开埠以后港口城市与其腹地的双向互动关系，以及这种关系对近代中国经济和区域现代化的巨大影响。他认为 1840 年以来，中国的绝大部分区域，通过开放港口及沿边商埠，不同程度地卷入了世界经济体系。港口—腹地对中国近代交通和贸易体系、城市格局、经济区域及现代化的区域差异等方面产生了重要影响。这些影响包括：指向贸易港口已成为近代交通和商业发展的主要特点；由于沿海沿江一些港口城市的发展速度超过其他城市，在不少区域实际已成为经济中心，从而发展为与政治中心城市二元并立的状况；20 世纪前期形成的港口-腹地的格局至今仍在大体维持着；远离东部港口城市和指向港口城市的交通道路是中西部落后于东部沿海的重要原因。武强（2012）以 RCI 为指标，对 1916～1936 年中国沿海沿江港口城市的变迁进行数理分析，认为近代以来港口城市的兴起是与国家的近现代化同步的历史过程，而港城关系则是港口城市兴衰的关键。由于港口功能的层次差别，各港口城市之间尤其是新兴城市与传统城市之间，港口与城市间相互影响的程度各不相同，这种港口对所在城市促进作用的不同，也在一定程度上导致了港口城市发展的深层次差异。

（2）港口城市发展模式及比较研究

陈争平（1990）提出近代以来中国港城发展的两种类型：第一种是以帝国主义进入中国的沿海据点为特征，大型港口城市成为它们的产品倾销地和资源输出地，逐渐形成以洋行为中心，租界为基地，与周围农村经济对立的“口岸模式”门户和口岸模式。第二种是大港口外围的小港口，近代民族工业与农村植棉业、手织业密切结合，带动城市及区域经济、港口建设、腹地交通等各方面发展变化的南通模式。两者的共性在于城市经济、港口建设、港口与腹地交通这三者密切相关。经济发展增加了对后两者的需求，也给予后两者发展必不可少的投资。陆伟芳（2000）通过对比上海与英国利物浦发展历程，认为港口建设必须与城市工业发展相适应，城市要及时通过产业布局与结构优化、功能提升为港口发展提供支撑和动力，最终确保港口城市的生命力和可持续性。陈为忠和吴松弟（2008）认为自近代以来，港口（城市）-腹地关系始终主导着山东的经济增长与发展，特别是港口城市与区域中心城市形成的双核结构，对区域空间结构的演变产生了重要影响，促成了核心与外围区域的分化。

（3）港城空间关系在城市发展中的历史作用

王列辉（2006）指出在港口极化效应和功能多元化背景下，上海和宁波作为相邻港口竞争导致城市发展空间产生伸缩和位移。他还通过上海、天津等城市的比较研究，指出外港在城市的兴起和发展中起着非常重要的作用。近代开埠之前，上海港和天津港作为苏州和北京的外港，在城市的兴起过程中起着非常重要的作用；近代开埠之后，吴淞港和塘沽港作为上海和天津的外港，承担着转驳货物的功能，并为上海、天津的行政区划扩大奠定了基础；今后很长一段时间内，依托洋山港和天津双港的临港新城及滨海新区将是上海和天津城市空间拓展的重要方向（王列辉，2013）。李东泉（2007）指出港口选址是青岛城市规划与发展的首要因素，城市与港口、铁路三者的关系是青岛城市规划最有创造性和影响力的特点；整个城市空间形态演变过程沿港口、海岸线及与海联运的铁路呈现有序的“形成、填补、整合和扩展”模式；港口、铁路与城市三者的合理关系促使港口城市通过营造交通优位效应，并将其转换为城市发展的集聚效应，为城市空间拓展提供动力。梁国昭（2008）考察了历史时期广州港口地理变迁对城市空间拓展的引导作用，认为广州两千多年的发展与古代海上丝绸之路始发港密切相关，伴随着珠三角的成陆过程，广州港口码头布局不断发生变化，呈现出向南向东迁移的趋势，在很大程度上引导着城市的空间拓展。

第四节　基本范畴与研究范式

一、核心主题

“港-城空间系统”是经济地理学在进行港城关系研究中的主要对象，而港-城空间系统的形成、发展、演化规律是核心主题。地理学视角的港口与城市关系研究涉及港口与城市在产业、功能、土地利用、城市空间组织、布局与形态的互动关系和演化过程等多方面内容。西方学者重视港口通用模型的构建和港城界面的研究，对发展中国家港口城市及区域发展研究独具意义。中国地理学家的研究重点从港口选址、港口演变与城市兴衰到港城空间成长规律，对港口城市空间及其体系演化研究影响深远。中外研究均将港-城空间系统的形成、发展、演化规律作为港口与城市空间联系研究的核心主题。

二、研究主线

港口区位势引发的港-城空间系统格局-过程-机理-调控是经济地理学者研究港城关系的主线。区位选择是人类一切活动空间过程的第一要务，区位论是地理学和空间经济学的基础理论。港口城市发展、演化与交通区位选择、国际贸易紧密相连。对港口与城市空间联系问题的关注最初发轫于对港口区位的认识，探讨区域和城市内部两个层面港口区位布局和港区建设；随着国际贸易、海运技术和港口功能的变迁，引发了产业临港集聚并推动对港-城空间模型的构建；空间集聚导致规模不经济和环境污染等现实问题又使研究转向空间再开发与空间综合利用，强调通过调控手段优化港口与城市的空间联系，注重空间多元化及其与周边环境的协调和可持续发展。国内的相关研究虽然起步比较晚，但随着改革开放的深入和沿海地区外向型经济发展模式的确立，港口与城市空间关联问题受到学术界的持续关注，研究视角逐渐多元化，对空间要素的分析趋向综合性，对空间联系及其内在机理的认识和分析逐渐立体化、定量化。

可以说，港口区位势引发的港-城空间系统的格局再造-过程模拟-机理分析-定向调控等港口发展现实和面临的问题推动相关研究不断深入。其中，城市地理学重视港城总体空间结构；交通地理学重视港航要素的变化、港口运输体系演化对城市体系的影响；历史地理学从较长时间序列的历史过程视角，审视港城空间关系与城市兴衰背后的逻辑意义；经济地理学关注港城经济一体化的机制和方式，侧重港城发展的动力问题；城市规划学者关注港口开发和城市建设中的空间融合，重视港城空间规划的技术实现。

三、空间尺度

港-城空间系统是一个根植于不同空间尺度、开放的多元复杂地域系统。地理学对港-城空间系统的研究贯穿了我国现代港口发展全过程，重视空间尺度和综合视角，将港口系统纳入人地关系地域系统的研究框架之下，使港-城空间系统成为一个植根于不同空间尺度、开放的多元复杂地域系统。这种多尺度复杂性集中体现在港-城空间成长模型构建中的微观、宏观和中观三种倾向。第一种是以 Bird、McGee 的模型为代表的微观刻画，注重港口设施建设、配置与城市土地利用、空间距离的关系。第二种是以 Barke 的港口生命周期五阶段模型为代表，将港口空间演化放入大的区域或国家空间背景下，探讨港口格局与沿海城市体系的空间关系。随着港口竞争的加剧，第二种模式逐渐演变为区域港口体系的研究，并成为现代港口地理学研究的焦点。第三种是以吴传钧的港口城市成长三阶段模型为代表的中观尺度分析思路，其着眼点既不是港口城市体系，也不是城市内部空间结构和组织模式，而是将港口与城市发展的动力结构和空间联系的内在机制联系起来。因此，三者各有所长，互为补充。宏观尺度下的港口体系与其城市体系的耦合关系、港口竞合关系引发的港口城市体系及港口-腹地城市体系重构等，表明区域层面的港城体系研究有利于揭示全球化和区域一体化下、港口竞争和合作下的港口生存发展状态。微观尺度下的港城界面开发和空间冲突、融合有利于城市内部的改造、空间规划和技术实现。中观尺度的成长模型有利于揭示港口城市发展的空间内生力量，是宏观和微观分析的桥梁（郭建科和韩增林，2010）。

第五节　现有不足及今后研究趋向

一、港口转型的城市响应及对港口的反作用

以港口发展的空间效应及城市的响应与反馈为核心，加强港-城空间系统基础理论研究。目前，港-城空间系统的基本理论问题研究不足。作为一个边缘性的研究领域，其研究成果多与其他港口研究相伴而生，研究的整体性和系统性尚待整合。港-城空间系统的基本要素、空间尺度、结构体系等基本理论问题尚需进行深入研究和系统总结。港口与城市相互作用而形成具有自身特性的港-城空间系统。但由于港对城的作用在前，城是在港的作用下形成和发展的，不管宏观微观，还是强弱有变，港对城的作用始终贯穿于港城空间关系全过程。因此，从港口城市形成、发展、演化全过程看，港对城的作用具有内生性和先导性，城对港的作用具有适应性和反馈性。正因为如此，就港对城的作用而言，表现为港口的城市地域空间效应；就城对港的作用而言，则表现为城市的港口化适应与反馈过程。这与某一阶段城市对港口发展具有主导作用的现象并不排斥，目前对城市影响港口的机理、过程分析尚属空白，城市对港口空间效应的响应与反馈问题研究还不够。随着港口功能的多元化发展，港口对城市的影响不再仅限于运输和交通流，而是涉及产业组织、土地利用、功能分区，进而影响城市的经济空间系统、社会空间分异和生态环境过程。因此，必须站在综合性和系统性的高度，加强港口演变的城市空间效应研究，尤其要关注城市系统对港口影响的空间响应与反馈作用。

二、港口发展模式及港-城空间系统优化路径

关注现实问题是港口与城市空间关系研究的优秀传统。

一方面，作为对外开放的窗口，我国港口外向型发展特征明显，但随着国际经济危机的冲击，国际贸易不平衡问题将长期存在，扩大内需、减少外贸依赖已成为不可逆转的发展趋势，港口发展模式也面临调整。目前国内对于港口与腹地互动的研究比较少，而城市是港口的直接腹地，必须重视将港口发展与区域腹地发展需求结合起来，探讨港口发展模式转变对城市的空间影响。

另一方面，我国港口整体上还处在工业化和物流集聚阶段。许多地区港口经济规模不经济、空间无序扩展、海岸带环境污染、港城空间冲突等问题日益明显。以往对港城界面的研究仅关注微观尺度的港区再开发问题，尚不能反映港口与城市空间系统在各自发展模式上的全面互动。港口第三产业功能的逐步增强导致新的港口功能区出现，港口周边的生态环境退化促发港口旅游、休闲、文化功能的提升和海岸带资源环境的综合利用。因此，今后应将区域港城体系与竞争环境、港城互动与融合、海岸开发与保护等多尺度的核心要素纳入港口城市发展的空间维度，从实现海陆双向空间开发背景下的港与城、海与陆、经济与社会、人与自然的有序循环和可持续发展的角度，深入研究港-城空间系统可持续发展的空间表达与路径优化等关键性问题。

三、港-城空间系统的类型比较及新因素和新作用

1）国内研究重视单个案例分析，但缺少不同类型港口城市比较研究。港口分内河港、河口港、海湾港和海岛港等不同类型，不同的港口城市具有不同的空间组织模式和演化过程，相关学者虽然对上海、天津、大连、青岛、宁波、厦门和广州等主要港口进行了不同程度的案例分析，但没有将这些港口进行比较研究，揭示彼此间的异同从而提炼和总结港-城空间系统的一般规律。此外，现有研究定量测度与空间分析结合不足，尚不能利用有效的定量分析方法和工具进行港-城空间系统演化的过程模拟，部分学者虽用定量方法对港城关联进行了初步探讨，但还缺乏有效的空间化表达。今后应拓宽港-城空间系统研究的区域视角，对比不同地区、不同类型港口与城市的空间联系问题，注重将比较分析、定量刻画和空间模拟结合起来，揭示港-城空间系统发展、演变的一般规律。

2）现有研究视角和切入点尚不能满足港-城空间系统作用要素日益多元化和复杂化的发展趋势，对于港口发展新趋向、新要素、新产业对港口和城市的空间影响研究不足。对于港口产业集聚、不同港口功能区、企业结构及空间分布、港口就业人口、港口功能区空间组织、港口交通网络等港口要素对城市的空间影响研究尚属空白。现代化港口城市与一般城市相比，其特点突出表现为能量密集性、运作高效性、形态开放性和港航主导性。随着航运技术变革，船舶大型化、生产方式柔性化等新因素的作用所带来的港口区位变化及对城市的空间影响逐步显现。港口功能已从运输枢纽、装卸服务中心向贸易物流中心和全球资源配置枢纽转变，我国多个港口也出现了一些第四代港口的特征。因此，新的经济形态和产业组织方式、新的“流”空间和贸易形式、新的技术进步和运输方式、新的港口组合和城市空间组织模式、新的城市空间分异等都对港-城空间系统优化、空间界面融合提出新的挑战。加强对影响港城空间关系的新因素、新作用和新机制的研究，对于港-城空间系统保持动态稳定和自我完善具有重大意义。

四、区域层面的港口城市体系及竞合关系

一方面，随着全球化的深入发展，广大发展中国家的沿海港口越来越成为国际产业转移的重要承接地，在此背景下，沿海港口数量不断增加，港口体系的规模不断扩大，并逐渐形成具有类似城市体系的港口城市体系。例如，根据2001～2015年的《中国港口年鉴》和1985～2000年的《中国交通运输统计年鉴》，1985～2015年，中国大陆地区规模以上沿海港口数量从22个增至46个，港口货物吞吐量从3.89亿吨增至127.5亿吨；其中，开展集装箱业务的港口由10个增至46个，集装箱吞吐量由28.8万标准箱增至19 959.8万标准箱，港口货物吞吐量和集装箱吞吐量分别为30年前的32.8倍和693.5倍。沿海港口体系在实现港口数量增加和规模分布变化的同时，港口货源结构优化更为明显，以集装箱运输为代表的港口现代化水平大幅度提升，中国大陆地区沿海地带已经由一条沿海城市带发展成为一条港口城市带。

另一方面，当前港口竞争力不再是一个港口单打独斗，而是看港口群、港口体系的整体竞争力，更是看港口与腹地的一体化联动。因此，港口与港口之间、港口城市与港口城市之间、港口与腹地之间形成了更加复杂的竞争与合作

共存的关系，多门户的港口-腹地经济地域系统逐渐形成。当前学术界重视微观的城市内部港城关系而忽视区域性港与城的网络体系耦合研究。受港口中心论的影响，港口体系研究尚未与沿海城市网络体系相结合，对于两者的空间耦合及其交互作用、在流动空间和全球生产网络中的区域效应等研究较为薄弱。因此，如何从经济地理学视角考察港口与港口之间、港口与城市之间、港口城市与港口城市之间、港口与腹地城市之间的竞争合作关系、策略和实现路径，应当成为区域层面港城关系研究的重要课题。

第二章

西方学者的经典理论

第一节 港口区位论

港口是重要的交通节点，德国学者高兹是最先在交通运输地理中研究区位的学者，并对港口区位问题进行了系统研究。他在1934年出版的《海港区位论》一书中，将韦伯的工业区研究理念和方法运用到海港区位分析中，认为最佳的海港区位是经由海港的所有产品每单位数量所需要的费用总额最小。高兹与韦伯一样，都是区位论中的成本学派，与韦伯的不同之处在于，他强调自然条件的区位作用，考虑到腹地条件对港口区位的影响，强调总体费用最小，创立了总体最小费用原则，追求海港建设的最优区位。

高兹在理论推导前，设定了如下假设条件：

1）腹地的发货和送货地已知；

2）在海外的港湾场所已确定；

3）劳动供给地已知，劳动者的供给无限且工资一定；

4）运费率一定，而且输出输入的港湾转运量一定。

以假设条件为基础，高兹主要考虑了运输指向、劳动指向和资本指向三方面的海港区位因子。其中，运输指向包括腹地指向和海洋指向。他认为，海港区位最初由运输指向决定，然后由劳动指向和资本指向对区位重新进行修正。

高兹特别重视自然条件对港口区位的影响，先期对海洋、海岸和腹地的位置角度进行了研究。从海洋的位置来看，一般多条航线的交汇点及与海外港口联系最近的地点对于海港形成最有利。从海岸的位置来看，主要考虑海岸的自然地理及气候条件，良好和安全的港湾是海港区位布局的最佳选择（杨吾扬，1989；张文忠，2000）。

1. 运输指向

类似于韦伯的工业区位论，运输指向问题就是指在不考虑其他因子影响时，运输费用如何决定海港建设的区位和具体地点。即遵循一定的法则，寻找经济上的最佳区位，这是区位选择的最终目的。高兹同样采用韦伯类似的几何方法寻找海港运输区位，但他分别从腹地指向和海洋指向两个角度进行了分析。

（1）腹地指向

高兹研究腹地指向的港口区位时，只考虑了铁路运输。按照最小费用原则，港口指向最小运输费用点，港口区位由输出入吨公里极小点决定。但他不仅考虑运输的物理距离，更注意到了运输费用的作用。他从港口的特殊性出发，将港口吨公里极小点分两种情况进行讨论。其一是一般解法。高兹运用韦伯区位图形和几何作图方法，以重量和距离（吨公里）为单位，分析港湾与内陆间输出入商品数量对港湾运输区位的影响，最终求运费最小点。其二是特殊解法。将海湾范围限定在海岸而非河口等具体位置，研究海湾与腹地间的运输关系，提出只求海港和腹地工业中心的吨公里数，使其最小。高兹强调这种解法是港口区位选择的本质特征；目前来看，这种解法是典型的经济地理分析法，体现了腹地经济中心的实力及其变化，是港口兴衰的关键。

此外，高兹还进一步假定海洋岸线为直线且腹地已知，由腹地到海港间的产品移动数量已知。当海港设施所需要的费用和主要航线之间的运费一定时，则港口区位由腹地与港口间的运费决定。如果运费与货物的吨公里成正比，则港口区位取决于运输吨公里极小点。

在图 2-1 中，A 和 B 为已知腹地，它们的运输吨公里极小点即最佳区位就是离海岸最近的垂直线决定的 H_a 和 H_b 点。当考虑到港口建设费用和维持费用时，必须选择两腹地的公用港口。若 H 为两腹地的公用港口，那么，由两腹地到港口 H 的吨公里之和只有达到最小，H 才是选择的最佳海港区位，即满足：

$$f(x)=\sqrt{a^2+x^2}+\sqrt{b^2+(c-x)^2}=\text{极小} \tag{2-1}$$

$$f'(x)=x(a^2+x^2)^{-\frac{1}{2}}-(c-x)\left(b^2+(c-x)^2\right)^{-\frac{1}{2}}=0 \tag{2-2}$$

$$\frac{x}{\sqrt{a^2+x^2}}=\frac{(c-x)}{\sqrt{b^2+(c-x)^2}} \tag{2-3}$$

$$x=-\frac{ac}{a+b} \tag{2-4}$$

或

$$x:a=c:(a+b) \tag{2-5}$$

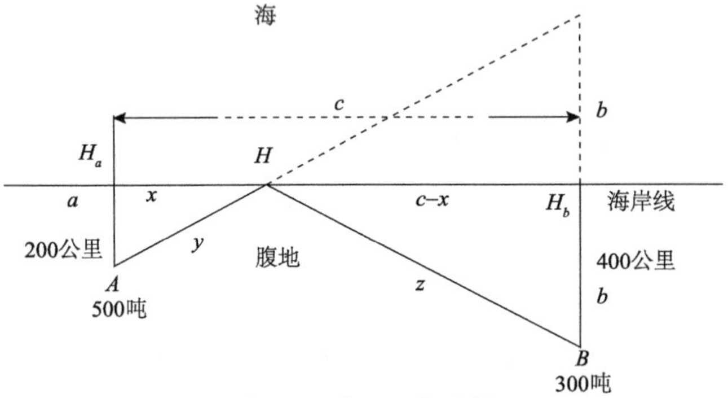

图 2-1 港口区位选择

（2）海洋指向

由于海洋运输的单位成本较低，但距离一般较长，因此，与腹地指向不同，海上运输费用主要通过运费结构影响海港区位。高兹将海上运输分为定期航线和不定期航线两种航运情形。定期航线是在预先确定的港湾和预先确定的时间内进行有规律的航运活动，与各种情况下的货物供给无关。而不定期航线不存在事先确定的港口和航运时间，货物发送目的地、驶向港、出港时间和航海的次数都由货物供给的种类和数量决定，航运规律性较差。因此，定期船和非定期船具有不同的运费制度，需要进行明确区分。定期船必须遵守运费比率表，具有相对固定的运费制度；非定期船的运费额日日在变化，其运费取决于货物供给及船体的大小。

由于海洋运输的距离较长，在海外目的港相同的情况下，同一区域不同港口的海上运费随距离增加而产生的变化不明显，因此，运输距离的长短对海上运费不具有重要影响，海上运费更多的由竞争结果决定。此外，海上运费还取决于运输货物的船体溶剂、产品价值和重量三个条件。综合这些特征，使海洋指向不存在运费吨公里极小点，追求运费吨公里最小的做法只适用于研究腹地指向对海港区位的影响。最后，高兹还特别强调船舶入港费、装卸费及港口设备等对运费的影响较大，这比胡弗提出运费结构（由场站作业费和线路费两部分构成）还要早（Hoover，1948）。

2. *劳动指向*

劳动指向在一定程度上取决于装卸机械能力的大小，但高兹主要考虑在港口转运过程中消耗的人力劳动费用支出，实际主要指港口场站工人工资，可以换算成转运货的单位重量。而且，港湾内产品移动所需要的劳动费用具有明显的地区差异，与运费指向相并列，是对海港区位选择起重要作用的因子。具体来讲，劳动费用的地区差异包括两个方面：一是劳动者工资比率和劳动效率的差异，与人口地理分布有一定关系；二是劳动组织和技术机构效率的差异。与韦伯类似，高兹认为离开运费极小点会造成运费的增加，海港区位向劳动费用低的地点转移的条件是由此带来的劳动费用节约额大于运费增加额。在具体解法上则是首先作出等运费线图，然后画出等劳动费用线图，最后再画出运费增加额与劳动费用节约额的值相同的等费用线，即“临界等费用线”，进而判断运费极小点能否被劳动费指向所替代。

3. 资本指向

港口作为大型交通设施体系具有大规模、高强度的资本占用特征。所有港口必然具备一定的设施和相应的投资才能发挥其职能作用。港口职能的投资一般分为两种：一种是基础设施投资，即港口本身的投资；另一种是职能设施的投资，即港口特殊设备的投资。前者一般投入的资本较大，但由于各地港口自然条件差异较大，因此所需资本占用差异很大。自然条件越有利，资本投入越少，因此在具有天然良港的港湾和岸线修建港口其建设成本最小。这也是自然条件之所以对港口区位选择重要的原因所在。后者对港口的功能空间合理化和港口运行效率的提高具有促进作用，一般是指港口场站的陆上设施，与前者相比投入要小。因此，高兹所说的资本指向就是技术和自然条件良好的海岸位置指向，或港口建设的资本投资最小的海岸位置。当只考虑运费和资本投入对海港区位的作用时，资本投资节约额如果比运费增加额大，那么区位指向于资本投入最小的海岸位置。

4. 海港的集聚

海港集聚是港口以一定数量和规模在特定的空间集中而产生的经济利益，海港的集聚是集聚因子归属的必然结果。按照总体费用最小原则，运费指向促使港口集聚，而资本指向则使港口趋于分散，两者相互作用从而对港口集聚产生更加复杂的影响。

资本指向对于海港区位选择的影响主要表现在对运输费用区位的修正和促进港口集聚效应。一方面，当某一海港区位由于建港等条件好而产生的资本投入节约额大于费用最低点节省的运费时，将促使海港区位指向资本投入最低的海岸位置；另一方面，资本投入低的地点将会把位于一定范围内的所有运输港，即位于原有运费极小点的港口吸引在一起，进而促进各种产品流通的集中和港口的集聚。同时，随着大量小规模的港口产生集聚，形成了大规模交通流量的共同港，其结果是使单位产品资本费用进一步降低。

劳动指向对于港口集聚的作用来源于单位产业劳动费用的降低。劳动费用低的地区对港口产生牵引力使小港向大的港湾区集聚，港口集聚区位就是每单位产品的劳动费用加上资本费用的负担额比运输费用区位低的地点。集聚产生的结果是对运输指向形成的港口区位进行修正。一方面，具有大规模交通量的港湾带来的产品的集聚，进而推动港口集聚；另一方面，劳动费用和资本费用的节约推动港口在一定港湾集聚。

高兹的理论是以海外港湾位置一定，腹地的发货和受货场所一定，以及运输供给一定为前提，首先以海洋和腹地这两个方面的运输指向为区位的基本因子，然后在此基础上分析港口的资本和劳动费用的牵引力对运输指向区位的修改，最后研究集聚对区位的作用（张文忠，2000）。其创新之处在于对腹地运输费用的特殊解法上，这一点对现代港口区位布局仍然有参考价值。

鉴于区位因子的复杂性和当时的历史局限，高兹海港区位论仍是在诸多假定条件下的理想模式，其不足之处也是显而易见的，即许多条件并未考虑进来：①港口的位置，包括所处的气候带、海洋位置和陆地位置等，如结冰和常年风向在一定程度上影响着港口的形态和职能；②港湾的微地形、地质、水深、潮汐、海流等自然条件；③港口的职能，一般港口可分为集散职能、产业职能和腹地职能等；④腹地经济发展水平，包括腹地的产业结构、生产力水平、消费水平、人口规模和交通设施等。

第二节　港-城空间模型

一、Anyport 模型

1965 年，英国地理学家 Bird 最早系统提出 Anyport 模型（图 2-2）及“港口通用模型”。他通过考察英国河港的发展过程，依据港口物质设施的添加与变化，将港口发展划分为六大发展阶段：①原始发展阶段；②顺岸式港口扩展阶段；③顺岸式港口细部变化（突堤、栈桥等）阶段；④船坞细部变化阶段；

⑤港池式码头发展阶段；⑥专业化码头（T 头突堤或栈桥及深水泊位，为工业专用）发展阶段。该模型刻画了港口拓展的时空规律，揭示了港口设施建设、功能拓展和技术演进对城市的空间影响问题（Bird，1965，1968，1971）。Anyport 模型不能解释所有港口的发展，但为各区域的港口比较提供了简便方法和基础，对目前大型港口仍有很强的适用性。该模型的不足之处在于对港口服务的陆向腹地和由班轮服务的海向腹地，尤其是航运活动考虑较少。对全球大港而言，港口通用模型具有全球普适性，首次考虑了港城相互作用问题。随着港口向下游发展，港口与城市核心区之间的分离越来越明显。

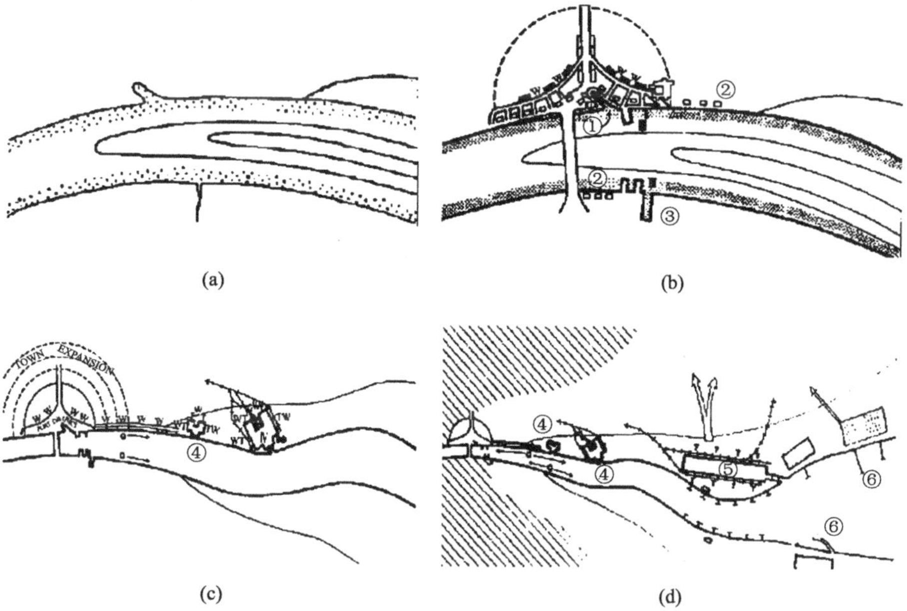

图 2-2 Bird Anyport 模型

①～⑥表示六大发展阶段

Bird 提出 Anyport 模型后，许多学者对该模型进行修正和更新。近年来，Notteboom 研究认为港口设施的发展呈现三阶段形态变化（图 2-3）。①布局阶段，最初布局受制于地理环境，港口活动限于仓储和批发业，依托港口活动发展有商贸及造船业。②扩张阶段，工业革命促使港口运输与造船业兴起，码头、防波堤和船坞等设施扩张建设，国际贸易和临港工业发展。③专业化阶段，建设专业码头以分类处理矿石、石油、煤炭和集装箱等不同货物，防波堤延伸而且港口泊位逐渐深水化，部分港区外迁（Notteboom，2005），如图 2-3 所示。

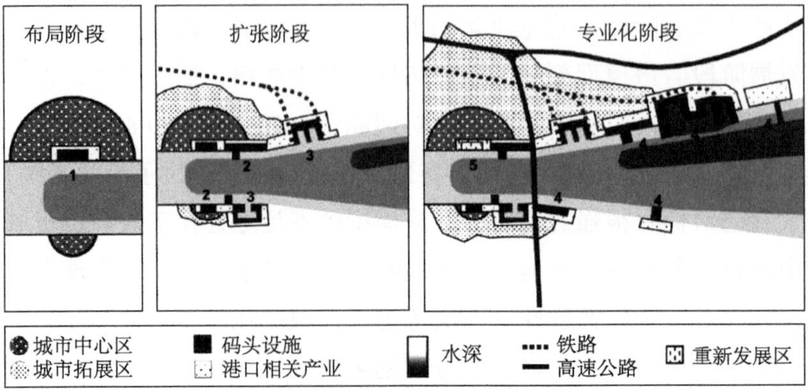

图 2-3 Notteboom 的港口通用模型
1～5 分别指不同阶段增加的不同类型码头设施

二、Port-urban interface 模型

港城界面是水路运输相关活动地域与城市地域交互作用的区域，是港口与城市相互关系的一个特定滨水空间（庄佩君和汪宇明，2010）。20 世纪 60 年代以来，该地域经历了海港外迁、港区废弃、去工业化、区域真空化和再生等一系列重大变化，成为颇受关注的区域。

以色列学者 Hayuth 最初将其表述为“port-urban interface”，尝试从港城联系的三重体系（空间、经济和生态）来确认其变化的范围，认为海洋交通技术的发展、公众对岸线地区认识的增强及综合交通系统的出现是港城界面变化的主要原因（Hayuth，1982）。始于北美的港城界面滨水区再生热潮扩散到了世界各地，促进了该类地域空间由衰败到重获人流活力而复兴的转型，也引起了地理学和城市规划等多学科学者的关注。

Hoyle（1989）将港城界面视为一个“转换区域”（area in transition），认为此地是“港城中最敏感和最具争议的地方，或是合作区或是冲突区”；其变化是“港口活动外迁”、“临港产业外迁”、“滨水区再开发过程中多用途的竞争”和“来自技术进步、法律条款、经济与政治条件及环境关注的影响和控制”等多种因素共同作用的结果，如图 2-4 所示。他把西方港口与城市的相互关系分为六个阶段，即原始港城阶段、港城扩展阶段、现代工业港城阶段、滨水区衰退阶段、滨水区再开发阶段、一般港城阶段（Lee et al.，2008）（表 2-1）。

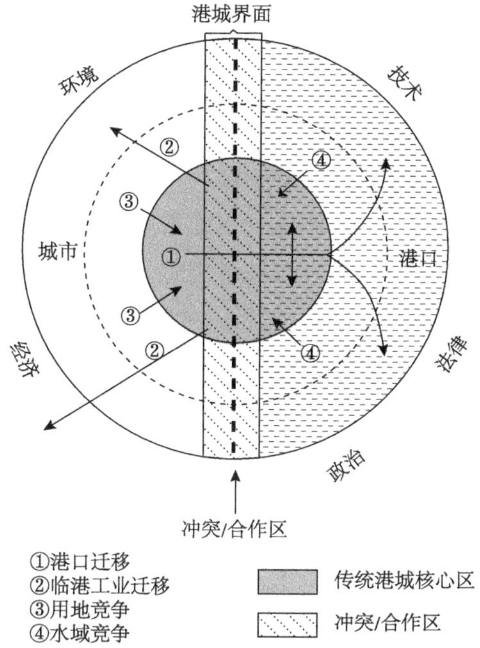

图 2-4　港城界面滨水区再生模型

表 2-1　西方港城界面演化模型

阶段	内涵		时期
原始港城阶段	港城之间有紧密的空间与功能联系		古代/中世纪至 19 世纪
港城扩展阶段	快速的商业与工业增长迫使港口开发突破城市界限，出现直线码头和拆装业		19 世纪至 20 世纪初
现代工业港城阶段	工业（特别是炼油）、滚装船和集装箱设施的使用要求港城空间分离并增大利用空间		20 世纪中期
滨水区衰退阶段	海运技术的变化导致彼此分离的临海工业开发区的建设		20 世纪 60～80 年代
滨水区再开发阶段	大型现代港口占用大面积陆地与水域空间，旧城核心得到更新		20 世纪 70～90 年代
一般港城阶段	人们对联运有了更多的环境关注，城市经济如非港城那样发展		20 世纪 90 年代以后

该模型通过功能和空间的相互作用，展示了港城空间关系的演化，指出功能和空间上的矛盾冲突导致城市和港口的分离（Hoyle，1988）。海运技术革命促使港口设施从城市核心地区向更合适的宜港岸线重新布局（Hoyle，1989）。这种转变也导致在后工业化时期，城市政府重新开发被废弃的港口和工业设施，

推动全球性的临港水域复兴（Hoyle，2000）。在西方国家，从工业化到后工业化再到后现代，港口与城市的关系已经发生很大的变化，后工业化城市制造业的迁出和人口的迁入发生在大多数全球性港口城市。港口和城市最初是共生关系，接着港口对城市的支配作用逐渐弱化甚至散失，出现无港口的地区，之后又出现了无地区的港口，意味着部分滨水区被废弃。而在后现代社会，“福特主义”的港口从城市中搬出，港口和城市出现分离，滨水区由生产型区域向消费型区域转变，体现并可能引领港口城市的文化趋势（王列辉，2010）。

Hoyle 的港城界面滨水区再生模型显示，港口与城市在这里存在不同程度和不同形式的相互依存关系，这种关系具有广泛的经济社会政治背景，进而形成了实际规划中的“问题区域”和某些群体的利益机会所在，由此为城市规划、经济地理、管理学等方面的学者提供了丰富、有趣的研究视角和关注热点。因此，港城界面可以是港口功能与城市环境之间合作与冲突的空间结合部，呈现出一系列的动态变化：有时表现港口活动和城市活动的共同合作成长，有时显示衰退和败落的景象，有时呈现再开发后的勃然生机，反映了不同的力量和趋势，在发达国家往往涉及社群态度和环境敏感性，从而也影响着水上运输体制的演变与城市空间的变革（庄佩君和汪宇明，2010）。

三、港口城市空间结构模式

对于城市地理学者而言，港城关系的关注焦点是港口城市的空间结构模式，特别是 20 世纪 60 年代中后期，受伯吉斯、霍伊特等的经典城市空间结构模型启发，研究者多尝试用模型描述港城空间结构特征及其变化，但都突出了港口对城市空间结构的塑造，研究对象多为亚非地区的港城（王海壮和栾维新，2011）。McGee（1967）以仰光为案例，用半圆楔形的城市地域模型（图 2-5），总结东南亚殖民港城的空间结构特征是以港口区为中心形成一个由各扇形（区域）叠加在一起的复杂的同心圆结构。Sommer（1976）构建了非洲港城各扇形（区域）叠加的带状结构模式，刻画了各区域间的关系及其随时间变化的方向（图 2-6）。Soffer 和 Shimon（1986）提出了港口活动向海一侧的增长或扩张，以及城市二元焦点结构渐进发展的中东港城模型。Dutt 等（1994）利用妥协式港城模型（图 2-7）刻画了中国近代以来通商口岸城市发展至今形成的港城空间结构模式，近代中国的外国租界最初是给予外国商业利益的特许权。Gleave（1997）研究了港口活动对弗里敦城市地域空间结构[特别是 CBD（central business distric，中央商务区）]和大都市区新现的现代工业区位的影响，探讨了港口活动在港城成长过程中的关键作用。Eliot（2003）运用图形模型描绘了南亚大港口都市从贸易节点向港口大都市的时空演化，认为产业与港口功能曾是殖民时期城镇化的主要动力并在今日港城规划中继续发挥重要作用。

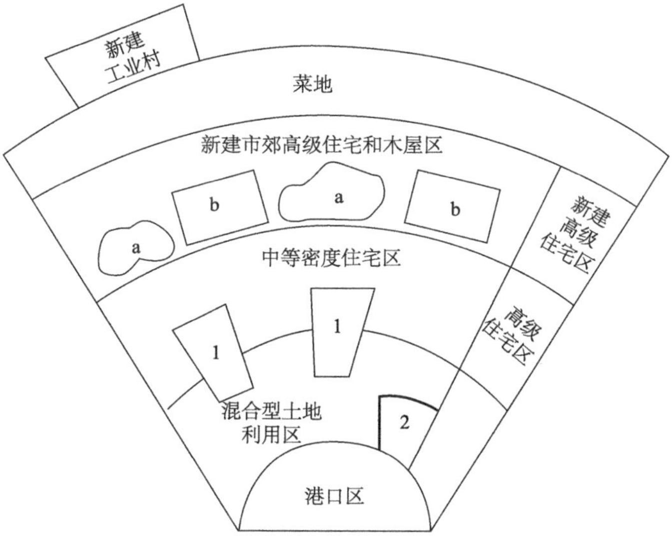

图 2-5　东南亚港口城市空间结构模式

1、2 表示两种不同类型的混合型土地利用区；a、b 表示两种不同形态的市郊高级住宅和木屋区

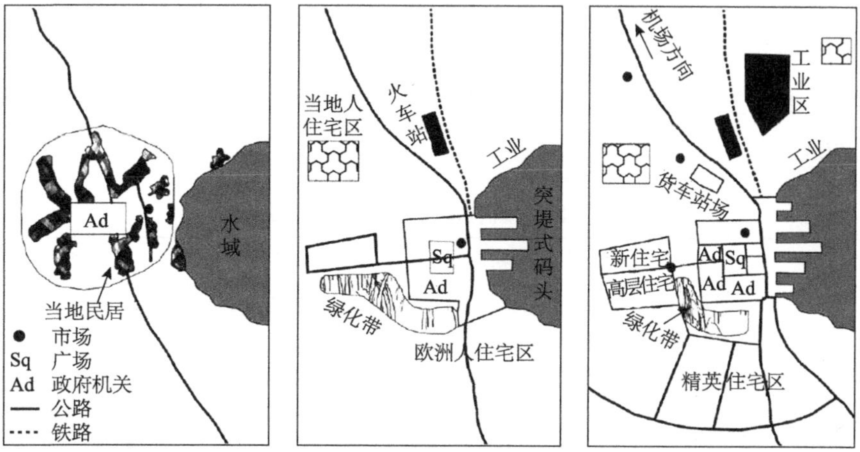

图 2-6　Sommer 非洲港城发展模型

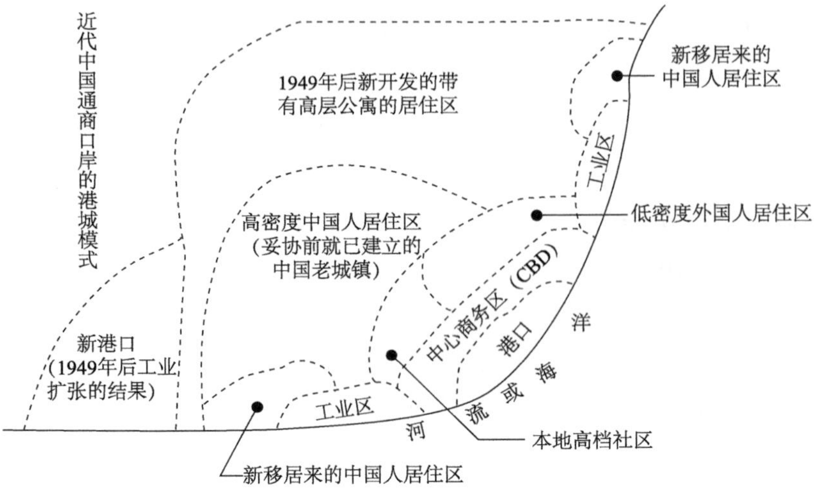

图 2-7　中国妥协式港城模型

第三节　港口功能演化理论

伴随着社会经济发展，港口已经从与工业化过程相适应的发展阶段进入与信息化时代相适应的发展阶段。从世界港口发展历程看，港口主要伴随着工业化的进程而发展，世界工业化主要经历了工业化前期、工业化时期和工业化后期三个发展阶段。1992 年联合国贸易和发展会议在《港口的发展和改善港口的现代化管理和组织原则》中将港口在功能上的发展分为三个阶段。而许多专家则认为，港口正在向第四代发展，其具体演化过程及特点如表 2-2 所示（于汝民，2003）。

表 2-2　现代港口发展演变阶段

发展阶段	第一代	第二代	第三代	第四代
时间段	20 世纪 50 年代中期以前	20 世纪 50 年代中期至 80 年代	20 世纪 80 年代以后	21 世纪初
功能特点	运输枢纽，货物装卸与储存	运输枢纽，货物中转，工业与商贸中心，增值工业与商业服务	多式联运与物流中心，货物信息流动与分配，物流活动	全球资源配置枢纽

续表

发展阶段	第一代	第二代	第三代	第四代
生产特点	保守形式，货物移动，港内交接，分项服务，低增值	货物流动与中转，联合服务	高增值综合物流服务	组织自治化、生产自动化、经营集约化、管理现代化、环境生态化、全程、全方位多层次个性化发展
与用户关系	松散，不定期等货	与用户关系密切，港城非正式关系揽货	生产、贸易与运输一体化，港口与用户关系密切，港城一体化发展	经贸港航运输实行“国民待遇”，港口群体、城市社区分运网带和综合流通网链一体化，形成区域经济、技术、文化、利益共同体
决定因素	劳动力和资本	资本与技术	技术信息和服务	人才与环境

最初第四代港口的概念来自于联合国贸易和发展会议（UNCTAD，1999），中国学者真虹（2005）认为，第四代港口在兼容第三代港口功能的基础上，作为供应链中的一个环节，强调港口之间互动及港口与相关物流活动之间的互动，满足运输市场对港口差异化服务的需求，提供精细的作业和敏捷的服务，以形成柔性港口，促使与港口相关的供应链各环节之间无缝连接。总的来说，第三代、第四代港口与第一代、第二代港口相比有四个明显特征：①港口的基本运输业务依托现代化的机械设备和电子信息管理技术（EDI[①]或电子商务手段），效率远高于传统港口；②运输服务的技术含量进一步提高，在港区内或港区周边出现了诸多产业群落，如经济技术开发区、保税区、出口加工区和临海工业区等，用以进行加工、分拨甚至配送，从而实现港口的增值服务功能；③实行高效的集中管理，最大限度地缩短船舶和货物的在港待泊时间，港区内往往设有自由贸易区或保税仓库为中转物流提供免税服务，并逐步向自由港方向发展；④现代物流功能是最重要的服务特征。货物流与信息流不分割，追求“零仓储”的供应链管理。

如果说，第一代、第二代、第三代港口活动主要集中于调配、集散等有形商品，则第四代港口的活动已扩展到无形商品，如资本、技术、信息等各个范畴，形成国际资源配置中心。从传统眼光来看，已很难分清哪些活动应属于港口，哪些活动应属于城市。例如，鹿特丹就把港口运输功能、工业功能、商业功能和信息功能确定为港口发展的四大支柱。

① EDI，electronic data interchange，电子数据交换。

第四节 港口体系演化理论

一、Hayuth 的集装箱港口体系演化阶段

20 世纪 80 年代初，Hayuth 根据美国集装箱港口体系演化的实际进程，归纳演绎出集装箱港口体系的一般演化模式。他认为集装箱港口体系的演化一般要经历五个不同的发展阶段，每个阶段均有其具体的形成机制和标志性特征（图 2-8）。港口体系演化发展表面看似与港口城市发展无关，但却是区域港口竞争关系变化的主要原因，而同一区域的港口城市之间之所以多竞争少合作，或港口群恶性竞争明显，有效整合难度大，皆源于港口腹地争夺和港口功能的同质化,因此港口体系的演化理论应看作是区域港口城市体系发展的基础理论。

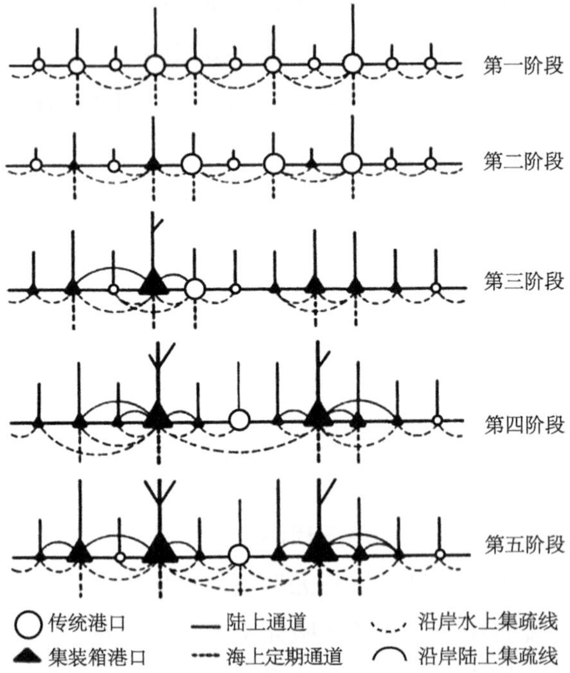

图 2-8 Hayuth 的集装箱港口体系演化理论

（1）前集装箱化阶段

在集装箱化前夕，传统港口体系的空间结构、规模组合、集疏运系统和腹

地组织已达到某种均衡。在无外力作用的情况下，这种均衡是相对稳定的，但随着集装箱技术革命的发生，传统港口体系开始产生深刻的变化。集装箱革命是传统港口体系向集装箱港口体系演化的初始动力。

（2）初级集装箱港口发展阶段

在集装箱化初期，由于投资风险机制和初始优势机制的作用，一般只有少数大型港口率先试用这一新技术。随着少数大型港口逐渐演变为集装箱港口，集装箱港口体系进入萌芽状态。在此阶段，集装箱港口数量较少，实力较弱，规模等级体系尚未出现；集装箱货流的水上集疏运系统初步形成，但陆上集疏运系统还未建立；原先的港口体系内陆腹地组织仍未变动；各集装箱港口之间联系甚少，各自与海外腹地的联系初步建立，但固定航班较少。

（3）扩散、巩固和集中阶段

随着试验阶段的结束，越来越多的港口开始采用集装箱技术。但在初始优势和自我增强机制的作用下，集装箱货流主要集中于率先采用新技术的少数集装箱港口。这时，以中心-次中心关系为主要特征的规模等级层次出现，次中心港口向中心港口提供箱源的喂给系统初见端倪；由于中心港口的陆上垂直与侧向集疏运网络的不断扩张，其腹地空前扩展，周围次级港口的腹地遭到蚕食；与此同时，同等级别的中心港口之间开始出现腹地与箱源竞争；中心港口与海外腹地的联系趋于稳定，固定航班增多。

（4）枢纽中心或路网中心阶段

在全面实现集装箱化以后，集装箱运输已成为货物运输的主要手段。受规模经济机制的影响，集装箱货流向少数大型集装箱港口集中，从而导致集装箱枢纽港或路网中心的形成。至此，以枢纽港-干线喂给港-支线喂给港关系为特征的规模等级体系趋于完整，低级层次港口向高级层次港口提供箱源的喂给系统趋于完备；随着港口体系集疏运网络的进一步发展，枢纽港与主要市场中心之间的高等级干道建立，港口体系腹地组织进一步分化，同等级别港口之间的箱源竞争趋于激烈；港口体系的海外腹地进一步扩大，枢纽港的远洋定期航班增多。

（5）边缘挑战阶段

随着集装箱港口体系的空间组织日臻成熟，边缘挑战机制开始形成。一方面少数大型枢纽港的发展受到如土地局限、成本上升、交通阻塞等一系列门槛的限制，它们在体系中的地位有所下降；另一方面，枢纽港边缘的众多次级港口的各种条件进一步得到改善，它们对集装箱货流的吸引力大大增强，因此在集装箱港口体系内部出现了货流分散化现象。这时，不仅同一等级港口之间的竞争趋于激烈，而且不同等级港口之间的竞争也开始出现，这进一步导致集装箱港口体系规模等级、空间结构、腹地组织和集疏运系统的变动。

二、 Taaffe 的腹地运网扩展模型

西方学者 Taaffe 等（1963）曾总结了发展中国家以沿海港口为中心基点的区域运网扩展模式，可以很好地解释海港的形成、发展对腹地交通运输的影响，他们归纳了六个发展阶段，可以说，该六阶段模型也成为港口-腹地城市体系发展的基本框架（图 2-9）。与港口体系演化相比，港口的腹地运网扩展更多地考虑港口与腹地城市的空间联系，是港口-腹地经济地域系统形成、发展的基本要素。

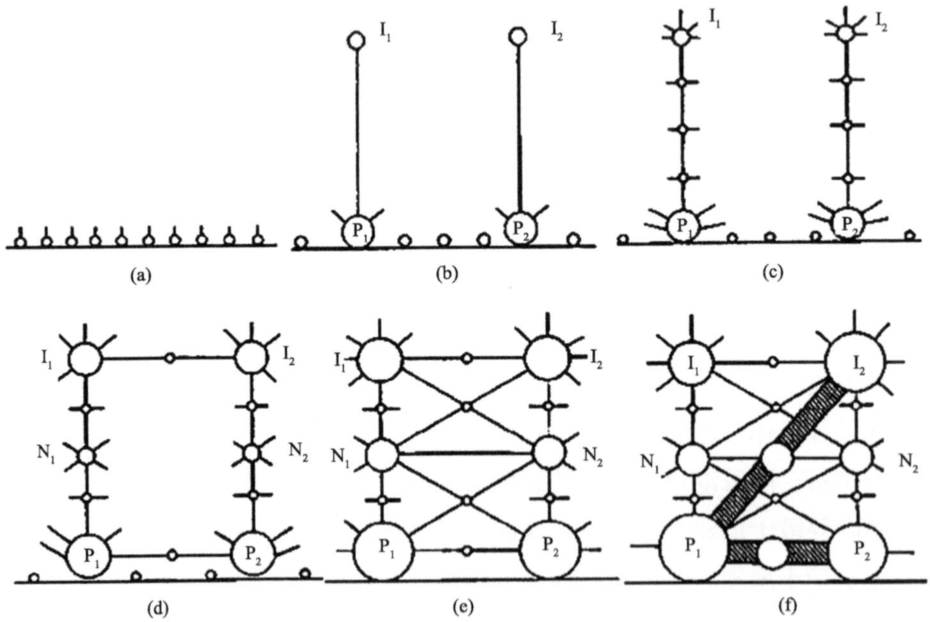

图 2-9 Taaffe-Morrill-Gould 海港为中心的区域运网扩展模型

P 代表港口（port）；I 代表内陆城市（inland city）；N 代表两者联系的中点（neutral-point）

1）港口彼此孤立发展：沿海地区建设或形成相互独立、沿海岸一线展开的小港口，也是新兴的居住区和小市镇，初期小港口没有纵深腹地也无横向联系，

渔港性质突出，辅以商船贸易。

2）干线连接主要海港和内陆中心：逐步有铁路从个别几个港口缓慢向内陆深入，因此这几个港口人口快速增长，形成较大的海港城市，这些城市随贸易量增长，逐渐发展成为专业港口。

3）支线发展：在深入内陆的铁路干线关键节点上发展与铁路线正交的运输支线，人口沿铁路线集聚。

4）由港口深入内陆铁路的端点间出现横向连接，港口周边出现横向陆路连接，形成“口”字形道路运网。港口和铁路端点及中点处形成较大城市，沿干线和支线出现一系列中小城市。

5）港口、内陆较大城市间大都发展了彼此直达的交通线路，港口、内陆中心和铁路干线处城市发展最快、联系最密切，港口与腹地城市间形成广泛的联系。

6）在整个区域运网体系中，最大港口和最大内陆中心城市间的交通线路发育最完善。区域内大小城市被交通线网连接为一个整体，枢纽港与区域中心城市之间由最高等级的交通干线连接，形成港口与腹地的联系通道（管楚度，2002）。

第三章

中国学者的理论贡献

第一节　港口区位势

一、概念内涵与基本模型

20 世纪 40 年代，西方学者将物理学的“位势”概念移植到区位相关问题的分析中，建立起空间相互作用理论的“区位势”模式（王铮等，2002）。一个地方 i 的区位势 V_i 表示为周围其他所有地方 j 对它施加的总影响，反映的是区位与区域系统内不同群体间的相互作用的机遇或概率。区位势通用模式数学表达式为

$$V_i = \sum_{j=1}^{n} P_j \exp(-\beta r_{ij}) \quad (i \neq j) \tag{3-1}$$

式中，V_i 为地方 i 的区位势；P_j 为围绕地方 i 的地方 j 区位要素供应量，一般采用人口规模指标，除此之外，也可用商业零售额、就业机会数、工业总产值、固定资产和流动资金等其他替代指标；r_{ij} 为两地间距离；β 为距离摩擦指数。区位势模型在划定城市经济吸引范围，定量考察城市间经济联系的密切程度，以及经济布局的区位决策方面产生了广泛影响。区位势反映的是某一地方的区位条件和发展潜力，是其在特定区域系统中的重要性和竞争力的一种测度模型。

中国学者董洁霜等将区位势的概念引入港口研究，提出港口区位势概念及其理论研究框架，将港口区位势定义为：因港口本身所具有的规模和所处的区位而产生，以港口区位因素为根据，反映港口与区域交互作用的规模和机遇（董洁霜和范炳全，2003；董洁霜等，2006）。根据区位势的概念模式，港口对腹地运输的区位势（简称港口区位势）可由以下函数表示：

$$V_i^{\mathrm{P}} = \sum_{j=1}^{n} H_j \exp(-C_{ij}) \quad (i \neq j) \tag{3-2}$$

式中，V_i^{P} 为港口 i 的区位势；H_j 为腹地 j（包括现实腹地和潜在腹地）的货源总量；C_{ij} 为腹地 j 的货物经港口 i 转运的单位货物全程广义运输成本（综合了货币支出、时间耗用和风险承担等因素）；n 为港口 i 的腹地数目，包括现有腹地和潜在腹地。

$$C_{ij}=c_{ij}+c_{io}+c_{ik} \tag{3-3}$$

式中，c_{ij}为腹地j与港口i之间的单位货物广义运输成本；c_{io}为港口i广义使用费率；c_{ik}为港口i与海外目的港口k之间的单位货物广义运输成本。

港口区位势反映的是港口区位条件和发展潜力，某一港口在区域系统的地位和作用，即港口区位竞争力可由该港口区位势与区域系统中其他所有港口区位势综合的比较表示，即

$$v_i^{\mathrm{P}}=\frac{V_i^{\mathrm{P}}}{\sum_{i=1}^{m}V_j^{\mathrm{P}}} \tag{3-4}$$

式中，v_i^{P}为港口i的相对区位势；V_i^{P}为i港口i的绝对区位势；V_j^{P}为港口j的区位发展条件和区位潜力；m为区位发展条件和区位潜力的m个方面或要素。V_i^{P}值反映港口i的区位发展条件和区位潜力；v_i^{P}则表示港口i在区域系统中的重要性，是港口区位竞争力的反映。

董洁霜等认为港口区位势理论是研究港口与区域交互作用的方式、作用量本身、作用的机遇或概率，分析港口区位潜在的发展条件，并揭示增强、改善和提高港口与区域的交互作用和港口区位潜在发展条件与机制的一种基本理论。港口与区域的交互作用是通过港口各个区位因素的发展变化，港口、城市、区域三个层面的相互影响、相互作用得以实现，并作用于区域港口体系的形成与演化、港口型经济及产业的形成与发展、港口城市经济空间结构演变等过程（董洁霜等，2006）。

二、港口区位势的增长机制

董洁霜等（2006）认为，港口区位势有以下三方面的基本因子：①港口通达性，综合反映港口地理位置的重要性、自然条件的优越性、腹地货源的可得性；②港口产业集聚程度，反映港口产业的发展水平、规模与结构，以及产业与港口的依存程度；③港口城市联动性，反映港口所依托城市的性质与职能、城市经济的规模与结构、港口发展用地的可得性。港口区位势增长包括运输区位势、产业区位势和城市区位势三方面：①从港口运输区位势来看，港口通达性是其形成与发展的基本条件，港口通达性的提高即可推动港口运输区位势增长；②从港口产业区位势来看，港口是水陆货物运输的转运中心，既面向市场又靠近原料，具有内引外联的区位优势和运费最低的交通优势，是产业发展的理想区位；

临港产业集聚并逐渐形成产业综合体，由此产生的自增长效应是港口产业区位势形成与发展的主要机制；③从港口城市区位势来看，当港城关系实现良性互动时，港与城在功能上互动，在空间上融合，港口区位势将在很大程度上转化为城市发展的区位势，此时，港口与城市一体化协调发展是港口城市区位势实现的机制。

此外，全球经济一体化和科学技术的进步将对港口区位势增长机制产生深刻的影响。港口竞争逐渐从单个港口竞争转变为区域港口群竞争、班轮公司航线及以集装箱多式联运为基础的港口与腹地的综合物流网络竞争。港口与港口间已由单纯的竞争关系转变为复杂多变的新型竞合关系。特别是随着全球经济进入过剩经济时代，腹地市场需求对港口发展的支撑作用日益明显，一部分传统的、依靠短缺经济时代和海外市场发展起来的大型港口可能因为腹地经济的衰退或停滞而在港口竞争中处于不利境地，港口区位势必须在不断培育新的增长动力、产业空间和发展模式的基础上才能焕发生机。

根据港口区位势概念模式，扩大现实腹地和潜在腹地的货源总量规模，以及降低单位货物全程广义运输成本都能增长港口区位势。鉴于现代港口的腹地交叉重叠和动态多变的特征，将所有当前与港口间有货源联系，或将来可能有联系的地方统称为该港口的腹地，前者为现实腹地，后者为潜在腹地。港口在区域系统中的地位和作用，即港口区位的竞争力不仅取决于该港口现实腹地的规模，还与其潜在腹地有关（董洁霜等，2006）。

根据式（3-3），降低全程广义运输成本主要有以下三种途径：①优化港口集疏运系统，降低 c_{ij}。以港口为中心，以铁路、公路及水运干线为骨干，辅之以管道、航空站场，共同组成海陆水空相结合的四通八达的交通运输有机整体（张文尝等，1992）。在港口集疏运系统中，各种运输方式与长短途、干支线密切配合、分工协作、各取所长，从而有效降低腹地 j 与港口 i 之间的单位货物广义运输成本。具体的优化路径包括提高集疏运系统中各种运输方式的规模、等级和成网化水平；促使不同运输方式的相互衔接和协同发展；等等。②提高港口生产效率和服务水平，降低 c_{io}。随着经济社会的发展和贸易市场结构的变化，当前货主对港口的选择已不再是传统的主要基于港口费率的单纯考虑，而是涉及时间、经济和安全性多个层面（施欣，2000）。因此，在降低港口费率的基础上，提高港口生产效率和服务质量水平，为客户提供基于时间节约、信息咨询、综合配套、安全保障等多方面的增值服务，是丰富港口广义使用费率，增强港口吸引力的有效途径。③满足海运规模经济性要求，降低 c_{ik}。海运规模经济性是指因港口运输基础设施和货源规模所形成的经济效益，其具有边际效益递增的特点。一般地，海运价格是航运公司综合考虑运输货物的容积（船体）、货物重量与价值条件后，经过换算制定出的；时间成本主要取决于港口航线密度与航班频率。与铁路、公路等陆路运输相比，海运更适合跨国、跨州、跨洋的国际贸易和超长距离运输，即便是国内运输其距离也相对较远。现代海运船舶吨位越来越大，数万吨、数十万吨的邮轮、集装箱班轮等模式已十分普遍，因此，海运的规模经济溢出效应非常明显。另外，随着国际生产网络的建立，除油气、矿石、煤炭、粮食等大宗货物外，许多工业产品的产地越来越多，市场变化越来越快，在多批次、小批量的现代物流供应链发展趋势下，海运规模经济的实现不仅仅与单纯的船舶规模有关，而是船舶规模、港口航线密度与航班频率、货源组织网络等多方面因素的综合作用。实质上，两者都与海运规模经济性直接相关。

第二节　海港城市成长模式

我国现代经济地理学大师吴传钧的“海港城市成长模型”从动力结构揭示了港与城的产业、功能变化关系及海港城市的一般成长规律，着眼点既不是港口城市体系，也不是城市内部空间结构和组织模式，而是将港口与城市发展的动力结构和空间联系的内在机制联系起来（吴传钧和高小真，1989）。他认为海港城市的成长动力分为三种，即港市直接联系、港市间接联系和城市自增长效应（表 3-1）。港市直接联系的发生源于海港的运输中转功能。港市间接联系通常以集聚引力、协作引力和乘数效应三种方式出现。城市自增长效应是指城市发展到一定水平以后，其本身的规模通过循环和积累，就能促使城市继续发展，即城市本身的发展就是自身成长的动力。

表 3-1　海港城市的成长模式

项目	Ⅰ	Ⅱ	Ⅲ
动力结构	港市直接联系（港务、集散部门）	港市直接联系（港务、集散、港口工业）、港市间接联系	港市直接联系（港务、集散、港口工业）、港市间接联系、城市自增长效应
海港城市经济特征	初级商港型	港口工业型	多元化型
港市关联强度	最强	强	弱

吴传钧和高小真（1989）在进一步考察我国北方海港城市成长过程和比较分析的基础上，联系动力结构的演变过程，提出了三阶段划分的海港城市一般成长模式。第一阶段，海港城市对港口有很强的依赖性，这时城市活动的中心是运输中转，一旦由于某种原因使港口衰亡，在没有其他特殊力量参与的情况下，城市作为“海港城市”的发展过程就会中断。它可能沿着“非港口城市”的轨迹继续发展下去。第二阶段，港口工业出现，港市间接联系也逐渐发挥作用，这时海港城市对港口的依赖尽管仍很强，但比前一阶段已大为逊色。港口工业的形成具有非常积极的意义，标志着海港城市完成了从简单地服务于港口到积极地利用港口这一目的性转变。从此，海港城市不再是被动地受海港驱动而发展，而是通过港市相互作用，与海港相互推动，共同发展。第三阶段，即多元化阶段，海港城市必须求助于新的动力，才能实现在现有水平上的飞跃。但是，根据复杂系统对参数变动的不敏感性可知，由于动力结构与城市经济结构具有多元化特征，因此一般的外力容易被吸纳而难以产生很大影响，只有强烈的冲击才能使动力结构有所改变，从而打破旧的平衡，使海港城市经济结构经过调整，在更高水平上形成新的平衡。对于没有其他优势的一般海港城市来说，所期望的这种冲击往往来自海港的新发展。

此外，港市关系具有循环上升的特点（图 3-1）。海港发展所提供的每一个契机如能得以很好的利用，就可以成为海港城市发展的动力，这时港市关系最强。随着结构的多元化，原动力的相对作用减小，港市关系减弱，直到被港口的另一新发展所带动，开始更高层次的又一循环，循此途径，海港与海港城市组成的有机系统得以进化和发展。

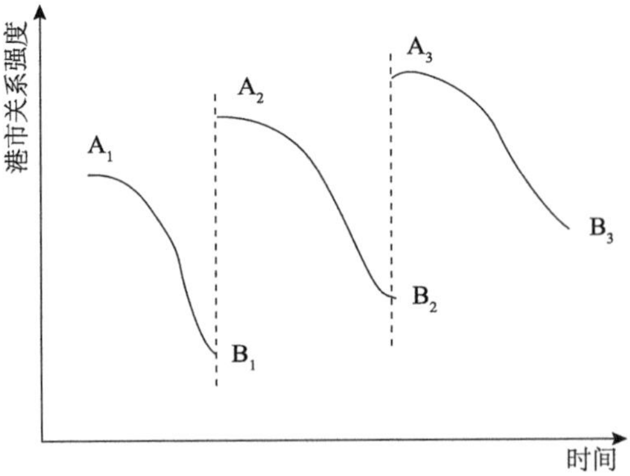

图 3-1　港市关系强度随时间变化

A 表示一个周期的开始，波峰；B 表示一个周期的结束，波谷

第三节　港口枢纽网络结构理论

我国著名经济地理学家王铮教授在《理论经济地理学》一书中，提出了港口枢纽网络结构理论。他认为港口枢纽-网络结构是一种由于交通线的存在，围绕中心形成以中心为葩嵌，交通线为廊道，其他产业点或城镇为基底的网络结构。港口是一种特殊的城市，它发挥了运输、贸易和分配的功能，围绕港口会形成一种特殊的区域结构——枢纽-网络结构，作为枢纽的主要港口是葩嵌。通常一个港口地区的发展，从经济、技术、社会变化的角度看，可以归结出四个空间发展阶段（王铮等，2002）（图 3-2）。

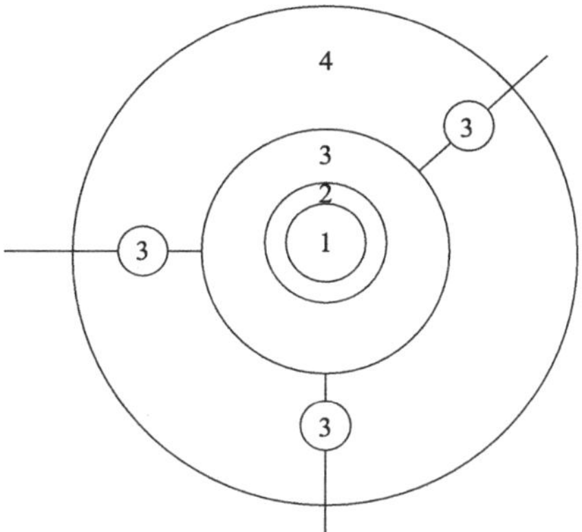

图 3-2　港口结构的空间发展

1～4 表示不同阶段产生的空间形态

第一阶段，港口。港口是贸易中心和产业中心的输运功能区。孤立的港口很少有洲际运输，主要输运食物和能源，且运输是劳动密集型的，港口活动主要集中于港口城市，大量产品只有一个市场。港口部门的任务是仅提供航海服务。

第二阶段，港口区。港口功能伴随工业发展复杂化，在出现洲际大宗原材料运输后形成港口区，此时区域的工业主要建在低成本的海外原材料基础上。海港的空间规模已扩大到港口毗邻地区，除了沿码头分布，还包含针对工业的不以码头为约束的地域。该阶段，设备增多，资本变得密集起来。港口权力部门的任务主要是提供土地和基础设施。

第三阶段，港口圈。由于贸易和产业活动的变化，与港口有关的活动可以分布在一个较大的区域内。若干港口区联系形成港口圈，这时，海港主要是作为洲际集装箱运输的主要港口，用集装箱运输的货物被分配在一个个功能不同的港口区。对于集装箱运输来说，集装箱的合成和分配都被定位在距离码头较远的地方。港口圈不但覆盖了港口区范围，而且还包括港口区周围的地域。港口圈与港口区的区别在于前者有自己的附域，附域不执行港口功能，而是为港口圈内部的港口区服务。为了解决港口区之间及港口区，它周围地区的竞争，港口权力部门处于非常显著的地位。港口圈的生成改变了区域的空间结构，原来的区位单位将发生再区位。港口圈还不能被看作是一个连续的地理单位。但是，在港口网络中的功能港口圈仍需要在功能相互作用的基础上确定自己的地位。

第四阶段，港口网络。若干港口圈及其内地范围构成港口网络。该阶段，随着空间要求的加强和活动流动性的增强，区位的相对吸引力也发生变化。此时形成推拉作用，推因素包括区位可察觉的短处，那些刺激改变区位的因子，如规模不经济——堵塞、缺少空间和高价劳动力，都是推因素。拉因素包括可以察觉的优点，它刺激区位选择。改变区位要求和发展港口范围外的新的商业点对于港口周围的节点是拉因素。推拉因素潜在影响着区域变化，港口的规模不经济和港口圈外的地域相对较强的吸引力都会导致港口的推力和其他区位的拉力。这些推力和拉力都使与港口有关的一些活动逐渐远离港口。空间分散过程的开始将扩大原来的港口圈功能，联运的运输和信息技术都使这些扩张变得容易。例如，集装箱仓库建立在远离海岸线的地方，可节省仓储费，该集装箱仓库可能服务若干港口圈。这时的港口圈是功能个体化的功能港口圈。

在港口网络中形成新的功能港口圈，港口网络中节点功能的个体化和一体化都会导致各个不同区位节点之间发生功能上的空间相互作用。不连续的空间规模扩大和港口与相关功能进一步特化的地域之间相互依赖，使得港口网络作为功能港口区域普遍出现。网络结构打破了第三阶段港口有关活动的区位模式，因此港口网络的发育是港口发展新的第四阶段。

港口网络结构是一类典型的枢纽-网络结构。一方面，枢纽-网络结构是由功能节点构成的空间结构，如不同的节点承担贸易（如港口）、市场（中心城市）或/和生产功能，这些“港口”作为葩嵌，活化空间，决定了区域的经济性质。道路网络作为廊道，起着联系和功能分割作用。各网络节点是个性化的，即专业化的，因而区别于一般的韦伯网络结构。另一方面，枢纽-网络结构强调的是节点与网络，它忽视了核心-腹地结构的空间连续性。当然，每个网络节点均具有自己的经济腹地，节点与腹地之间可形成一个克里斯泰勒型的中心-网络结构。这种结构强调的是节点的功能联系，而不像中心-腹地结构那样强调空间联系与差别。

港口网络可以根据依赖性详细划分为链状网络、复杂网络和编组网络。①链状网络：链状网络是基于连续联系网络，一个节点的产出是另一个节点的投入，网络中的各个节点根据它们在逻辑关系链中的功能相互联系；网络中的活动根据链的路线顺序进行定位，在国际性的货物流动联系中，主要港口是链状网络的龙头。②复杂网络：复杂网络是在相互联系的基础上，由组成网络的节点相互作用形成。这些相互依赖的节点不是独立的而是联系一个或少数几个核心功能节点执行自己的职能，发生分工，核心的功能是网络的动力，整个网络中各圈因为功能互补而有序，主港口就是复杂网络的龙头。③编组网络：编组网络是基于区位公用联系的网络。网络中的节点利用相同的区位或资源因素，由于这种公用的倾向，可产生直接的联系；但是此时的功能依赖被削弱，在这些直接联系中，可能有补充与竞争两种情况。在港口腹地结构方面，不同的港口服务于相同的腹地，港口范围可被认为是编组的。

该理论强调，枢纽-网络结构中的任何一个港口均可在上述三种网络类型中找到自己的位置。港口的功能越强，货物流量越大，腹地范围越大，港口网络就越广阔。图 3-3 表示港口与港口节点之间的关系。图中 A 为港口，该港口与节点 B 构成了一个网络，因为它们分享一个区位因子。如果节点 B 为了有 A 相同的市场而利用相同的区位，就有可能与港口 A 发生竞争。港口 A 中的运输有节点 C 的储存定位和节点 D 的制造定位相互支持，形成对方的区位因子，所以港口 A 与港口 C 和 D 组成了一个复杂网络。最后，港口 A 与节点 E 和 F 同时是一个逻辑链路线中的一个连接。事实上，港口 A 的相对吸引力不仅由它的对手节点 B 的职能决定，而且还由其他节点 C、D、E 和 F 针对港口 A 的联系策略所构造出来的背景作用决定。港口网络结构是枢纽-网络结构的代表。枢纽-网络结构上由功能节点构成的空间结构，各网络节点是个性化的，即专业化的，因而区别于一般的韦伯网络结构。

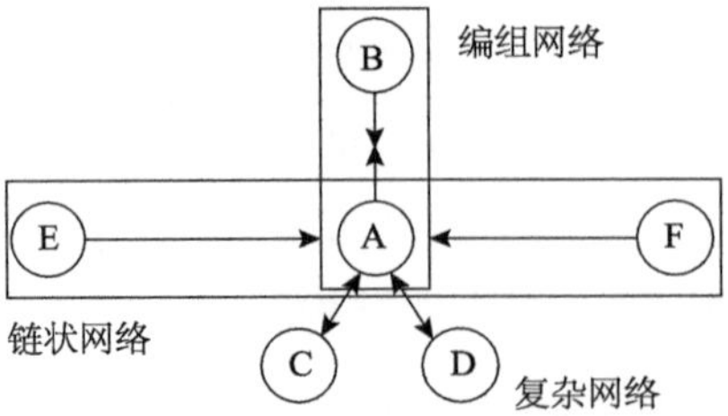

图 3-3 港口空间的网络联系

第四节 港城空间互动模式

Bird（1965）通过英国河口港提炼的 Anyport 模型所揭示的空间演变过程具有普适性，但随着全球化的发展，如中国等发展中国家的城市化进程快速推进，港口城市的空间演化过程被大大压缩，港口代际界限、阶段边界、港口与城市的边界变得更加模糊，特别是随着港口产业复杂化，多港区和城区组团化，港城空间关系模型更加复杂。基于此，王缉宪（2010）以时间、港口到市中心的距离和港口所占空间的大小为参照系，构造了四个相对"任意港"模型更抽象的港城空间关系三维模型，以反映不同的港城空间关系演变类型。

1）A 类发展模式，又称渐变模式（图 3-4）。港口城市发展过程中，随着港口空间受限和深水岸线开发，港口区域逐渐从市中心外移和拓展，新区的增加快于放弃旧区，最终远离城市中心。港口占地总面积随着时间的推移逐步增加，特别是远离市中心的地方空间增加量大。当港口占用空间达到某个规模时，由于港口效率提高或港口需求减弱，部分码头或港区改变土地用途，进入滨海资源再开发阶段，港口用地总量下降。

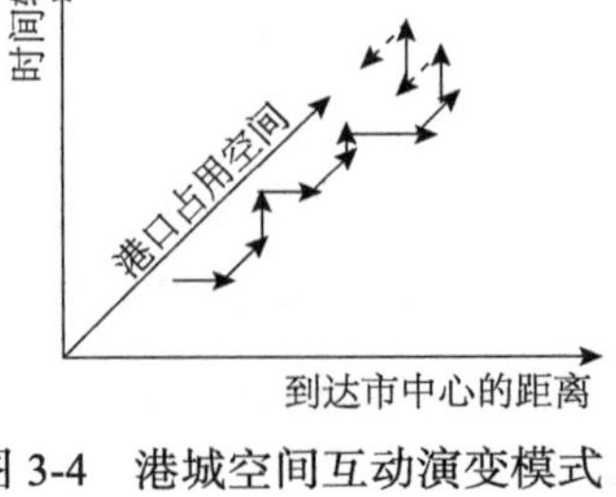

图 3-4 港城空间互动演变模式 A

2）B 类发展模式，又称大港适距起步模式（图 3-5）。这类港口主要是海港，如新加坡、迪拜等。港口与城市发展建立在规范的设计规划基础之上，考虑了大型船舶需要，兼顾了港城功能分工。港口起步时就与市中心有一个合理的距离，之后在港口规模越来越大的同时，也距离市中心越来越远；港口城市从形成之初即为服务区域的中转港或门户港，因此当其向海方向的发展空间比较充足时，对于该城市的功能空间影响有限。以广州港为例，在古代至民国，港口从惠福西路、华林寺一带到光塔寺、流花湖一带再到花地、西澳一带；民国后港区进一步向东迁移，1937 年建设黄埔港，中华人民共和国成立后进一步向东南迁移，沿狮子洋两岸建设新港，20 世纪 50 年代建设黄埔新港，80 年代建设新沙港区，21 世纪初建设南沙港区。

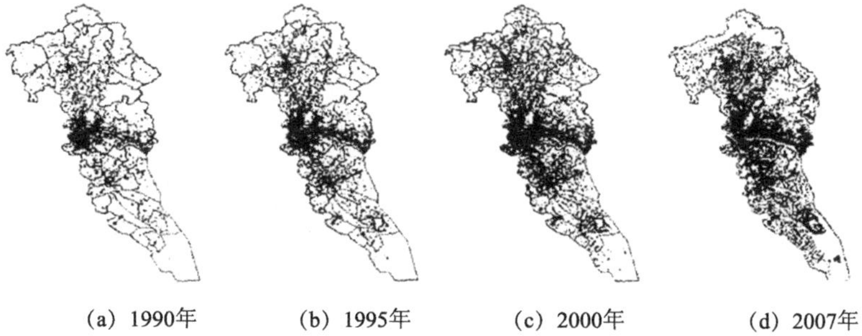

图 3-5　港城空间互动演变模式 B（广州）

3）C 类发展模式，又称空间跳跃模式（图 3-6）。其特点是先在所在城市中心附近蔓延发展，与城市互动式地成长；但在某一个时点，受航运技术（船舶大型化和港口深水化）或空间（土地不足或地价太高）的束缚，跳跃到了几十公里远的另一个港区继续发展。与此同时，靠近市区的旧港区则在一定时期内逐步衰落。例如，法国的马赛、中国的天津和宁波属于此种类型。

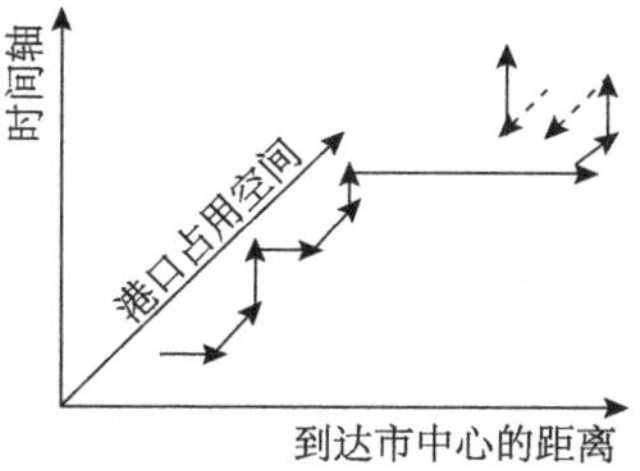

图 3-6　港城空间互动演变模式 C

4）D 类发展模式，又称双港并存模式，是空间跳跃模式的变种，不同之处在于其老港区并没有逐步退出历史舞台，而是以一种多港区并存的方式继续发展（图 3-7）。港口占用空间有增无减，由于位置不同，各港区逐步形成某种分工。例如，滨海新区建立后天津城与天津港形成一种双港双核模式；“开发区+新港口”的跳跃式新港城建设使大连港城形成典型的双核城市。此外，D 类发展模式也存在其他变形，即当双港区跨越的范围超过本城市时，D 类发展模式就变为一种双港城模式。从港口系统本身看没有差别，如上海在舟山嵊泗列岛建立的洋山深水港，这种跨越进入了邻里城市，从而在统计、管理上出现新的含义。再如，香港制造业从 20 世纪 80 年代后逐步移到深圳、东莞，并扩大发展到整个珠江东岸，与此同步的是，90 年代起深圳在位于香港东西两侧建设盐田、蛇口港区，但受到深圳城市化的大规模扩展，人口在 1980～2010 年由 10 万人剧增至 1000 万人，用地空间膨胀，港区和城区间的用地矛盾日益突出。

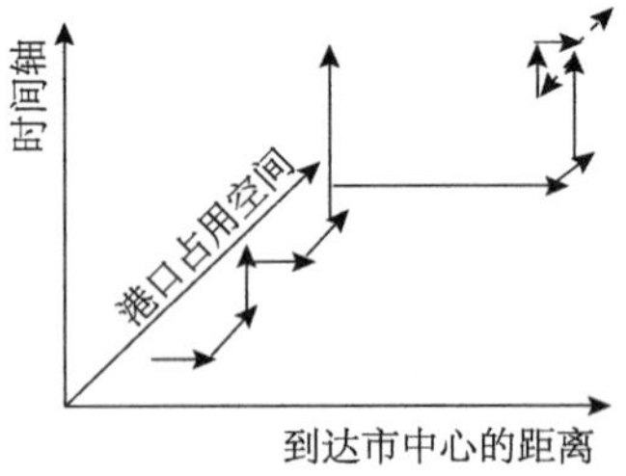

图 3-7　港城空间互动演变模式 D

第五节　“港-城空间系统”理论

随着经济全球化的深入和世界性产业转移浪潮的不断形成，发展中国家的海港城市成为承接国际产业转移首选之地。作为国际物流供应链枢纽节点，海港可以通过对物流资源的整合，实现功能提升、产业集聚和空间成长，并推动港-城空间系统演化更新。

一方面，新因素导致城市尺度的港城空间关系演化出现新特点。①新科技革命推动工业化和信息化融合发展。“流”时代的生产方式逐渐柔性化，产业链式集聚和产品内分工、分散同时进行，（临港）产业空间组织形态更具复杂化。②航运技术变革与全球化使海港功能演化至第三代甚至第四代（董维忠，2005），作为国际物流核心节点和全球资源配置枢纽，发展中国家的海港城市成为世界性产业转移首选地，港口对城市、区域的地域空间效应增强，港口、产业和城市的空间冲突激化，如大规模填海造陆、规模不经济、工业污染、交通堵塞等，迫切需要通过系统整合予以化解。③港口空间形态日益群组化和网络化，港口与产业园区高度一体化，微观上推动了港城界面的再造与复兴，宏观上牵引了更广阔腹地内的产业向海集聚和空间重构。

另一方面，已有的港城空间关系研究无法反映经济全球化深入发展背景下发展中国家港-城空间系统的复杂性。缺乏将港城产业关联、动力机制演化、空间系统变异结合起来，进行多维度的港城地域系统研究，进而探究港城空间相互作用的辩证关系和演化机制。而且一般认为城市在进入自增长阶段后，港口与城市进入自我发展阶段，港口对城市的影响逐渐减小。尽管个别学者近年来注意到港城关系演化的新特点，认为港城界面有形成生长、成熟扩展、衰退废弃和再生复活几个发展阶段，其发展周期体现了港城关系由共生一体、共同扩张、分离，最后再度整合的演变过程（庄佩君和汪宇明，2010），但吴传钧关于港城关系“循环上升”的论断，并没有引起学者的重视。鉴于此，中国经济地理学者郭建科于 2013 年提出海港城市“港-城空间系统”演化四阶段理论。他围绕中国现代海港城市空间演化的新特点，将港城关系与城市空间形态相结合，以揭示港城空间形态及其相互作用的动态变化规律为主线，探究各阶段空间模式与动力机制，并结合典型案例加以验证，为新时期海港城市发展提供理论支撑（郭建科和韩增林，2013）。

1. 港城发展初期的港城共生阶段

港口城市发展初期的大部分经济活动源于港口，港城共生，以港兴市，城市明显港口化。本阶段对港口城市发展的作用在于，通过原始积累将宜港岸线的自然条件通过港口开发和城市孵化转变为一种经济区位并固化成区域发展优势，为港口城市下一步发展提供源动力，因此也可称为港口城市的区位生成阶段。①港口的基本功能是运输中转，并诱发港务、集散、集市等港口直接、共生产业，构成城市初期的产业形态。②码头设施依托海湾、河口或海岛等宜港岸线，在自然条件好，后方有平坦、开阔的地段修筑，呈现不连续点状分布。③码头毗邻区形成货物堆场、水产交易的集市和船工、渔民的休息区，无港区和城区之分，港城混杂共生，构成海港城市的雏形。随着运输增加，贸易和市场逐渐繁荣，在人口和店铺增加的情况下，城市逐渐形成不连续的带状或条状布局，如图 3-8（a）所示。④后期，海港与腹地的通达条件改善，直至有交通线相连，海港城市逐渐发展成为区域海上运输和贸易门户，完成了海港区位优势的原始积累，奠定了海港区位势能的基础。

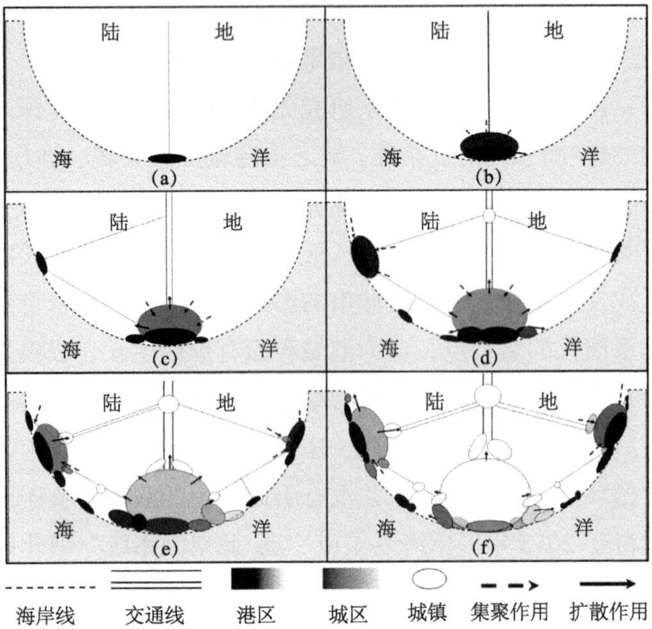

图 3-8　现代海港城市“港-城空间系统”演化模式（详见书末彩图）

城区颜色越浅表示其产业临港化程度越低，港区颜色越浅表示其港口功能越倾向于高级化、服务化

2. 港城空间集聚阶段

进入工业化初期或经济起飞阶段，区域间贸易量大增；港口功能演化进入第二代，作为较理想的工业区位，海港城市一跃成为区域工业增长中心，并通过修筑铁路连通腹地，港口规模扩张和城市空间膨胀成为必然趋势。港口、工业和城市相互作用进入“滚雪球”式的空间集聚发展阶段。①在出口导向型发展模式的带动下，临港加工业率先崛起为城市的主导产业，并逐渐出现修造船等大量占用固定岸线的临港工业，工业与外贸紧密互动，推动城市空间膨胀。②外贸繁荣导致海运规模急剧扩大，推动港口城市进入第一轮大规模的基础设施建设高潮。码头、堆场、仓储等设施的规模和数量明显增加，开始建设疏港铁路连通腹地，出现较大规模的连片状港区。③港与城的界限逐渐明晰，工厂、商业、银行、政

府、居住等城市功能逐渐从港区剥离，并沿港口向外辐射的道路集中分布，城市形态表现为块状集聚或呈星状，逐渐连片蔓延，如图 3-8（b）所示。

3. 港口外迁与城市裂变阶段

进入工业化中期，钢铁、石化、能源等重化工业逐渐占据主导地位，原材料需求量和国际性贸易井喷，沿海港口功能更多地体现为国际物流中心，港口演化进入第三代。海港城市及其临港地带逐渐成为全球生产网络的连接点和最具竞争力的低成本制造中心。此时，区域性临港工业化过程与单体城市内部规模不经济两方面因素推动新港口不断涌现，港口区向港口群演化，大港口部分业务外迁至临近新港从而带动单体城市发生裂变，海港城市演化进入新阶段。①当港城空间集聚到一定程度时,单体的港-城综合体出现严重规模不经济和港城互扰现象。然而，以大进大出为特点的临港工业需要占用大量的固定港口岸线，具有追逐优质港口岸线布局的天性。城市原有的港区已经不能满足工业进一步集聚的需要，港口开发进入一轮大规模“圈地运动”，新港口和原有港口部分业务外迁，并牵动城市空间裂变。②城市空间形态随新港外迁作不连续跳跃式发展。港口作为新生空间的开拓者，往往引导部分城市功能外迁，带动一部分使用专用码头、占地规模大的临港产业随新港开发而与城市在空间上形成裂变分体，飞地型新港区不断发展壮大，新港卫星城发育，海港城市逐渐从“一城一镇”裂变为“双城”发展格局。③依据新港城的发育程度可分为港口外迁和城市裂变两个时期。在港口外迁时期，新港区作为整个海港城市的功能性地域，只具有运输和工业功能，大型专业化港区中填充小规模生活休息区，新城处于孵化发育阶段，就业人口通过快速通勤线呈钟摆式流动，居住功能尚不明显，如图 3-8（c）所示。在城市裂变时期，临港工业壮大推动居住、商业、银行等配套服务功能增加，人口集聚达到一定规模，港区发展为临港新城，原有城市裂变为双城格局，如图 3-8（d）所示。

4. 港-城双向网络发展阶段

21 世纪以来，信息技术革命推动高新技术和新兴产业不断涌现，全球化推动了新的国际产业转移浪潮。一方面，跨国公司推动各种生产要素在全球范围内进行优化配置，所有国家和地区都将被纳入一个投资、贸易、生产、服务相交织的全球性网络。另一方面，港口发展逐渐深水化、大型化和集装箱化，其功能演化出现第四代特征，海港成为全球资源配置枢纽，临港地带成为全球生产网络的连接点和生产要素交汇中心。①港口空间演化进入高级化，进而形成复杂的港口枢纽-网络结构，大港口不断兼并和整合周边港口资源，并呈现港口专业化分工明显、港区一体化的特点。中心城区老港口主要承担客运和旅游职能，其滨水岸线改造为生活、休闲和旅游区，毗邻区更新为总部经济、研发、高端服务等临港服务业和新兴产业发育区。新港口依据集装箱运输、矿石、原油、粮食、造船等不同分工形成专业化港区，并集聚相应的物流、钢铁、石化、加工、造船等临港工业区，港区和园区高度一体化，港口岸线利用和土地利用高度集约化。②港区专业化和网络化带动相关产业依托专业港区形成临港工业集聚，高新技术的大量应用使工业园区的污染和能耗进一步降低，信息化和快速交通的发展使居住空间分散化成为可能，围绕专业港区及其临港工业区均不同程度地发育相关城市组团，通过发达的疏港路网和道路系统相连，形成港群和城市组团双向网络发展的空间格局，海港城市总体上呈多核心组团或网状形态。根据港口地域分化和老港区功能转型程度，本阶段可分为两个时期，前一时期为临港新城网络化，如图 3-8（e）所示，后一时期为主城非港化，如图 3-8（f）所示，分界点是老港区功能完全服务化和产业绿色化。

第六节　港城系统熵模式

港城系统是“经济-社会-资源”复合开放的大系统，存在各种物质流、能量流、信息流。开放性是系统产生耗散结构的基础，只有开放才能使港城系统从外界输入负熵，向外界输出正熵，保持系统的活力及内部的有序。港城系统具有相对独立性，又与外界存在互动联系，杨山等（2011）建立了港城系统熵模式，如图 3-9 所示。系统内部独立性使内部熵 diS 不断产生，港城系统有向混乱无序状态发展的趋势；系统的互动性使其持续与外界进行物质、能量与信息的交换，熵流 deS 持续输入。当负熵流 deS 大于内部熵 diS 时，总熵变 $dS<0$，港城系统出现耗散结构。负熵流的继续增大，引发了港口与城市子系统间的协同作用，外部的政策与资源熵被系统吸收，转化为城市向港口输入的产业、信息与各种资源熵，以及港口向城市输出的收入、交通与各种能力熵，港城系统

向有序方向发展。

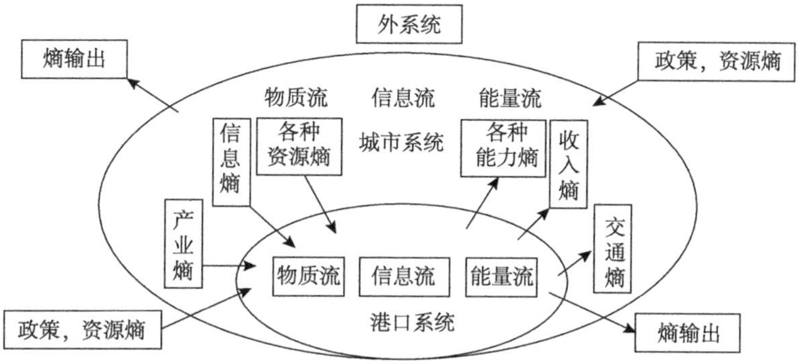

图 3-9　港城系统熵模式

在耗散结构理论视角下研究港城系统，从定性角度，需要确定系统结构间的合理性即协同性，判断输入及输出熵流的极性，只有能促进港城协调有序发展的负熵流有利于系统发展。从定量角度，需要计算耗散结构系统熵的变化。系统熵是港城系统演化状态的综合指标，系统熵值高且 $dS>0$ 表明港城系统演化状态较低，系统处于无序状态；熵值高但 $dS<0$ 表明系统进入向有序状态演化的耗散结构，处于低水平有序状态；熵值低且 $dS<0$ 表明系统演化状态较高，系统处于高水平有序状态。通过综合发展度从时间序列纵向评价港城系统各个年份的发展水平，通过系统熵从要素构成横向测度各个年份港城系统的有序状况，对比分析两者间的关联及熵值动态变化，判断港城系统演进规律，通过负熵流的输入时间及输入方式分析探究系统的演化机理，获取港城系统有序演化规律（杨山等，2011）。

第七节　港口（城市）体系演化理论

一、中国沿海集装箱港口体系集中化发展模式

曹有挥等（2003）是国内最早关注港口体系研究的地理学者，他引入现代经济学的观点，理性人的个体理性行为可能导致集体非理性，个体之间的关系不只是竞争，还有合作；竞争与合作并存更易促成高效率。因此，他认为集装

箱港口体系的演化始终受到竞争与合作两种机制的引导与作用，两者交互作用构成了集装箱港口体系形成演化的内在动力。他于2003年综合海向空间和陆向空间因素，归纳演绎了由低级均衡—非均衡相对集中—非均衡高度集中—高度均衡的沿海集装箱港口体系的一般演化模式（图3-10），并通过实证指出，中国沿海集装箱港口体系正处于由非均衡相对集中向非均衡高度集中阶段演化的过渡时期。

（1）低级均衡阶段

在集装箱化初期，一般只有少数大型港口率先试用集装箱运输新技术。随着少数大型港口演变为集装箱港口，集装箱港口体系进入萌芽状态。在此阶段，集装箱港口体系尚处于胚胎之中，其空间状态特征概况如下：呈低级的稳定均衡分散状态；沿岸各集装箱港口没有形成规模等级体系，规模分布呈平缓倾斜的曲线；各港口间的水上集疏运系统初步建立但不完善；陆上集疏运系统尚未出现；各港口腹地间无交叉重叠现象，原先的港口内陆腹地组织仍未变动。

（2）非均衡相对集中阶段

越来越多的港口开发采用集装箱技术，由于初始优势和自我增强机制，货流主要集中于率先采用新技术的少数集装箱港口，并逐渐成为规模较大的中心港口；中心港口与海外腹地的联系区域稳定，固定航班增多；沿海集装箱港口体系初步形成。沿海集装箱港口体系空间状态特征概括如下：总体呈非均衡相对集中状态；以中心-次中心关系为主要特征的规模等级体系出现，规模分布曲线逐渐变陡；中心港口的垂直与侧向集疏运网络不断扩张；各港之间水陆联系通道网络初步形成，次中心港口向中心港口提供箱源的喂给系统初见端倪；中心港口腹地拓展，周围次级港口腹地遭到蚕食，各港腹地之间出现交叉重叠现象。

（3）非均衡高度集中阶段

随着集装箱运输开始占主导地位，多式联运成为货物运输的主要手段。集装箱技术在各港口得到普及，少数中心港吸引了更多的箱源和船公司，从而逐渐成为中心枢纽港，其他相关诸港的发展或相对趋缓或有所衰退。与此同时，各港间的相互作用与相互影响更加显著，彼此之间逐渐形成运输职能与组织分工。在集装箱港口体系正式形成之际，其大体具有如下空间状态特征：总体结构呈非均衡高度集中状态；以中心枢纽港-干线喂给港-支线喂给港关系为特征的港口规模等级体系趋于完整，规模分布曲线的斜率达到最大；集疏运系统进一步完善，中心枢纽港与区内主要干线喂给港和主要市场中心之间的高等级干线建立；各港腹地相互交叉重叠，中心枢纽港腹地空前扩张。

（4）高度均衡阶段

随着经济结构转向高技术产业和服务业，整个运输体系加快整合，集装箱国际国内多式联运充分发展，各运输要素和手段加速一体化。集装箱港口作为综合物流的枢纽节点已经成为物流供应链的转换平台。此阶段，集装箱港口体系开始进入高度均衡的演化阶段，区域体系完善，并形成如下空间状态特征：总体结构重新恢复到“均衡”之中；港口规模等级差别开始缩小，规模分布曲线重新趋于平缓；各港间及各港与内陆主要市场中心之间，以快速和高等级交通干线为主干的现代化集疏运体系形成；各港腹地相互叠加的现象更为普遍，港口腹地组织的地域结构重新恢复到相对“均衡”之中。

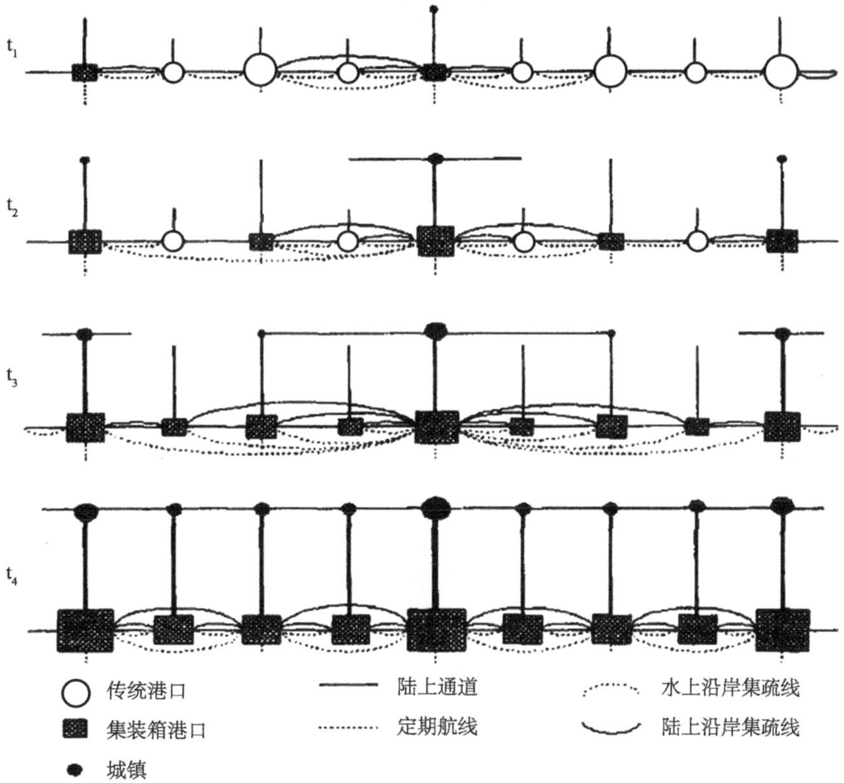

图 3-10　沿海集装箱港口体系的演化模式

t_1～ t_4表示 4 个发展阶段

二、中国现代集装箱港口体系演进理论

王成金和 Ducruet（2011）将现代集装箱港口体系的演进分为前集装箱化、技术试验、巩固集中化、枢纽港中心化、扩散化与离岸枢纽、港口区域化六个时序阶段，对各阶段的发展特征进行了刻画和解析（图 3-11），并从枢纽港本地约束、集装箱航运模式、物流资源整合、内陆配送网络与干港、政府宏观调控和港口建设市场化等角度揭示了扩散化与离岸枢纽、港口区域化两个最新阶段的发展机制。

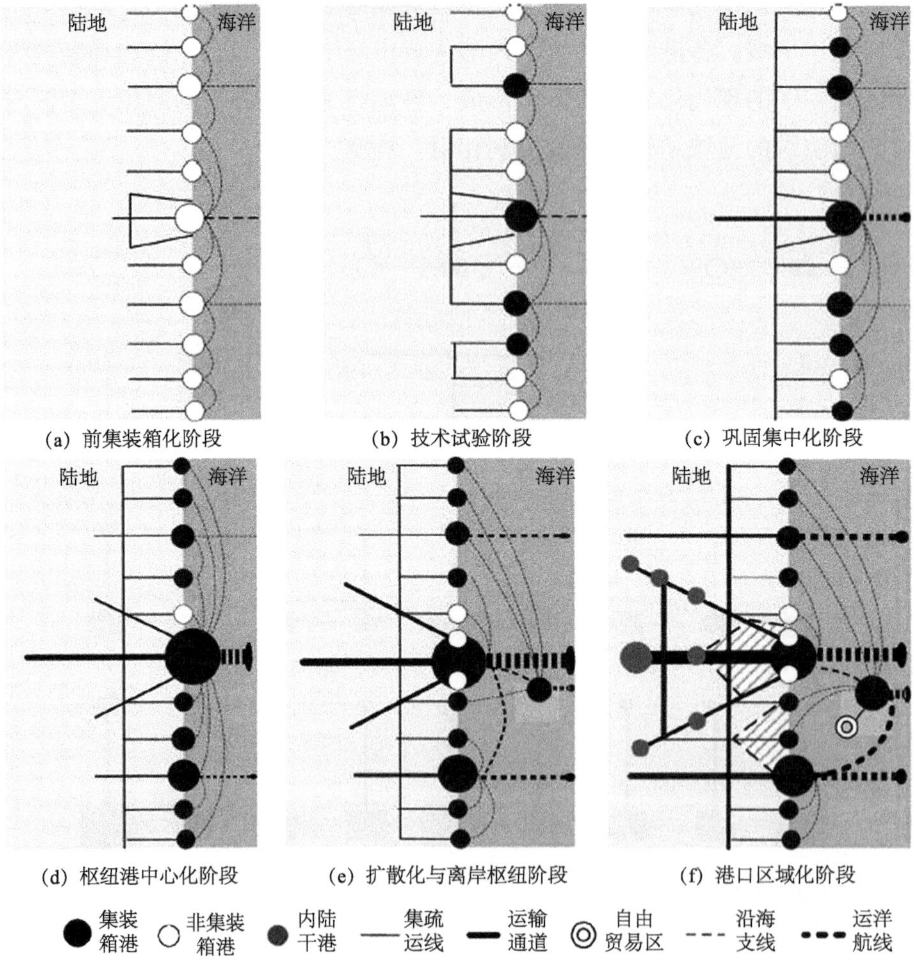

图 3-11 集装箱港口体系演化的理论图式

王成金和 Ducruet 认为扩散化和离岸枢纽阶段及港口区域化阶段反映了集

装箱港口体系的最新发展机制与规律。在扩散化和离岸枢纽阶段，吞吐量的分流成为宏观趋势，而枢纽港邻近的离岸港成为新的枢纽港；在港口区域化阶段，枢纽港与内陆腹地形成综合物流网络，邻近地区形成物流基地，离岸枢纽由转运基地向产业基地转变。研究表明，枢纽港的本地约束、集装箱航运模式转变、现代物流资源整合、内陆配送网络与干港对腹地的作用、政府宏观调控和港口建设市场化等新机制促进了扩散化和离岸枢纽、区域化两个新阶段的形成，补充了集装箱港口体系的连续历史分期。在扩散化和离岸枢纽阶段，从以原枢纽港为核心的喂给网络，向以原枢纽港和离岸枢纽并重，甚至离岸枢纽为主的喂给网络发展，离岸枢纽成为港口体系的转运基地和各种航线箱流汇集并重组的枢纽。

在全球化的激烈竞争面前，枢纽港不断寻求扩展内地的物流触角，通过腹地根植实现物流资源整合。由此，内陆配送成为经济全球化和集装箱航运业的重要环节，港口发展不再局限于港区，开始调整在物流链中的角色，构建以港口为核心的国际贸易配送网络。港口竞争的核心从港口本身拓展至港口与腹地的一体化网络。港口和内陆配送系统进一步对接形成综合运输走廊，并通过在内陆交通枢纽和中心城市建设内陆干港构造港口与腹地联系的高效轴-辐物流网络，物流节点的极化效应得到发挥，枢纽港和内陆干港间形成物流走廊。枢纽港的腹地因物流走廊、内陆干港及其形成的一体化配送网络而得到空前扩张，邻近甚至距离较远港口腹地被袭夺和挤压，枢纽港毗邻区形成物流园区或自由贸易区，并使其成为枢纽港的一部分，以此维系其规模经济；中小型港口在地方需求和区域配送网络支撑下仍可通过细分市场及特色物流稳定腹地。同时，离岸枢纽开始发展高附加值物流服务，并形成自由贸易区，使其具备直接腹地以提供箱源，离岸枢纽的中转比例有所下降，但离岸枢纽的发展并没有导致陆地枢纽港生产能力的闲置，各类港口在集装箱航运网络中承担不同职能。内陆配送网络和枢纽港的进一步发展，促使港口区域化阶段的产生。

王成金和 Ducruet 指出，港口区域化是当前集装箱港口体系演化的新特征和新阶段。①现代物流链的变革促使内陆配送网络的产生，通过港口衔接国际配送系统和全球生产网络，由此促进港口区域化。②内陆配送网络化及对港口腹地的融合作用，成为港口区域化阶段发展和维系的又一主导机制。内陆配送网络化和干港影响了集装箱流向与港口和腹地的连接模式，港口腹地不再是简单的连续腹地，而是通过交通干线、物流走廊、物流节点、配送网络的贯通和整合，实现了条带状、串珠状、孤岛状等非连续腹地等腹地形态的多样化（图 3-12）。③港口在邻近区域发展物流园区，以整合物流资源，通过物流园区、内陆干港和内陆配送网络，形成港口与腹地一体化的物流链，进而成为港口竞争的主要领域。与港口连接的干港集中了物流资源和相关产业而形成物流园区，内陆物流节点开始园区化并不断繁盛，最终形成区域极化效应。在上述过程机制的综合作用下，港口将其自身、邻近和腹地的物流节点整合为物流网络，形成物流增长极乃至经济增长极，促进了港口的区域化。

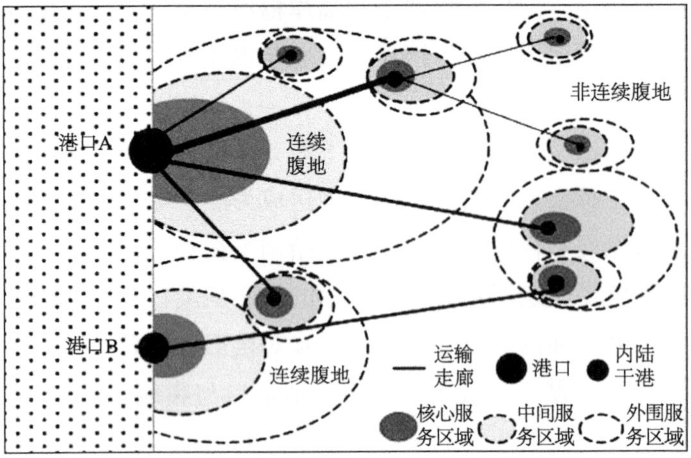

图 3-12　基于走廊与干港的内陆配送网络

第四章

港-城空间相互作用的机理分析

第一节　港城关系演化的驱动机制

一、港-城空间相互作用的演变

郭建科和韩增林（2013）在港-城空间系统演化理论中对港-城空间相互作用的演变过程进行了详细分析。

（1）港-城空间相互作用的辩证关系

港口是海港城市成长的动力源，港对城的作用始终贯穿于港城关系全过程，因此，港口与城市相互作用而形成具有自身特性的港-城空间系统。从港口城市形成、发展、演化全过程看，港对城的作用具有内生性和先导性，表现为港口的城市地域空间效应；城对港的作用具有适应性和反馈性，表现为城市的港口化适应与反馈过程，这与某一阶段城市对港口发展具有主导作用的现象并不排斥。

（2）港-城空间相互作用的周期变化

港-城空间系统在高级化阶段可能出现两种完全相反的趋势。一是港口进一步演化带动港口产业与城市不断更新、再造，进入下一个循环过程。二是海港城市港口资源消耗殆尽或破坏性开发导致港口发展不可持续，港口区位发生衰夺，临港产业萎缩，城市具有自增长效应（图 4-1）。显然，后者是一种极端现象，不代表港-城空间系统整体演化方向。

（3）港-城空间相互作用具有渐变期和突变期

港城关系是海港城市发展的主线。港-城相互作用强时城市发展进入突变期，弱则为渐变期。①在各阶段内的渐变期（图 4-1），港城关系逐渐减弱，城市自增长效应逐渐增强，港与城相互形成比较稳定的发展机制，港口因素固化为一种城市基础和普遍存在的力量，这一时期，城市增长点在于港口以外的新生因素；②在突变期（不同阶段过渡时），港口是城市突变期引导城市转型和实现跨越发展的决定因素，这时港城关系最强；海港发展所提供的每一个契机如能得以很好的利用，就可以成为海港城市发展的动力。从中国主要海港发展历程来看，海港城市的每一次重大调整引发的跨越式发展无不与港口变迁和转型相关。

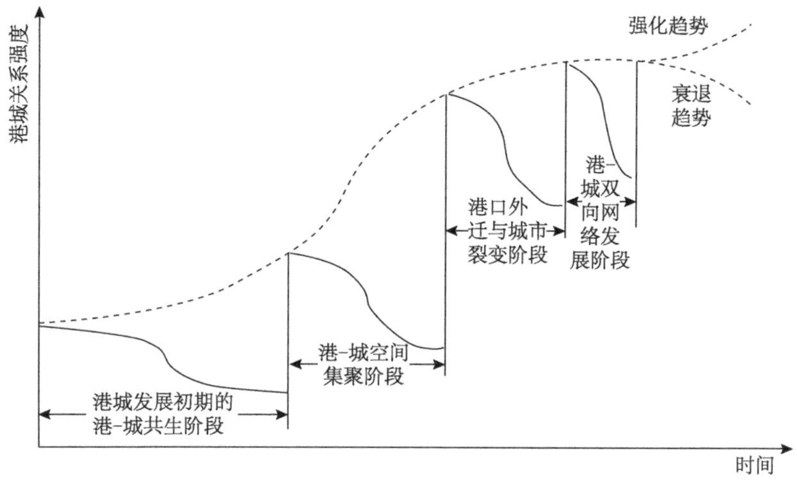

图 4-1 港城关系强度变化曲线

（4）物流资源整合与流空间推动港-城空间系统高级化

海港作为国际物流供应链的主要节点，在全球生产网络时代加速成为现代物流资源整合的中心和国际贸易配送基地（王成金和 Ducruet，2011）。物流汇聚可以固化为一种要素环境和产业环境，带动人流、资金流、技术流和信息流交汇。①现代物流是产业结构优化的润滑剂，而港口物流是临港产业体系中跨度最大、产业关联度最高的产业，是大批临港工业集聚必须配套建设的产业，成为推动临港产业链成长的核心纽带。港口物流与临港工业对接造就了贯通全球的自动化流水线（郭建科和韩增林，2006）。②信息技术推动生产要素流动强度和速度发生质的飞跃。作为流空间节点，在海港城市成长发育所引致的极化和扩散效应不断增强的同时，节点影响半径也在不断扩散，推动城市向更大的地域空间扩展（沈丽珍等，2010）。此时，随着临港区位的区域化和内部化，原有临港产业的临港距离增加，推动临港微区位依托快速交通网络在更大的地域空间加以重塑，带动产业和城市空间裂变与网络化。

二、港口演化的地域空间效应

1. 对城市的地域空间效应

1）港口功能演化推动临港产业更替进而引发城市主导产业变迁，城市空间结构的动态变化就是其产业结构演化的空间投影。从第一代港口到第四代港口，其功能逐渐从运输与贸易中心、工业中心演化为物流中心和资源配置枢纽；港口功能的每一次提升都会牵动临港产业实现一次飞跃，促发主导产业从外贸加工业更替为临港重化工业，再到高新技术和以现代物流为主的增值服务业。最终，临港产业逐步发育为一个复杂产业体系，并通过产业乘数效应推动海港城市主导产业和产业结构发生相应改变。

2）港口空间形态演化推动临港产业空间重组，进而主导海港城市产业空间重构。与港口功能、规模演化相适应，其空间形态演化经历了（孤立）港口、港口区、港口圈和港口网络四个发展阶段（王铮等，2002）。港口空间由开始被限定在码头、装卸作业和堆场等狭小范围逐渐扩大至毗邻区和周围附域，形成许多临港但不以码头为约束的工业、服务业地域。最终，围绕港口网络形成一种特殊的区域枢纽-网络结构。港口空间形态演化的实质是海港区位实现由点到线再到网状的再区位化和微区位化过程，各网络节点通过再区位，不仅保持了临港优势，更获得了微区位个性，适应了临港产业多元化和海港城市发展多元化的需要，从而牵引日益复杂的临港产业群体通过区位再选择实现产业空间重构。

2. 对区域的地域空间效应

（1）港口对广大腹地产生地域空间效应的影响因素

港口发展历史表明，海港只在特定位置兴起和发展，并形成具有某种性质和规模的港口。某一港口空间效应如何形成和释放，受多种因素的影响，包括自然因素、基础设施因素、经济因素、技术因素、制度因素等，各因素之间相互作用，彼此影响。例如，建港自然条件、港口的交通优势度、港口规模及其货源结构、港口多功能发展水平、临港产业集聚水平、港口城市经济总量、区域港口竞争态势、港口与腹地的经济联系、港口开放度和管理水平等（郭建科和韩增林，2014）。

（2）港口对区域产生地域空间效应的动力结构

港口对腹地的空间效应是一种“空间作用及这种作用产生的区域影响”，它包含了作用的过程与效果；其施动者为港口，受动者为广大腹地，港口之所以产生对腹地的这种作用，源于港口本身具有特定的地域功能，从而在一定的经济地域系统内发挥相应的作用及影响。因此，可以说，海港空间效应是表征沿海港口-腹地地域系统发展、演化及基本格局的重要内容。一方面，港口空间效应始终处于动态变化之中，作为一种经济系统和极化的功能地域，港口的这种区域影响贯穿于港口形成、发展、演化全过程。另一方面，从港口来讲，虽然运输中转活动是一般海港形成与发展的唯一原动力，但海港一旦形成，随着港口与腹地联系日益紧密，区域对海港需求不断上升，其功能和作用模式逐渐多元化、复杂化，作用及其影响的广度、强度也不断加大，直到有新因素打破这种增长，如新港口出现引发的竞争，促发新的增长过程，从而使港口空间效应表现为一种累计增长、突变、重组、再增长的循环过程。从这个角度讲，海港空间效应的组成要素既是现有海港对区域的作用效果，也是海港对区域作用再增长的条件。

海港空间效应的动力结构表现为海港作用势能、港-腹引力、作用通道及作用载体四个方面。

第一，海港作用势能。海港作用势能反映某一海港对区域产生作用或施加影响的条件和潜力。现代海港的势能表现为一种集区位、交通、贸易、商业、产业集聚、开放度等条件和功能优势于一体的综合势能，反映海港由于其体量增强和港口功能多元化，而在区域系统中形成的某种主体功能位势。此外，海港势能也可称为海港区位势、位势（能）等，具有强烈的区位特点，可分为形成势能和作用势能两种。形成势能主要反映海港形成、发展及其空间效应产生的区位条件，表征腹地对海港发展的支撑能力，其施动者为腹地，受动者为海港。而海港作用势能的施动者为海港，受动者为腹地，表征港口对腹地的影响程度。两者的组成要素和影响因子既有联系也有区别，甚至是可以相互转化的。

第二，港-腹引力。港口与腹地之间存在相互依存、相互作用的关系，腹地经济越发达，对外经济联系越频繁，对港口运输的需求也越大，由此推动港口规模扩大和结构演进；港口的发展又为腹地经济的发展创造条件，可促进港口腹地范围的进一步扩展。我们将港口与其腹地间的这种相互作用关系称为港-腹引力，这种作用关系对以港口为中心的区域经济发展具有重要意义。进一步而言，港口城市与腹地城市的产业联系深刻影响着港-腹引力的作用程度。只有当港口与腹地形成具有垂直、水平、侧向等多种产业联系，以及优势互补、互动发展的态势时，港口-腹地经济地域系统才能进入一种良性循环。因此，区域之间发生相互作用首先要存在互补性，可达性好，并且没有干扰机会或干扰机会的影响小。

第三，作用通道。港口是区域的门户，门户与区域中心之间必须有联系通道，即交通运输走廊。内陆腹地通过运输通道将大量商品运往港口开展对外贸易。如果说港口对腹地具有一定的向心作用，那么港口与腹地之间的作用通道正是这种向心作用得以形成的物质前提。特别是随着集装箱船舶大型化方兴未艾，一艘新型集装箱船在港口卸下的数以千计的集装箱会对港口通往内陆的疏运网络构成巨大的挑战。区域集装箱枢纽港的形成必须有发达的腹地集疏运通道和内陆中转站做支撑（韩增林和安筱鹏，2006）。

第四，作用载体。企业是市场经济的主体，港口对区域的影响和作用通过不同的企业承担。港口的货源由运输或物流企业承担。临港工业的集聚和发展也有赖于大型制造企业或跨国公司的投资完成。跨国公司在国外开拓市场的初期阶段，往往选择交通成本低廉，开放度高的沿海港口城市作为首选区位，并以此为核心配置各种生产要素，形成以沿海港口为中心的区域生产组织网络。表征港口空间效应作用载体的要素有港口企业竞争力、班轮公司空间组织与运营网络、大型临港企业综合竞争力。此外，某些具有区域牵动和产业联动效应的大型工程或项目承担着港口空间效应作用载体的功能，如沿海石油储备基地等。

综上所述，海港势能为港口影响区域的发展提供了某种可能，是海港空间效应形成并释放的前提条件，根据港口类型和功能的不同，可在货运、客运、集装箱运输、对外贸易、商业等不同方面形成不同位差的势能。港-腹作用通道是港口城市与腹地城市间因空间联系而形成的交通运输走廊，是畅通港口与腹地联系的倍增器，港口发展规律表明，凡是与腹地联系的交通通道畅通的沿海港口其发展势头就会成倍增长。例如，上海和宁波、青岛和烟台、厦门和泉州等港口运输此消彼长均与内河、铁路等深入腹地的交通通道有关。企业是港口与腹地联系的作用载体，随着区域市场化程度的发展，企业作为市场主体，以企业营利为目标在区域范围内开展相关的经济区位活动。

三、城市及腹地对港口的反作用

港口所在的城市是港口发展的直接腹地，腹地的城市格局、城市体系也对港口城市的发展形成支撑或制约。在全球化和世界经济发展一体化趋势下，港口与腹地城市及城市体系的关系更加紧密。腹地经济和城市的发展为港口的生产和发展带来强有力的动力支持，腹地经济结构、规模、空间格局和政策支持变化也会影响港口各方面的发展。

1. 腹地

港口腹地又称港口吸引范围，即港口集散旅客和货物的地区范围，其大小受自然、社会、经济因素的影响。港口与内陆地区联系的交通网络越发达，港口可吸引或可达到的腹地就越大，反之亦然。此外，港口腹地还与港口的性质有直接关系。港口腹地与港口间存在相互依存、相互作用的关系。腹地经济越发达，对外经济联系越频繁，对港口的运输需求也越大，由此推动港口规模扩大和结构演进；港口的发展又为腹地经济发展创造条件，可促使港口腹地范围的进一步扩展。港口和其腹地间的这种相互作用关系，对以港口为中心的区域经济发展具有重要意义。腹地有直接腹地和间接腹地，港口所在城市为港口的直接腹地，或者称独占腹地和重叠腹地。如果区域内某港口凭借其低廉的运输成本，拥有绝对的竞争优势，那么该区域就成为这个港口的独占腹地，进出该区域的货物绝大多数通过这个港口；如果区域内没有一个港口对其他港口具有明显的成本优势，那么这类区域就属于重叠腹地。

2. 城市及腹地对港口的反作用

（1）腹地经济结构变化影响港口发展方向

腹地经济的发展为港口发展提供支撑和保障。随着运输货物种类和数量的不断增多，港口运输货物由一般散杂货物向大宗散货、集装箱专业化方向发展。港口沿海城市及经济腹地在建立一定的经济结构后，对其经济运行中的资源条件做出了质的选择和量的规定，从而影响港口的发展方向。

（2）腹地经济发展规模决定港口发展规模

港口在性质上属于服务业，有着与其他服务业共同的特点，即它也需要依附于生产制造业和商贸业存在。因此，如果腹地经济规模越大，生产和商贸越繁荣，港口就有越好的客户群和市场基础，可发挥的空间就越大，其规模就有可能越大。

（3）腹地经济一体化促进港口物流产业发展

腹地经济一体化进程的加快，导致此地区进行着不同内容的经济结构调整，企业间重新组合，使工业企业、商业企业和流通企业间的融合和联盟日趋频繁，产生许多新的管理制度的创新。供应链管理就是通过对相关企业资金流、物流、信息流的管理，在相关企业间建立起合作伙伴关系，提高整个链条上的相关企业竞争力，这直接导致专门为供应链相关企业提供物流服务的企业组织的出现，从而促进物流业的发展。

（4）政府经济政策在港口发展中发挥巨大作用

国家或各级地方政府通过采取适当的经济政策、组织形式，可有效调节港口与经济腹地之间的关系。我国为发展外向型经济，先后设立经济特区、沿海经济技术开发区和保税区、保税港，今后随着自由贸易区的试点还将开展自由港建设。

腹地是港口赖以生存和发展的基础。经济发达的腹地为港口发展带来充沛的货源，从而使港口经济腹地的空间范围得到拓展。任何一个港口的兴起和发展，除得益于有利的地理条件及外界的促进因素外，更与其腹地有着息息相关的依存关系。近代和当前的现实都表明，腹地幅员辽阔、经济发达、交通便利、内部联系紧密，根植其上的港口也就更有发展前途。腹地的这种作用从早期港口的发展中更能窥见一斑。

第二节　临港产业集聚的牵引机制

一、全球化时代的港口区位优势

沿海港口城市之所以成为跨国公司对外投资的首选区位，是其独特的区位优势形成的。①运输成本优势和物流效率。海港作为水陆交通转换节点可大大降低货物二次转运和装卸成本，以沿海港口为枢纽的综合物流体系大大节约了商品的运输和库存成本,从而使包括各种大宗货物在内的商品都具备可贸易性，为产业集聚形成创造条件。②牛鞭效应大大减轻。现代港口的信息中心功能，可将下游的需求信息不经过供应链上的主体放大效应而直接传递至上游生产商，最大限度地克服牛鞭效应（贝毅和曲连刚，1998）。③接近市场。沿海港口有内陆腹地的巨大市场需求，同时还连接海外市场，具有内引外联的市场优势。对腹地企业来说，港口是通向外部市场尤其是海外市场的通道；对国际投资来说，临港地区是进入东道国市场的入口。④政策优势。由于沿海港口具有区域门户城市的“口岸”功能，从发达国家到发展中国家，普遍将其作为对外贸易的窗口，制定相对内陆城市更宽松的贸易政策、税收政策和投资政策，发展自由贸易区和临港开放区，我国改革开放以来更是如此（惠凯，2006）。跨国公司将海岸带临港工业和海运物流的发展作为全球化生产和经营过程的重要环节，依靠先进的通信技术和与全球范围内的原料地、国内外产品市场紧密联系，形成海岸带全球化大生产格局（田汝耕等，2004）。

二、临港产业的二次集聚及三种效应

1. 一次集聚

在“临港优势”推动下，相关产业向沿海和临港地区集聚即为第一次集聚，主要体现“临港优势”的一般性，即沿海和临港地区相对于内陆地区在产业集聚中的优势。临港产业具有高度的开放性。改革开放政策的推动与20世纪80年代海外华人经济体低端制造业对廉价劳动力资源的需求引发的加工贸易产业转移相结合，加速了沿海港口城市及临港地区市场创造模式的产生，广东、浙江等一大批专业镇形式的外向型加工贸易产业集群逐步发育。因此，临港产业集群是在地区开放过程中逐渐形成的，对外部市场资源的吸引和整合是临港产业集聚的主要途径。

2. 二次集聚

由于新的港口不断涌现，逐渐形成一条复杂的港口带，港口之间的竞争日益激烈，进而产生了枢纽港、支线港、能源专业港等规模和功能的差异化。各沿海港口在区域港口体系演变中的地位变迁和功能分异促使临港产业集聚加速向少数枢纽港集中。第二次集聚就是临港产业在个别港口发育和临港地带集聚，反映了临港优势的差异性和特殊性。产业分工与互动、上下游联系和规模经济促使这种集中加速进行。

3. 三种效应

临港产业集群可产生以下三种区域效应：第一，规模效应。临港产业大量在港口毗邻地区集聚，具有不可比拟的规模效应。这种规模效应来源于公共设施共享、产业联系和信息的流通，易于降低交易成本，增加市场机会，提升企业的反应能力。临港产业集聚往往形成区域品牌和整体优势，以企业群的面貌参与市场竞争从而产生巨大的外部经济效益。第二，创新效应。临港产业集聚易于形成专业的产业集群，具有极强的自组织学习能力和技术创新能力，各类技术创新通过产业分工协作等方式，在多项产业链内实现不同层次的技术扩散，而引起经济增长和“临港产业区”发展。第三，乘数效应。港口经济具有极强的综合性和关联性。由于临港产业内部存在的多种产业关联，往往使某一个主导产业、企业的变化或大型工业项目的建设引起周边配套产业进行相应的调整和改造，主导产业的一个技术创新往往带动整个产业链条上的所有产业变革，从而产生巨大的乘数效应（惠凯，2006）。

三、临港产业集群的不同空间模式

大型港口是当代世界生产力沿海布局的重要表现形式之一。有学者研究认为，大型港口-工业综合体可分为大型港口与重化产业综合体、大型港口与贸易加工区综合体两种类型（陈有文和王晋，2008）。

（1）大型港口与重化产业综合体空间布局形态

大型港口与重化产业具有明显的运输指向性特征，因此，减少港口与产业区之间的转运环节、缩短运输距离以尽量降低物流成本是大型港口与重化产业布局的重要引导性因素。国内外大型港口与重化产业综合体的布局实践表明，其空间结构一般呈现紧密型布局特征；但也有部分综合体受资源条件的制约，采取分离型布局。具体来看，其空间结构形式大致分为以下四类：

1）以项目为单位的独自配套布局。工业区内各厂商分别建设为自身服务的专用码头，厂商完全掌控自己的海上接卸终端设施。这种模式需要有较丰富的岸线资源支持，适合于带状布局的沿江、沿海岸工业走廊，或者工业区内河网发育、适宜布置挖入式港池的情形。

2）按专业功能划分的“专港专区”布局。工业区按专业进行分区，每个专业工业区均配置专业化的配套码头，体现了专业化与区、港密切关联的布局特点。

3）港区与产业区独立设置，相邻布局。为工业区服务的码头统一规划布置成港区，与工业区相互靠近但相对独立。这种布局具有实现港口作为重要公共基础设施的条件，如广州南沙港区与万顷沙工业区。

4）港区与产业区独立设置，空间分离布局。为工业区服务的码头统一规划布置成港区，与工业区空间上呈分离布局，港区通过物料输送管道将原料运送至工业区。惠州港马鞭洲作业区与大亚湾石化工业区属此类型。

（2）大型港口与贸易加工区综合体空间布局形态

大型港口与贸易加工区综合体的空间布局模式与相互关联有别于上述模式，但其布局形态仍可大致分为紧密型与分离型两类。

1）紧密型布局。加工区紧邻港区布局，两者在空间上呈一体化布局形态。国内外贸易加工区（包括港口自由贸易区、港口物流园区、港口开发区等）的产业特征是商贸、物流与下游加工制造业，其产品的主要目标市场为境外，需要有密集班轮航线服务支持，所以大型港口外向型贸易加工区一般以集装箱干线港为依托，以直接布置在集装箱干线港作业区后方为最佳区位。

2）分离型布局。港区与加工区有一段距离，两者空间相对独立。不具备紧密型布局条件的加工区，需要与干线港区有高效、便捷货运通道连接。上海洋山保税港区港口、产业区综合体是分离型布局的一种类型，保税港区以发展国际中转、配送、采购、转口贸易和出口加工等业务为目标，实行贸易加工区内部一体化管理，通过 30 公里的东海大桥相连。深圳前海湾物流园区与深圳港西部港区集装箱码头距离 2～7 公里，未来计划设置内部高架专用通道连接。

第五章

相关数量方法及空间计量模型

第一节　从 RCI 到 DCI 的港城关系测定指数

一、港城关系的 RCI

RCI 由 Vallega 于 1979 年提出并用以分析地中海地区的港区和与之关联的居民点的组织关系，是一种表现港口经济规模与城市经济活动相互关系的概念。他定义 RCI 为一个整体区域中某一港口货物吞吐量比重与同该港口关联的居民点人口比重的比值（Vallega，1979）。公式为

$$\mathrm{RCI}=\left(\frac{T_i}{\sum_{i=1}^{n}T_i}\right)\Big/\left(\frac{P_i}{\sum_{i=1}^{n}P_i}\right) \tag{5-1}$$

式中，T_i 为城市 i 的港口货物吞吐量；P_i 为城市 i 总人口；n 为一定区域内的港口城市数量。RCI 值主要表征一定区域港口与城市相对规模的水平，RCI=1 表示港口规模与城市规模相当，RCI→0 表示港口城市系统中城市的地位趋于重要，RCI→∞表示港口城市系统中港口的地位趋于重要（图 5-1）。

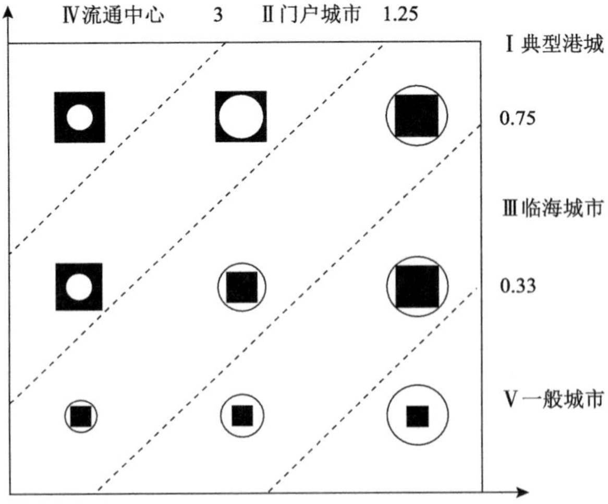

图 5-1　港口与城市 RCI 关系图

图内数字表示 RCI 值

后来 Ducruet 和 Lee 利用 RCI 对世界海港城市做了一般性界定，RCI 值趋近于 1（0.75～1.25）表示港口与城市规模之间处于相对平衡状态，RCI>1.25 表示港口的重要性显著，RCI<0.75 表示城市的重要性显著，其中当 RCI>3 和 RCI<0.33 时反映港口与城市规模严重不均衡，也是交通中心城市与一般城市特征显著的情况（Ducruet and Lee，2006）。由此，依据这一港口与城市规模关系的界定，可将港口城市划分为五大类九小类（表 5-1）。

表 5-1　基于 RCI 关系的港口城市类型划分

类型	RCI 值	特征
Ⅰ典型港城	0.75≤RCI≤1.25	港口规模与城市规模相对均衡。港口与城市互为依托，港口城市的特征显著，按照其规模等级可划分为地区级、大区域级和世界级三类不同区域地位的港口城市
Ⅱ门户城市	1.25< RCI≤3	港口规模高于城市规模。港城互动关系中港口对城市的作用关系较强，港口是城市的关键与优势部门，城市凭借港口获得发展机会与区域地位，按其规模等级可分为地区级和大区域级门户城市
Ⅲ临海城市	0.33≤RCI<0.75	城市规模高于港口规模。港城互动关系中城市对港口的作用关系较强，城市本身自组织与自运行能力较为综合与完善，对港口的依赖相对较小，按其规模与职能可划分为两级临海城市
Ⅳ流通中心	RCI>3	港口规模显著高于城市规模。港城关系松散，港口的区域及区际流通地位显著，城市区域地位仅为海陆交通转换点
Ⅴ一般城市	RCI<0.33	城市规模显著高于港口规模。港城关系松散，港口仅为城市的普通基础设施部门，对城市发展贡献很低，城市总体发展不以港口为依托，与一般内陆城市发展轨迹无异

二、DCI 的概念及对 RCI 的修正

RCI 是用来量化评价港口与城市关系的一个较为实用的指标，一直被应用到相关领域的研究中，如港口与港口所依托的城市类型划分，港口城市的港口功能与城市功能关系的分析，等等。但都遵循最初的计算方法，即用港口货物吞吐量比重与城市总人口比重的比值反映港口功能与城市功能的大小。RCI 的优点是指标简单，较容易获得，操作简便。其缺点主要表现在以下三方面：第一，仅用人口指代城市属性不足以反映城市整体规模和发展水平；第二，将区域港口群作为整体进行考虑，区域划分不同而结果不同，衡量的港城关系具有相对性，无法进行区域比较分析；第三，主观性强，衡量港口直接腹地的标准不明确。

鉴于原有 RCI 存在的缺点，郭建科等（2015a）提出了全新的 DCI，也可称为动态 RCI，指在研究周期和研究区域确定的情况下，某港口运输的增长相对于所在城市经济增长的重要程度。为了更全面地反映港口相对于其城市的增长活力及动态机制，DCI 通过港城发展的弹性系数和港城增长的相对集中指数两个基础性指标进行体现。其中，港城发展的弹性系数强调港口相对于城市发展的增长率，港城增长的相对集中指数强调港口相对于城市的增长量比重，两者分别从增长速度和增长规模两个角度诠释港口与其所在城市的发展活力和相对关系。

1）港城发展的弹性系数（elasticity coefficient of port-city development，D_eCI），简称为 D_e，指在一定研究周期内，港口运输的平均增长率与所在城市经济发展的平均增长率的比值，计算公式为

$$D_{\mathrm{e}}=\left(\sqrt[n-1]{\frac{T_n}{T_1}}-1\right)\Bigg/\left(\sqrt[n-1]{\frac{C_n}{C_1}}-1\right) \tag{5-2}$$

式中，T_n 为研究期内第 n 年的港口货物吞吐量；C_n 为研究期内第 n 年的城市 GDP。

2）港城增长的相对集中指数（relative concentration index of port-city increment，D_iCI），简称为 D_i，指在一定研究周期内，一个整体区域中某一港口运输（平均）增长量比重与其所在城市经济的（平均）增长量比重的比值，计算公式为

$$D_{\mathrm{i}}=\frac{T_n-T_1}{(n-1)\sum_{i=1}^{n}T_i}\Bigg/\frac{C_n-C_1}{(n-1)\sum_{i=1}^{n}C_i} \tag{5-3}$$

DCI 的核心思想是从发展和动态的角度，标定港口成长与城市发展的相对活跃程度，用于衡量特定阶段某一港口城市的港城关系状况。从 DCI 的构成看，表征港城相对速度的 D_e 相对于某一个港口城市来讲是确定的，是基础性指标；表征港城相对比重的 D_i 根据研究区域不同具有可变性，是补充性指标；在此基础上，本书确定 D_e 权重为 0.6，D_i 权重为 0.4，从而最终确定 DCI 值。

三、脉冲响应的基本原理

向量自回归（vector auto regression，VAR）模型常用于预测相互联系的时

间序列系统及分析随机扰动对变量系统的动态影响，通常用于刻画时间序列系统的关联和随机扰动项对变量系统的动态影响（高素英等，2010）。VAR_P模型的数学表述为

$$y_t = Bx_t + A_1 y_{t-1} + A_2 y_{t-2} + \cdots + A_P y_{t-P} + \varepsilon_t \tag{5-4}$$

式中，y_t为k维内生变量向量；x_t为d维外生变量向量；$t=1,2,\cdots,T$，T为样本个数；P为滞后阶数；$A_1, A_2, \cdots, A_P$和B分别为系数矩阵；ε_t为k维扰动向量。脉冲响应函数反映来自随机扰动项的一个标准差冲击对内生变量当前值和未来值的影响，刻画内生变量对随机扰动的动态反应。脉冲响应模型可以用来考察港城关系的要素驱动特征，分析港口或城市成长的影响因素。

1. 平稳性检验

在建立计量模型之前，应当对所采用的时间序列数据进行平稳性检验，不平稳会导致一个“伪回归”的出现且各项统计检验结果失去意义，进而出现错误的结论（杜小飞，2015）。平稳性检验又称单位根检验，一般用 DF 检验（Dickey-Fuller test）和 ADF 检验（augmented Dickey-Fuller test）。

（1）DF 检验

在 DF 检验前需要考虑不含截距项、含截距项但不含趋势项、含截距项和趋势项三种形式的检验回归模型，它们分别对应如下模型：

$$y_t = \rho y_{t-1} + \varepsilon_t \tag{5-5}$$

$$y_t = a + \rho y_{t-1} + \varepsilon_t \tag{5-6}$$

$$y_t = a + \delta_t + \rho y_{t-1} + \varepsilon_t \tag{5-7}$$

式中，a为截距项，是常数；δ_t为时间趋势；ε_t为独立同分布，且服从均值为0，方差α^2的正态分布。如果$|\rho|<1$，则序列y_t是平稳的；若$|\rho|=1$，则序列y_t是非平稳的，但其一阶差分是平稳的；如果$|\rho|>1$，则序列y_t是发散的。

（2）ADF 检验

在 ADF 检验前需要考虑不含截距项、含截距项但不含趋势项、含截距项和趋势项三种形式的检验回归模型，它们分别对应如下模型：

$$\Delta y_t = \gamma y_{t-1} + \sum_{i=1}^{l} \beta_i \Delta y_{t-i} + \varepsilon_t \tag{5-8}$$

$$\Delta y_t = a + \gamma y_{t-1} + \sum_{i=1}^{l} \beta_i \Delta y_{t-i} + \varepsilon_t \tag{5-9}$$

$$\Delta y_t = a + \delta_t + \gamma y_{t-1} + \sum_{i=1}^{l} \beta_i \Delta y_{t-i} + \varepsilon_t \tag{5-10}$$

式中，l 为因变量的滞后阶数；γ 为系数，检验 γ 是否等于 0，从而判断一个序列是否平稳。

DF 检验和 ADF 检验都采用 t 统计量进行检验，但是这个 t 统计量在原假设下服从 t 分布，Mackinnon 进行了大量模拟，给出了三种不同检验模型及不同样本下 t 统计量在 1%、5%、10%检验水平下的临界值。若检验 t 统计量值小于临界值，则拒绝原假设；反之则接受原假设（高配山，2011）。

2. 协整关系检验

协整理论是近年来分析经济时间序列之间长期均衡关系和短期波动的有力工具。需要注意的是，两序列具有相同的单整阶数，是序列之间存在协整关系的必要条件，通过 Johansen 协整检验法确定两个变量在 5%显著性水平下存在协整关系，证明两者之间具有长期均衡关系。

3. 脉冲响应分析

对于 VAR 模型，可以利用脉冲响应方法分析模型中每个内生变量对它自身，以及其他内生变量的扰动所做出的反应。其模型为

$$Y_{1t} = a_{11} Y_{1t-1} + a_{12} Y_{2t-1} + \varepsilon_{1t} \tag{5-11}$$

$$Y_{2t} = a_{21} Y_{1t-1} + a_{22} Y_{2t-1} + \varepsilon_{2t} \tag{5-12}$$

式中，Y_{1t} 和 Y_{2t} 是包含两个内生变量且滞后一阶的 VAR 模型。模型中的随机扰动项 ε_{1t} 为新息（模型输出预测值和实测值之差）。如果 ε_{1t} 发生变化，将使得变量 Y_{1t} 的当前值立即发生改变。同时，通过模型的作用也会使得变量 Y_{2t} 的下一期取值发生变化，由于滞后的影响，Y_{2t} 的变化又会引起 Y_{1t} 未来值的变化。基于 VAR 模型，通过 EViews 软件进行脉冲响应分析（高素英等，2010；樊欢欢，2014）。

第二节　港城耦合系统测度模型

一、港城耦合的 PU-SD 模型

1. 港城耦合系统的指标与要素构成

港城耦合是港口与城市两个系统及其内部各构成要素相互作用、相互影响形成的非线性关系总和。杨山和潘婧（2011）认为，港口系统内部主要包含港航能力、商贸结构、临港工业及港口规模四大与城市系统相关联的要素；城市系统内部主要包含经济、社会、空间及基础设施四大与港口系统相关联的要素。港城耦合系统的结构优劣、功能强弱与经济、社会和生态环境效应存在紧密的交互作用和反馈联动，是一个复杂的结构-功能复合体。图 5-2 反映了港口与城市的耦合关系，港城内部与港城之间各个要素通过相互作用、相互反馈形成相互协调、相互交融的高效港城复合系统。

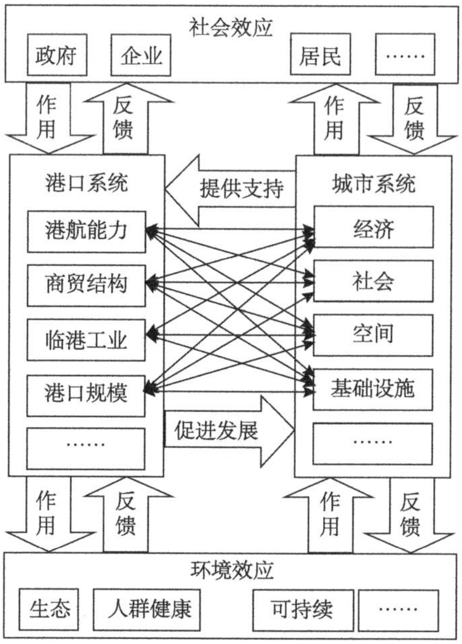

图 5-2　港口与城市的耦合关系

从港城耦合的系统论角度考察港口与城市的作用关系，有利于揭示港口内部、城市内部及港城之间相互作用的机理和反馈过程，通过调控经济社会参数实现经济效益、社会效益及环境效益最大化。港城耦合系统进行优化调控的重点主要包含三个方面的内容。一是协调港口与城市间的产业联动，实现两者在功能上的良性互动；二是合理分配港口和城市所需占用的岸线资源，协调港与城在发展中的空间冲突和彼此占用，实现两者的空间融合；三是通过港城系统的结构优化，改善其系统的质量水平，培育有竞争力的新功能，弱化或替换落后功能，适应全球化和地方化带来的经济社会生态环境变迁，提升港城耦合的整体竞争力和风险承受能力，实现港城多维度复合系统的动态稳定和可持续发展。

2. SD 模型适用性

SD 模型（system dynamics model）是建立在控制论、系统论和信息论的基础上，反映系统结构、功能和动态行为特征的一类动力学模型，擅长处理非线性、复杂性、长期性及时变性等系统耦合问题。港城耦合系统作为一个典型的复合动态系统，由许多不同类型、不同性质、不同功能和不同层级的子系统构成，而港口与城市之间的交互作用始终围绕经济、社会和生态系统三大循环展开。①从城市部分来看，在空间上形成人口、产业、设施、物流、文化等多种因素交互作用的功能分区。②从港口部分来看，主要由水域和陆域两部分构成，其中，水域部分主要包括航道、锚泊地、港池等要素；陆域部分主要包括码头、库场、辅助设施等要素，这些因素最本质的特性在于其相互作用、相互依赖和相互制约的整体性，其功能设施布局与配比是港口生产效率的重要支撑。③港城耦合的复杂性在于，港城耦合是系统间的动力源-汇过程，更是要素间的网络化与复杂化过程，因此，港城耦合的复杂性体现在多个维度。其中，产业和空间是港城耦合的两条主线，港口功能的变动引起港城产业联系的变化，进一步作用于港口城市内部空间结构，使得港城之间在空间上由相离状态过渡为耦合状态。有鉴于此，基于 SD 模型对港城耦合问题进行情景模拟，具有显著的系统适用性和结构稳定性。

3. 港城耦合的 PU-SD 模型建立

港城耦合 PU-SD 模型（port-urban system dynamics model）的构建是通过不断反馈与修正，确定港城耦合系统边界、系统结构、系统参数的过程。

（1）系统边界

通过港城耦合 PU 框架的内部关键变量在 PU 框架指导下全面搜集研究对象数据可以确定 PU-SD 模型的结构边界。通过确立指标矩阵集反映港城实际情况，运用各项指标数据进行矩阵双向的相关分析和单向的因子独立性分析，对具有港城相关性且独立性较强的指标进一步运用灰色关联方法遴选来概括耦合系统的最主要作用关系。系统边界的确定主要是根据研究目的、有效性及就简原则，提高建模的时间性、有效性和解决问题的针对性。

（2）系统结构

港城系统结构由港口系统与城市系统组成，城市系统分为经济、人口和资源子系统。每个系统结构由积累效应的状态变量、控制作用的速度变量、辅助变量、参数、系数和常量共同构建。

1）在港口系统中，状态变量用港口吞吐能力（HC）反映，其存量由速度变量港口吞吐能力增量（I-HC）决定。为了反映港口系统内部的自我发展、自我协调机制，通过反馈将港口利润（PP）、港口 GDP 阻碍率（BR-P-GDP）、港口收入（P-IN）、港口货物吞吐量（PC）、港口吞吐供给量（HS）、港口货物吞吐量缺口（B-PC）、城市对港口固定资产投资率（P-IR）、港口固定资产投资额（P-IM）等辅助变量与港口吞吐能力组成两个因果循环。港口系统将港口货物吞吐量、城市对港口固定资产投资率、港口吞吐能力三个变量，分别接入经济、人口和资源子系统，共同组成整个耦合系统。需要说明的是，港口投资作用于港口吞吐能力增量有一个延迟，表明港口投资建设有一个建设达产期。

2）在经济子系统中，状态变量由城市 GDP（GDP）表示，其存量由 GDP 增加量（I-GDP）决定。假定城市经济增长符合中国经济增长的 AK 型数理模型，未来 30 年面临着以工业化、城市化和市场化为主要特征的经济转型，城市 GDP 呈现可持续增长。为反映城市经济与港口间错综复杂的相互关系，通过反馈将固定资产投资（FAI）、对外贸易额（VOT）、城市对港口固定资产投资率、港口固定资产投资额、港口 GDP（PC-GDP）、港口对城市经济贡献率（PE-CR）、港口吞吐需求量（D-PC）、港口吞吐供给量、港口货物吞吐量等辅助变量与城市 GDP、港口吞吐能力组成四个因果循环。经济系统将城市对港口固定资产投资率、港口对城市就业贡献率（P-JOB-C）、港口吞吐能力三个变量分别接入港口、人口和资源模块。需要说明的是，城市 GDP 与总人口相联系，其平均化结果人均 GDP（P-GDP）进一步影响人口系统。

3）在人口子系统中，状态变量由城市总人口（T-POP）表示，其存量由年增加人口（I-POP）决定。为反映人口规模、人口结构、人口迁移等因素之间及与城市经济和港口间的相互关系，通过反馈将人口净迁入率（IR）、人口承载力（L-POP）、社会就业人口（WP）、港口就业贡献率、城市对港口固定资产投资率、港口货物吞吐量等辅助变量与总人口、港口吞吐能力组成两个因果循环。人口子系统将港口对城市就业贡献率和人均 GDP 两个变量接入港口系统、经济子系统，影响港口系统与经济子系统的稳定性，进而影响港城耦合系统。

4）资源子系统与港口系统共用一个状态变量“港口吞吐能力”，而港口吞吐能力增量则决定其系统存量。通过“港口吞吐能力—码头泊位数—码头岸线资源负荷（RW）—港口吞吐能力增量—港口吞吐能力”间的负反馈对整个港城系统起制约作用，资源子系统将港口吞吐能力接入港口系统、经济子系统及人口子系统，同时连接以港口投资额为动力源的一个正反馈。一个正反馈与一个负反馈共同作用一个状态变量，速率变量（港口吞吐能力增量）的倒 U 形增加导致状态变量（港口吞吐能力）呈现 S 形增长，符合港城发展周期演化规律。港城发展周期演化规律认为，港口是港城发展的动力因素，港口吞吐能力与港口货物吞吐量是港口发展的综合指标，港口货物吞吐量的增长与港城耦合系统的空间和经济发展趋势相吻合，在演化的初始期增长速度较低，成长期增长速度达到最高，成熟期逐渐下降，旧系统在后成熟期解体，新系统表现为四种形式：再生、循环、停滞、倒退，演化的主体过程符合 S 形曲线（杨山和潘婧，2011）。

基于港口、经济、人口与资源子系统的结构、功能与反馈关系，构建港城耦合动态仿真模型，模型包括 3 个状态变量、3 个速度变量、22 个辅助变量、20 个参数、3 个系数（a、b、c）及 4 个常量（区域面积 AREA、GDP 初始量 GDP-I、总人口初始值 POP-I 、港口吞吐能力初始值 HC-I）。模型由 22 个微分变量方程组成，任一变量方程可以表示为 $f_i(x_i, x_2, \cdots, x_m; t)$，其中 $x_1, x_2, \cdots, x_m$ 表示模型变量，m 为 1～28 的整数，i 为 1～22 的整数，t 为时间变量。模型自定义的变量及其含义如表 5-2 所示。

表 5-2 模型自定义的变量及其含义

符号	变量	含义
P-JOB	港口创造的就业人数（万人）	港口直接就业人数与港口带动相关产业的就业人数和
PE-CR	港口对城市 GDP 贡献率	港口 GDP 占城市 GDP 的比重
P-JOB-C	港口对城市就业贡献率	港口创造的就业人数占社会就业人数的比重

续表

符号	变量	含义
P-JR	城市对港口固定资产投资率	城市对港口固定资产投资额占城市固定资产投资额的比重
BR-P-GDP	港口 GDP 阻碍率	港口货物吞吐量缺口（吞吐量需求与吞吐量的差）导致的 GDP 减少占城市 GDP 的比重
RW	码头岸线资源负荷（米）	码头可利用的岸线长度

（3）系统参数

杨山和潘婧（2011）还通过以下方法确定了 PU-SD 模型的参数。

1）回归法。选用一元线性回归模型确定吞吐量拉动就业系数（P-JOB-R）、岸线与吞吐量转换系数（SL-CAP）、吞吐量生成系数（CR）、GDP 增长系数 II （GDPI-R2）、GDP-迁入系数（GDP-IR）、承载力-迁入系数（L-IR）等；选用二元非线性回归模型确定吞吐量拉动 GDP 系数（PC-GDP-R）、固定资产系数（FAI-R1，FAI-R2）等。

2）趋势外推法和算术平均法。运用趋势外推法和算术平均法确定 GDP 增长系数（GDPI-R1，0.09）、自然增长率（NGR，0.008）、港口费率（PR，0.0518）、港口生产负荷（PW，0.98）等。

3）表函数。运用表函数确定贸易依存度（TD）、就业率（ER）等。

4）根据历史经验及验算修正得到参数。港口建设周期（C-C，2）、港口效率（P-P，0.86）、港口利润率（P-PR，0.7）、资源系数（RE-R，0.001）、投资贡献度（I-C，0.328）等。

二、港城耦合协调度模型

"耦合"是一个物理学概念，指两个（或两个以上）系统或运动形式通过各种相互作用而彼此影响的现象。从协同学的角度看，系统由无序走向有序的关键在于系统内部序参量之间的协同作用，它左右着系统相变的特征与规律。耦合度正是对这种协同作用的度量（马丽等，2012）。1999 年，任继周提出了系统耦合的通俗概念，随着相关学者对耦合理论研究的不断深入，耦合理论已经被运用到生物、生态环境、农业及城市化等多方面的研究中。

耦合度分析可分为两步，首先是对各子系统状态进行评估，其次是进行耦合度的计算和评价。在港城关系的耦合度测算中，首先要分别建立港口和城市各子系统的评价模型，然后再进行耦合度测算。

1. 港口子系统综合评价模型

建立港口子系统综合评价函数如下：

$$f(x)=\sum_{i=1}^{n}a_i \times x_i \qquad (5\text{-}13)$$

式中，i 为描述港口经济系统特征的指标个数；a_i 为指标权重；x_i 为描述港口经济系统特征的第 i 个指标的标准化值。港口综合评价指数越高，港口状况越好；反之，港口综合评价指数越低，港口状况越差。

2. 城市子系统综合评价模型

建立城市子系统综合评价函数如下：

$$g(y)=\sum_{j=1}^{n}b_j \times y_j \qquad (5\text{-}14)$$

式中，j 为描述城市系统特征的指标个数；b_j 为指标权重；y_j 为描述城市经济系统特征的第 j 个指标的标准化值。城市综合评价指数越高，城市状况越好；反之，城市综合评价指数越低，城市状况越差。

3. 耦合度

借助物理学的容量耦合系数模型构建港口与城市系统的耦合度指标如下：

$$C=\{f(x)\times g(y)/[f(x)+g(y)\times f(x)+g(y)]\}^{1/2} \qquad (5\text{-}15)$$

式中，$f(x)$、$f(y)$ 分别为港口系统和城市系统指数；C 为耦合度，反映港口系统和城市系统之间的耦合协调度。耦合度值 C 在 0～1，该指标为正指标，即取值越大，说明协调性越好，反之亦然。当 C=0 时，耦合度极小，系统之间处于无关状态且向无序发展；当 C=1 时，系统的耦合度最大，系统之间达到良性共振耦合且趋向新的有序结构（郭建科等，2017a）。

4. 耦合协调度

耦合协调度（D）综合了港口发展和城市发展的耦合状况及两者所处的发

展层次，反映了港口发展和城市发展的整体协同效应，比耦合度模型具有更高的稳定性及更广泛的应用性。

其计算公式如下：

$$D=\sqrt{C\times T} \tag{5-16}$$

式中，$T=\alpha f(x)+\beta g(y)$，为港口经济与城市经济发展综合协调指数；D 值也在 0～1；α 和 β 为待定系数，本书认为港口发展与城市发展同等重要，因此取 $\alpha=\beta=0.5$；根据目前学术界主流的分段方法即中值分段法，研究需要将耦合度和耦合协调度划分为四种类型，如表 5-3 所示。

表 5-3　耦合度和耦合协调度类型与等级

耦合度 C	耦合度等级	耦合协调度 D	耦合协调度等级
（0，0.3]	低水平耦合阶段	（0，0.3]	低度协调的耦合
（0.3，0.5]	拮抗阶段	（0.3，0.5]	中度协调的耦合
（0.5，0.8]	磨合阶段	（0.5，0.8]	高度协调的耦合
（0.8，1]	高水平耦合阶段	（0.8，1]	极度协调的耦合

第三节　港口城市土地利用模拟的分形模型

“分形”概念的诞生通常以美国法裔数学家 B. B. Mandelbort 于 1967 年在美国《科学》杂志上发表的著名论文《英国的海岸线有多长？统计自相似性与分数维数》为标志。1975 年，他出版了分形理论的奠基性著作《分形：形态机遇和维数》，首次创立“分形”一词，标志着分形几何学的诞生。该书于 1982 年再版时改名为《大自然的分形几何学》（Kaye，1999）。若某一现象或物体，其组成部分以某种方式与其整体相似，则称其为分形（现象或物体）。分形最重要的特征是自相似性，即某种结构或过程的特征从不同的空间尺度或时间尺度来看都是相似的，或者某系统或结构的局域性质或局域结构与整体相似，描绘分形的有效参数是分形维数（黄佩蓓和刘妙龙，2002）。国内外学者进行的大量案例研究表明，分形模型是一种宏观模拟，用来揭示研究对象的平均演化趋势（姜世国和周一星，2006）。

该模型在区域规划领域首先被用于城镇体系规模等级结构的研究中，主要分析城镇体系中各城镇规模分配的合理程度，即首位城市、中位城市及小城市之间的规模配置是否高效合理。继规模等级研究之后，相关学者采用分形模型刻画城市用地分形维数的时空变化。刻画土地利用的分维主要有边界维数、半径维数等。

一、边界维数

城市形态的边界维数概念最早由 Batty 和 Longley（1987）提出，他们起初只是借助分维探讨城市的周界，后来发展到研究城市土地利用的空间结构。关于边界维数，有两种定义方法，或者说可从两个角度予以理解。

其一是从测度-测度关系的角度建立城市形态的面积-周长关系（the area-perimeter relationship）。假定城市是一个封闭地域，其面积为 A，周界边长为 P，如果边界是维数为 D 的分形线（fractal line），则根据几何测度关系，应有

$$P^{1/D} \propto A^{1/2} \tag{5-17}$$

从而

$$P \propto A^{D/2} \tag{5-18}$$

表示为一般形式，则为

$$P = \alpha A^{f(D)} \tag{5-19}$$

式中，α 为常系数，$f(D)$ 为与分维 D 有关的幂函数（power function）。在式（5-19）中，$f(D)=D/2$。

对式（5-19）两边取对数，得

$$\ln P = \ln \alpha + f(D)\ln A \tag{5-20}$$

显然 $f(D)=D/2$ 即 $\ln A$ 与 $\ln P$ 线性回归的斜率。式（5-19）和式（5-20）被称作常规模型式（the conventional model）。为了刻画城市形态复杂的非线性特征，Batty 等基于常规模型提出了修正模型（the modified model），即令

$f(D)=(c+dA^{1/2})/2$，由式（5-20）可得

$$\ln P=\ln\alpha+\frac{1}{2}c\ln A+\frac{1}{2}dA^{1/2}\ln A \tag{5-21}$$

式中，c 为与分维 D 有关的参数；d 为离中趋势因子（dispersion factor），易见当$d\to 0$时，$c\to 0$，式（5-21）退回到式（5-20）及常规形式。

其二是从测度-尺度关系的角度建立周长-尺度关系（the perineter-scale relationship）。如果封闭地域的周界是分形线，则周长P是一个不确定的数值，它与所用的测量尺度有关。假定第 n 次测量尺度为$\varDelta_{x_n}$，经N_n次将周界测完，则周长为$P=N_n\varDelta_{x_n}$。令$\varDelta_{x_n+1}=\varDelta_{x_n}/2$，假定

$$\frac{N_{N+1}}{N_n}=\left(\frac{\varDelta_{x_n}}{\varDelta_{x_{n+1}}}\right)^D \tag{5-22}$$

则可知

$$N_{n+1}\varDelta_{x_n+1}^D=N_n\varDelta_{x_n}^D=\lambda \tag{5-23}$$

式中，λ 为常数。由式（5-23）可以归纳出测量次数N与步长$\varDelta_x$的关系：

$$N=\lambda\varDelta_x^{-D} \tag{5-24}$$

于是边界长度可以表示为

$$P=N\varDelta_x=\lambda\varDelta_x^{1-D} \tag{5-25}$$

写作一般形式，即

$$P=\lambda\varDelta_x^{1-D} \tag{5-26}$$

取$g(D)=1-D$，$g(D)$为与分维有关的幂函数，显然取对数有

$$\ln P=\ln\lambda+g(D)\ln\varDelta_x \tag{5-27}$$

这便是关于周长-尺度关系的常规模型，为描述城市形态的复杂性质，Batty等基于式（5-27）也提出了一个修正模型，即取$g(D)=1-D=a+b\varDelta_x$，式（5-27）可化为

$$\ln P = \ln \lambda + a \ln \Delta_x + b\Delta_x \ln \Delta_x \quad (5\text{-}28)$$

式中，a 为与分维有关的参数；b 为离中趋势因子，当$b \to 0$时，$1-a \to D$，此时式（5-28）返回式（5-27），即常规形式。式（5-18）定义的参数D和式（5-25）定义的参数D统称为城市地域的周界（边界）维数，它们在理论上应该相等，但实测值有一定差异，这涉及深刻的理论问题，姑且不论，这里只简述其地理几何意义（罗宏宇和陈彦光，2002）。从式（5-18）、式（5-25）等可以看出，边界维数的大小表征城市地域边界作为分形线的复杂曲折程度，即非线性性质的强弱，分维数越大，边界线的非线性越强（刘明华和陈彦光，2001）。

二、半径维数

城市形态的半径维数概念最早由 Frankhauser 和 Sadler（1991）提出，但最先将其用于城市土地利用空间结构分析的可能是 White 和 Engelen（1993），半径维数定义的基本形式是以城市的重心（或各类土地的重心）为圆心作回转半径 r，假定 r 范围内的土地利用面积为$S(r)$，由于将非建设用地排除在外，必有 $S(r) \leqslant \pi r^2$，假定$S(r) \propto r^D$，则有

$$S(r) = \eta r^D \quad (5\text{-}29)$$

式中，η 为常系数（可能有 $\eta=\pi$）；D 为分维。显然式（5-29）是一种面积-半径关系，假定将城市形态图数字化，以图像中心为圆心作回转半径 r，计算 πr^2 范围内各土地利用类型的面积（以像素数目 N 代替）（许妍，2008），对式（5-29）两边取对数，则有

$$\ln(S(r)) = \ln \eta + D \ln r \quad (5\text{-}30)$$

式中，D 为所研究对象的分维数值，借助回归方法可以计算出各城市土地利用类型的分维数值 D，Frankhouser 将其称为半径维数。由于半径维数反映的是一种面积-半径关系，因此亦可称为“面积-半径维数”。用 $A(r) = \pi r^2$ 除式（5-29）可得（Batty，1991）

$$\rho(r) \propto r^{D-2} \quad (5\text{-}31)$$

式中，$\rho(r)$ 为 πr^2 范围内土地利用的平均密度，在数值上与半径 r 处的平均密度成正比。当 $D<2$ 时，其地理几何意义是城市用地密度从中心（$r=0$）到周围的衰减速度，D 值越大，土地利用密度衰减越慢，反之则越快。当 $D=2$ 时，城市土地利用密度从中心到外围没有差异。当 $D>2$ 时，城市土地利用密度从中心向外围递增。半径维数可以反映城市用地的向心聚集程度和空间分布格局：当只取城市重心为圆心时，半径维数反映城市用地形态在总体上的分布规律；当分别取各类土地的重心为圆心时，半径维数则反映不同职能土地空间分布的均匀程度和聚散特征（刘明华和陈彦光，2001）。

城市土地利用形态的边界维数与半径维数是两种性质不同、功能各异的维数，二者既不等价，当然也不可以相互替代。从目前的发展水平来看，有关边界维数测算的方式虽多，但在理论和方法方面不如半径维数成熟；后者的几何意义明确，应用时也比较简明方便，是至今为止应用较多的一种维数。从分形模型在港口城市中的应用而言，随着港口及其城市多功能的发展，港口及其航运、物流用地仍占据港口城市土地利用的较高比重，同时，工业用地、商业用地、教育医疗等公共事业用地和生态用地等不同用地类型更加复杂和多元化，利用土地利用的分形模型可以从微观视角考察港城关系的空间作用机理，特别是在用地多样性和复杂性方面的特征，如郭建科等在半径维数的基础上模拟港口城市土地利用特征，构建了“港城式土地利用空间模式”。

第四节　临港产业集聚水平测度模型

一、区位熵

区位熵又称专门化率，是指某地区某工业产业在该地区其上一级产业中所占比重与全国该产业在全国其上一级产业中所占比重的比值。在实际应用中，可以选择企业数量、产业总产值、产业增加值、产业销售收入、产业从业人员等分别计算，一个较高的产业区位熵意味着区域内该产业在规模上具有优势。区位熵对于衡量某一区位要素的空间分布情况、反映某一产业部门的专业化程度及某一地区在高层次区域的地位和作用等方面，是一个很有价值的指标。

从系统论的观点看，区域产业是一个复杂系统，其状态可用系统熵表示，系统熵是描述系统复杂程度或有序度的指标。其优势可用区位熵表示，其区位熵大小可以直观反映出该产业优势的大小。

假定一个地区第三产业包括 n 个产业，m 个城市，即 q_{ij} 为城市 j 第三产业中产业 i 的产值，令

$$I_i = \frac{q_{ij}}{\sum_{j=1}^{m} q_{ij}} \tag{5-32}$$

$$P_i = \frac{\sum_{j=1}^{m} q_{ij}}{\sum_{i=1}^{n}\sum_{j=1}^{m} q_{ij}} \tag{5-33}$$

$$\beta_i = \frac{I_i}{P_i} \tag{5-34}$$

式中，β_i 为城市 j 第三产业中产业 i 的区位产业总产值的份额；P_i 为该区域第三产业中产业 i 总产值占区域第三产业总产值的份额。如果 β_i=1，表明城市 j 第三产业中产业 i 的发展强度相当于该区域同类产业的发展水平；如果 β_i<1，表明城市 j 第三产业中产业 i 的发展强度低于该区域同类产业的发展水平；如果 β_i>1，表明城市 j 第三产业中产业 i 的发展强度高于该区域同类产业的发展水平；如果 β_i>1.5，表明产业 i 的发展强度在该区域具有显著的比较优势。

二、EG 指数及其修正

1. EG 指数

EG 指数是由学者 Ellison 和 Glaeser（1997）在空间基尼系数和赫芬达尔指数的基础上提出的公式。它弥补了空间基尼系数忽视企业规模会影响集聚程度的测算结果这一缺陷，通过在公式中减去赫芬达尔指数来剔除由于企业规模较

大而产生的产业集聚“假象”。集聚“假象”的出现是因为即使某地区的某产业仅有少数企业分布，但由于企业具有较大的规模经济，在用空间基尼系数测算其集聚程度时，会得到显著集聚的结果。然而通过分析可以发现这种“假象”虽然有悖于通常意义上的集聚概念，但其本质上反映了具有较大规模经济的企业在市场空间的集聚情况，可将之称为“市场集聚”。而产业在地理空间上的集聚可以称为“区域集聚”，是通常意义上的集聚。EG 指数会出现正值和负值两种情况。正值代表某地区某产业的集聚属于“区域集聚”类型，其“区域集聚”程度大于“市场集聚”程度。负值代表该产业属于“市场集聚”类型，其“市场集聚”程度大于“区域集聚”程度，而不是低度集聚或者不集聚。这样我们不仅可以通过 EG 指数分析不同地区临港石化产业的集聚程度，也可以由此区分不同的集聚类型（韩增林等，2017）。

原始的 EG 指数公式如下：

$$\gamma_i = \frac{G_i - \left(1 - \sum_{j=1}^{r} x_j^2\right) H_i}{\left(1 - \sum_{j=1}^{r} x_j^2\right)\left(1 - H_i\right)} = \frac{\dfrac{G_i}{1 - \sum_{j=1}^{r} x_j^2} - H_i}{1 - H_i} \tag{5-35}$$

$$G_i = \sum_{j=1}^{r}\left(s_{ij} - x_j\right)^2 \tag{5-36}$$

$$H_i \equiv \sum_{k=1}^{N} z_k^2 \tag{5-37}$$

式中，γ_i 为 EG 指数；G_i 为产业 i 的空间基尼系数；H_i 为产业 i 的赫芬达尔指数，反映企业规模分布情况，是从市场角度衡量产业的集聚程度；i、j、k、r 分别为产业、地区、企业和地区个数；x_j 为地区 j 工业总产值占全国工业总产值的比例；s_{ij} 为产业 i 在地区 j 的工业总产值占该产业在全国工业总产值的比例；z_k 为企业 k 的工业总产值占产业 i 工业总产值的比例。根据 Ellison 和 Glaeser 的研究，可以将产业集聚程度分为三类：①$\gamma_i < 0.02$，产业为低度集聚；②$0.02 \leqslant \gamma_i < 0.05$，产业为中度集聚；③$\gamma_i \geqslant 0.05$，产业为高度集聚。

2. EG 指数的修正

然而，由于中国没有公布企业层面精确详细的数据，使用原始的 EG 指数并不可行。为此，杨洪焦等（2008）提出了相关的修正方法，通过用产业内企业平均产值代替各个企业产值来修改赫芬达尔指数进而得到修正的 EG 指数。修正后的赫芬达尔指数如下：

$$H_i=\sum_{j=1}^{r}n_{ij}\left(\frac{\text{Output}_{ij}/n_{ij}}{\text{Output}_i}\right)^2=\sum_{j=1}^{r}\frac{1}{n_{ij}}\left(\frac{\text{Output}_{ij}}{\text{Output}_i}\right)^2=\sum_{j=1}^{r}\frac{1}{n_{ij}}s_{ij}^2 \tag{5-38}$$

式中，n_{ij} 为地区 j 拥有产业 i 的数量；Output_{ij} 为产业 i 在地区 j 的工业总产值；Output_i 为产业 i 在整个地区的工业总产值；i 为产业，j 为地区，r 为地区个数。这样修正的意义为：假定对于地区 j，产业 i 内所有企业具有相同的工业生产总值，即每个企业的生产规模相同。相对于忽略了企业规模情况的诸如区位熵、空间基尼系数等方法，修正后的 EG 指数仍然是更好的测算产业集聚程度的方法。

3. 产业间协同集聚指数

为了探究石化产业内不同子产业间的集聚程度，采用 Ellison 和 Glaeser 在 EG 指数基础上发展的产业间协同集聚指数公式（韩增林等，2017）：

$$\gamma^c=\frac{\left[G\Big/\left(1-\sum_{j}^{r}x_j^2\right)\right]-H-\sum_{i=1}^{5}\gamma_i l_i^2(1-H_i)}{1-\sum_{j=1}^{r}l_j^2} \tag{5-39}$$

式中，i 为产业，j 为地区，r 为地区个数；$G=\sum_{j=1}^{r}(s_j-x_j)^2$ 为地区 j 石化产业的空间基尼系数，其中 s_j 为地区 j 石化产业总产值占该地区工业总产值的比重，x_j 为地区 j 工业总产值占全国工业总产值的比重。$H=\sum_{i=1}^{n}l_i^2H_i$ 为地区 j 石化产业的赫芬达尔指数，其中，l_i 为石化子产业 j 的总产值占该地区石化产业总产值的比重，H_i 为子产业 i 的赫芬达尔指数。产业间协同集聚指数的值越大表示不同子产业间的集聚程度越大。

第五节　港口城市体系位序-规模法则

一、港口城市体系的位序-规模法则

城市分布的位序-规模模型从城市体系整体出发,反映不同城市的规模与其在整个系统中位序之间的关系，可评估一个国家或地区城市体系的分布状况，是表征城市体系等级规模分布特征（刘继生和陈彦光，1998；程开明和庄燕杰，2012）的重要方法，在地理学、经济学等很多领域也得到了相同验证。国内学者将位序-规模法则广泛应用于旅游流（杨国良等，2007）、石油资源流（赵媛等，2010）、城市物流量（刘斌，2009）等领域，港口货物吞吐量分布作为一种经济地理现象，应该同旅游流、石油资源流、物流量等一样在空间上的组织规律满足一定的层次分布模式。特别是在港口区域化和区域一体化发展背景下，港口所在城市体系也将逐步形成并与港口体系高度融合，区域港口结构更趋复杂化和多元化（郭建科等，2017b），这为利用城市体系研究中的位序-规模法则研究港口体系的规模分布特征及演化轨迹提供了理论基础和现实依据。1949 年齐普夫（Zipf）法则经统计分析后被提出，而现在被普遍应用的 Lotka 模式具有较强的适用性。其基本公式为

$$P_i = \frac{P_1}{R_i^q} \text{或} P_i = P_1 \times R_i^{-q} \tag{5-40}$$

式中，P_i 为第 i 位城市规模；P_1 为首位城市规模；q 为 Zipf 参数；R 为城市的位序。港口城市具有多功能发展特征，借鉴式（5-40），可以得到港口城市体系位序-规模计算公式的基本形式和对数形式分别为

$$F_i = \frac{F_1}{R_i^q} \text{或} F_i = F_1 \times R_i^{-q} \tag{5-41}$$

$$\ln F_i = \ln F_1 - q \ln R_i \tag{5-42}$$

式中，F_i 为第 i 位港口城市功能性规模；F_1 为首位港口城市规模。Zipf 参数（q 值）具有以下性质：当 q =1 时，城市体系中首位城市与最小规模城市之比为整个

城市体系中的城市个数；当 $q<1$ 时，高位次城市规模不很突出，中间位序的城市较多，占优势；当 $q>1$ 时，说明城市规模分布比较集中，城市规模分布差异较大，城市首位度高。q 变大，集中力量大于分散力量；q 变小，分散力量大于集中力量。$q\to\infty$ 时，城市体系内将只有一个城市；$q=0$ 时，城市体系内各城市规模相等。

二、基于位序-规模的多功能耦合分析

港航运输是港口的基本功能，但港口功能始终处在不断演化中，港口在多功能发展的同时也拉动其所在城市更多产业功能和城市功能逐渐发育。根据同等功能规模占比与不同功能规模大小之间的双重比较关系，可从两方面衡量港口城市功能间的发展差异。理想情况下，高等级港口城市功能规模更大且水平更高，在不同功能序列中都占有更大的比重，低等级城市则相反；任一港口城市在港口城市多功能协调互动机制下，不同功能位序-规模曲线重合。从耦合类型着手探究城市功能规模与港口功能规模的比较关系，能从时空角度得出港口城市多功能发育水平特征。具体计算公式如下：

$$\Delta F_i=\ln\left(\frac{F_bF_i}{F_aF_i}\right)=\ln\left(F_bF_i\right)-\ln\left(F_aF_i\right) \tag{5-43}$$

$$\Delta S_i=\ln\left(\frac{F_bF_i}{\sum_{i=1}^{n}F_bF_i}\Bigg/\frac{F_aF_i}{\sum_{i=1}^{n}F_aF_i}\right)=\ln\frac{F_bF_i}{\sum_{i=1}^{n}F_bF_i}-\ln\frac{F_aF_i}{\sum_{i=1}^{n}F_aF_i} \tag{5-44}$$

式中，F_aF_i 为港口功能规模（航运物流功能）；F_bF_i 为城市功能规模（商业贸易功能、现代服务功能、人口集散功能、制造业功能）。在位序-规模双对数曲线中，ΔF_i 为某一城市功能规模与港口功能规模的差值；ΔS_i 为某一城市功能规模与港口功能规模在城市体系中所占比重的差值，由式（5-43）和式（5-44）所得 ΔF_i 与 ΔS_i 的比较关系可划分出四种耦合类型，如表 5-4 所示。

表 5-4 耦合类型划分依据及特征

类型	ΔF_i	ΔS_i	特征
绝对超前型	>0	>0	城市功能规模和在城市体系中的地位均高于港口功能规模
相对超前型	>0	<0	城市功能规模高于港口功能规模，在城市体系中的地位低于港口功能规模

续表

类型	ΔF_i	ΔS_i	特征
相对滞后型	<0	>0	城市功能规模低于港口功能规模，在城市体系中的地位高于港口功能规模
绝对滞后型	<0	<0	城市功能规模和在城市体系中的地位均低于港口功能规模

第六节　港城关系的区域空间计量分析

一、不均衡指数与偏移增长

1. 不均衡指数模型

采用不均衡指数模型（段学军等，2008），模拟港口和城市各项指标的分散或集中趋势，具体计算模型如下：

$$U=\sqrt{\frac{\sum_{i=1}^{n}\left[\frac{\sqrt{2}}{2}(y_i-x_i)\right]}{n}} \tag{5-45}$$

式中，n 为所研究的城市数量；y_i 为第 i 个城市某一指标在研究区域内该项指标总量中所占的比重；x_i 为第 i 个城市行政区域面积在研究区域总面积中所占的比重；U 为该项指标的分布不均衡指数。其中，U 值越小说明该项指标的分布越分散；U 值越大，则说明该项指标的分布越集中。

根据研究的需要，可将各项研究指标划分为港口指标和城市各项指标两大类，分别代入模型进行计算，以便更客观地评价港口经济与城市经济的集中或分散趋势。通过此模型求得的计算结果可通过表格进行呈现，或是依据计算结果和年份形成坐标体系，以便于观察比较各项指标长期的集聚或离散状态。

2. 重心分析模型

重心分析模型借鉴力学原理，将研究区域内的某一指标，如港口货物吞吐量、集装箱吞吐量、固定资产投资额、工业总产值等作为权重，对其加权平均值进行比较，进而直观地反映某一指标的重心变化趋势（关伟和王春明，2014）。具体计算模型如下：

$$X=\frac{\sum_{i=1}^{n}N_i x_i}{\sum_{i=1}^{n}N_i} \tag{5-46}$$

$$Y=\frac{\sum_{i=1}^{n}N_i y_i}{\sum_{i=1}^{n}N_i} \tag{5-47}$$

式中，第 i 个城市的行政中心坐标表示为（x_i，y_i）；N_i 为第 i 个城市的某一项指标值。

3. 偏移-分享模型

经济地理学中的偏移-分享技术（曹有挥等，2004），是指在一定时期内，区域中某一指标的增长可以分解为“分享”和“偏移”两部分。分享增长是指某一指标以整个研究区域该指标的增长率增长时所获得的增长量，偏移增长是指某一指标相对于其分享增长量的偏差数额。对于快速增长的指标而言，其值为正，说明该区域这一指标增长速度较快，发展趋势为向该区域集聚；而增长相对较慢的区域，其值为负，发展趋势为由该区域向其他地区扩散。具体模型如下：

$$\text{SHIFT}_i=\text{ABSGR}_i-\text{SHARE}_i=N_i t_1-\left(\frac{\sum_{i=1}^{n}N_i t_1}{\sum_{i=1}^{n}N_i t_0}\right)\times N_i t_0 \tag{5-48}$$

$$\text{VOLSHIFT}_{\text{intra}}=\sum_{j=1}^{m}\text{VOLSHIFT}_{\text{intra}\,j} \tag{5-49}$$

$$\text{VOLSHIFT}_{\text{intra}\,j}=\frac{\sum_{i=1}^{r}\left|\text{SHIFT}_{ij}\right|-\left|\sum_{i=1}^{r}\text{SHIFT}_{ij}\right|}{2} \tag{5-50}$$

$$\mathrm{VOLSHIFT}_{\mathrm{inter}}=\sum_{j=1}^{m}\left(\frac{\left|\sum_{i=1}^{r}\mathrm{SHIFT}_{ij}\right|}{2}\right) \tag{5-51}$$

$$\mathrm{VOLSHIFT}_{\mathrm{total}}=\frac{\sum_{i=1}^{n}\left|\mathrm{SHIFT}_{ij}\right|}{2}=\mathrm{VOLSHIFT}_{\mathrm{intra}}+\mathrm{VOLSHIFT}_{\mathrm{inter}} \tag{5-52}$$

式中，ABSGR_i为城市 i 在（t_0，t_1）时间段内的绝对增长量；SHARE_i为城市 i 在（t_0，t_1）时间段内的分享增长量；SHIFT_i为城市 i 在（t_0，t_1）时间段内的偏移增长量；$\mathrm{VOLSHIFT}_{\mathrm{intra}}$ 为同一城市群内不同城市之间的偏移增长量；$\mathrm{VOLSHIFT}_{\mathrm{inter}}$为不同城市群之间的偏移增长量；$\mathrm{VOLSHIFT}_{\mathrm{total}}$为整个城市群体系内不同城市之间的偏移增长量；$r$ 为城市群 j 内的城市数目；n 为城市体系内的城市数；m 为城市体系内的城市群数；N 为某一属性值。当 SHIFT 值为正时，说明该城市群或城市处于竞争优势；当 SHIFT 值为负时，说明该城市群或城市处于竞争劣势。本书对此模型的运用可以清楚地对港口与城市的集聚、离散状态进行分析。

二、基尼系数与赫希曼指数

1. 基尼系数

1981 年 Hayuth 首次采用市场集中度研究美国集装箱港口体系变迁，之后市场集中度指标便成为衡量集装箱港口体系变迁的重要分析工具。1988 年 Hayuth 对其 1981 年的研究进行了补充，采用基尼系数分析了 1977～1987 年美国集装箱港口体系集中度的变化情况（Hayuth，1988），而 1997 年 Notteboom 采用赫芬达尔-赫希曼指数（简称赫希曼指数），研究了 1980～1994 年欧洲集装箱港口体系的变迁（Notteboom，1997）。由此，基尼系数及赫希曼指数便成为学者研究港口体系及集装箱港口体系空间演化的重要工具。

（1）基尼系数的提出及测算

美国统计学家 M. O.洛伦兹（M.O.Lorenz）于 1907 年提出了洛伦兹曲线，他首先将一国总人口按收入由低到高排队，然后考虑收入最低的任意百分比人口所得到的收入百分比，最后将得到的人口累计百分比与收入累计百分比的对应关系描绘在图形上，即得到洛伦兹曲线（Lorenz curve）。如图 5-3 所示，图中横轴 OH 表示人口累计百分比，纵轴 OM 表示收入累计百分比，直线 OL 为 45°线（也称完全平等线），曲线 ODL 即为该图的洛伦兹曲线（也称收入均等线）。洛伦兹曲线主要用于分析一国收入分配的平均程度，其弯曲程度越大，分配越不平均；弯曲程度越小，分配越平均。洛伦兹曲线与 45°线之间的面积 A 叫作“不平等面积”，折线 OHL 与 45°线之间的面积 $A+B$ 叫作“完全不平等面积”。不平等面积 A 与完全不平等面积 $A+B$ 之比，称为基尼系数（Gini coefficient）（高鸿业，2014）。

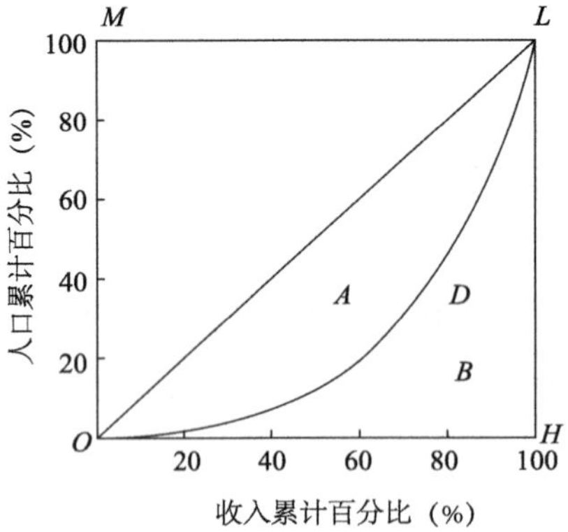

图 5-3　洛伦兹曲线

若设 G 为基尼系数，则

$$G=\frac{A}{A+B} \tag{5-53}$$

进一步地，用公式表示基尼系数为

$$G=\frac{\int_0 \left(X-L(x)\mathrm{d}x\right)}{\int_0 x\mathrm{d}x}=2\int_0 \left(X-L(x)\mathrm{d}x\right) \tag{5-54}$$

式中，$L(x)$ 为洛伦兹曲线。

基尼系数是定量测定收入分配差异程度的指标，通常用来衡量一个国家的贫富差距。1943 年，德国发展经济学家阿尔伯特·赫希曼在 *Journal of American Statistical Association* 上发表的一篇论文中提到了“赫希曼指标”（即“基尼系数”），但长久以来该指标一直被学者错归到基尼名下，直到 1964 年，赫希曼在《美国经济评论》上发表的一篇名为《一项指标的父权认证》（*The paternity of an index*）的文章中澄清这项指标的发明权。

基尼系数 $0 \leqslant G \leqslant 1$，当 $G=0$ 时，洛伦兹曲线为 45°线，表示收入分配绝对平均；当 $G=1$ 时，洛伦兹曲线为折线 *OHL*，表示收入分配绝对不平均；实际的基尼系数在 0～1，反映在图上即为介于折线 *OHL* 和 45°线之间的曲线 *ODL*。*G* 值越大，表示贫富差距越大。

按照联合国有关组织规定，基尼系数的区段划分为：低于 0.2，为收入绝对平均；在 0.2～0.3，为收入相对平均；在 0.3～0.4，为收入比较合理；在 0.4～0.5，为收入差距较大；在 0.5 以上，为收入差距悬殊。国际上通常把 0.4 作为收入分配差距的“警戒线”，根据黄金分割律，其准确值应为 0.382。

（2）基尼系数在港口体系中的应用

基尼系数在描述港口体系演化的研究中主要用于测算港口的集中和分散程度，是测量港口体系集散趋势的基础，计算公式如下：

$$G = 0.5\sum_{i=1}^{n}\left|X_i - Y_i\right| \qquad (5\text{-}55)$$

式中，G 为港口体系的基尼系数；n 为港口体系内的港口数；X_i 为第 i 个港口的吞吐量占港口体系总吞吐量的比重；Y_i 为吞吐量绝对均匀分布时第 i 个港口的吞吐量占港口体系总吞吐量的比重。

基尼系数是描述港口体系内集装箱吞吐量集中与分散程度的指标，基尼系数越趋于 1，表示港口体系内集装箱吞吐量的分布越集中；基尼系数越趋于 0，表示港口体系内集装箱吞吐量分布越分散。因此，G 值越大，港口体系分布越不均衡。由此，可以将港口体系的基尼系数划分为：低于 0.2，说明港口体系分布绝对均衡；在 0.2～0.3，说明港口体系分布相对均衡；在 0.3～0.4，说明港口体系分布比较合理；在 0.4～0.5，说明港口体系分布较不均衡；在 0.5 以上，说明港口体系分布不均衡。

2. 赫希曼指数

（1）赫希曼指数的提出及测算

赫芬达尔-赫希曼指数（Herfindahl-Hirschman index，HHI），简称赫希曼指数或赫芬达尔指数，赫希曼指数最初由阿尔伯特·赫希曼提出，后经哥伦比亚大学赫芬达尔进一步阐述，故称赫芬达尔-赫希曼指数，是指一个行业中各市场竞争主体所占行业总收入或总资产百分比的平方和，用来计量市场份额的变化，即市场中厂商规模的离散度，是一种用来测量产业集中度的综合指数。

赫希曼指数的计算方法是，首先取得竞争对手的市场占有率，可以忽略过小的竞争对手；其次，求得各市场占有率的平方；最后，将这些市场占有率的平方加总求和。其公式为

$$\mathrm{HHI}=10\,000\times\sum_{i=1}^{N}\left(\frac{X_i}{X}\right)^2=10\,000\times\sum_{i=1}^{N}S_i^2\ \left(S_i=\frac{X_i}{X};i=1,2,3,\cdots,n\right) \quad (5\text{-}56)$$

式中，X 为市场的总规模；X_i 为第 i 个企业的规模；S_i 为第 i 个企业的市场占有率；N 为该产业内的企业数。HHI 的值在 1～10 000，越接近 10 000 表示市场的垄断程度越高，HHI 的值为 1 时表示市场处于完全垄断的状态；HHI 的值越接近 0 表示市场的竞争程度越高，其值为 0 表示市场处于完全竞争的状态（卫志民，2011）。美国司法部和联邦贸易委员会（FTC）划分市场集中与分散的标准为：HHI≤1000 为非集中的市场；1000＜HHI≤1800 为中度集中的市场；HHI＞1800 为高度集中的市场。

（2）赫希曼指数在港口体系中的应用

将赫希曼指数应用于港口体系中，赫希曼指数不仅考虑了每一个港口体系的集装箱港口数量和集装箱吞吐量，还考虑了各个港口体系的总吞吐量，可以很好地反映出集装箱港口体系内各个港口之间的竞争情况，所以学者经常使用赫希曼指数研究集装箱港口体系的集中度和分散度，其计算公式与式（5-56）同，但式中，X 为港口集装箱总吞吐量；X_i 为第 i 个港口集装箱吞吐量；S_i 为第 i 个港口集装箱吞吐量占港口集装箱总吞吐量的比重。

若将赫希曼指数应用于港口群空间演化过程的研究，则可将式（5-56）进一步变形为

$$\mathrm{HHI}_t=\frac{\sum_{i=1}^{n}P_{it}^2}{\left(\sum_{i=1}^{n}P_{it}\right)^2} \quad (5\text{-}57)$$

式中，n 为港口群内的港口数；P_{it} 为第 t 年时第 i 个港口的吞吐量；HHI_t 为第 t 年时该港口群的集中化指数。$0<\mathrm{HHI}_t<1$，HHI_t 越趋向于 0，说明港口货运量越

趋于分散；HHI_t 越趋向于 1，说明货运量越集中在少数港口（吉阿兵，2013）。

在计算过程中，由于样本的数量和规模的分布对计算结果都会产生一定的影响，所以在前人研究的基础上可以将赫希曼指数进行修正，公式为

$$H=\frac{\dfrac{\sum_{i=1}^{n}\mathrm{CLR}_{ij}^{2}}{\left(\sum_{i=1}^{n}\mathrm{CLR}_{ij}\right)^{2}}-\dfrac{1}{n}}{1-\dfrac{1}{n}} \tag{5-58}$$

式中，n 为港口体系内的港口数；CLR_{ij} 为 j 港口体系内 i 港口的吞吐量；H 为 j 港口体系的集中化指数（潘坤友等，2017）。

赫希曼指数虽然是分析港口体系总体演化特征空间集散程度的一个通用性工具，但也存在一定缺陷，它并未落实到具体的空间层面，而且缺乏对于具体港口的集散格局和分类港群的集散状况进行测度（蒋自然和曹有挥，2017）。

三、空间自相关分析

空间自相关是指同一个变量在不同空间位置上的相关性。许多地理现象由于受到在地域分布上具有连续性的空间过程的影响而在空间上具有自相关特征。本书所述具有连续性的空间过程是指空间相互作用过程和空间扩散过程。空间自相关有正相关和负相关之分。空间正相关表明某个单元的属性值变化与其相邻空间单元的属性值具有相同的变化趋势，空间负相关表明某个单元的属性值变化与其相邻单元的属性值具有相反的变化趋势。空间自相关主要由空间自相关系数表征。通常，空间自相关系数分为全局空间自相关和局部空间自相关两大类（马荣华等，2007）。

1. 全局空间自相关

全局空间自相关指标主要用来探索属性值在整个区域所表现出的空间特征。表示全局空间自相关的指标和方法很多，主要包括 Moran's I 指数、Geary' C 指数和 Getis' G 指数，其中常用的是 Moran's I 指数。Moran's I 用于衡量空间要素的相互关系，与一般统计学中的相关系数类似，其值在正负之间。由 Global

Moran’s I 的大小可对空间格局进行定量分析。当 Global Moran’s I 接近 1 时，研究区域在整体上存在强的正空间自相关，观测属性呈集聚空间格局；反之，Global Moran’s I 接近−1 时，研究区域在整体上存在强的负空间自相关，观测属性呈离散空间格局。当 Global Moran’s I 等于 0 时，观测属性不存在空间自相关，在空间上呈随机分布。其计算公式如下：

$$I=\frac{n\sum_{i=1}^{n}\sum_{j=1}^{n}W_{ij}(x_i-\bar{x})(x_j-\bar{x})}{\sum_{i=1}^{n}\sum_{j=1}^{n}W_{ij}\sum_{i=1}^{n}(x_i-\bar{x})^2} \tag{5-59}$$

式中，n 为研究对象的个数；x_i 和 x_j 分别为研究区域 i 和 j 的属性值；$\bar{x}$ 为样本中所有属性值的均值；W_{ij} 为衡量空间事物之间关系的权重矩阵，常通过空间拓扑和距离方式确定。

全局空间自相关分析在整体上揭示了事物的空间依赖程度，忽略了可能存在的局部不平稳状态，因此需要引入局部空间自相关的方法。

2. 局部空间自相关

局部空间自相关（LISA）的测度指标，需满足下列两个条件：第一，每一个区域单元的 LISA 是描述该空间单元周围显著的相似属性值单元之间空间集聚程度的指标；第二，所有区域单元 LISA 的总和与全局的空间联系指标成比例。常用的局部自相关指标有以下两个。

（1）Moran 散点图

将变量 z 与其空间滞后向量（W_z）之间的相关关系，用散点图的形式描述，即构成 Moran 散点图，横轴表示一个变量在不同位置上的观测值向量（z），而纵轴则表示该向量的空间滞后向量（W_z）每个空间单元属性值的空间滞后，即该空间单元周围邻居观测值的加权平均，具体通过标准化的空间权重矩阵进行定义，该图设一个位置上的观测值和其空间滞后之间的拟合程度，就是 W_z 对 z 的二元回归系数，该系数在数值上等价于全局 Moran’s I。Moran 散点图不仅可以用于探索不同研究对象之间的全局空间关联结构特征，还可以用于识别局部的空间关联模式，以及空间异常值或局部不平稳性等（马荣华等，2007）。Moran 散点图正好分出四个象限，第一、第三象限代表空间正相关，第二、第四象限代表空间负相关。

（2）LISA 统计指标

LISA 统计指标最早由美国科学家 Anselin 提出，它主要用于描述单元周围局部区域具有一定相似程度的数值在空间上的聚集程度，可以用于识别不同空间位置上可能存在的不同的空间集聚模式，从而可以观察空间局部不平衡性，发现数据之间的空间异质性，为分类或区划提供决策依据（连健等，2010；Anselin，1995）。从本质上说，Local Moran's I 是将 Moran's I 分解到各个空间单元，可用于进一步度量空间单元 i 与其周边单元之间的空间差异程度及其显著性，对于某个空间单元 i，计算公式为

$$I_i = \frac{x_i - \bar{x}}{s_x^2} \sum_j \left[w_{ij}(x_j - \bar{x}) \right] \tag{5-60}$$

式中，s_x 为对应于 x_i 和 x_j 的标准差。

$Z_i = \frac{x_i - \bar{x}}{s_i^2}$ 为标准化变量。在一定的显著性水平下，若 I_i 显著为正且 Z_i 大于 0，则表明空间单元 i 和周围邻居的观测值都相对较高，属高高集聚；若 I_i 显著为正且 Z_i 小于 0，则表明空间单元 i 和周围邻居的观测值都相对较低，属低低集聚；若 I_i 显著为负且 Z_i 大于 0，则表明周围邻居的观测值远低于空间单元 i 上的值，属高低集聚；若 I_i 显著为负且 Z_i 小于 0，则表明周围邻居的观测值远高于空间单元 i 上的值，属低高集聚。

Local Moran's I 的检验，可采取条件随机方法获得伪显著水平 P 值，并采用 Bonferroni 标准进行判断。LISA 显著性水平与 Moran's I 散点图结合，形成 LISA 聚类图，能可视化表达区域上高值聚集（高值周围是高值）、低值聚集（低值周围是低值）、高低聚集（高值周围是低值）和低高聚集（低值周围是高值）四种聚集模式的空间分布。

LISA 方法考虑到了对全局指标 Moran's I 指数的分解，将其分解到每个空间单元属性值的贡献上，评估全局统计量在多大程度上代表局部联系的平均格局很有意义，假如空间过程呈现较为平稳的状态，则局部统计量将会围绕均值上下波动，且波动很小；换言之，即与均值差别很大的局部观测值表示该单元对全局统计量的贡献更大，因此这些观测值是需要进行深入研究的空间奇异值（有学者称之为界外值），或者说是对全局具有较大影响的极端值。

3. 空间自回归模型

Anselin（1988）给出了空间计量经济学分析中适用于横截面数据的空间线性模型通用形式。通过对通用模型参数的不同限制，可以导出特定的模型。横截面数据的空间线性模型通用形式基于以下表达式：

$$y = \rho w_1 y + x\beta + \mu \tag{5-61}$$

$$\mu = \lambda w_2 \mu + \varepsilon \tag{5-62}$$

$$\varepsilon \sim N(0, \sigma^2 I_n) \tag{5-63}$$

式中，β 为与外生（解释）变量 X（$n \times k$）相关的参数向量（$k \times l$）；ρ 为空间滞后 $w_1 y$ 的系数；λ 为干扰项 ε 的空间自回归结构 $w_1 \varepsilon$ 的系数；$w_1(n \times n)$、$w_2(n \times n)$ 分别与因变量的空间自回归过程和干扰项 ε 的空间自回归过程相关，可以是行标准化的矩阵，也可以是二元矩阵或其他非标准化矩阵。当将式中参数向量的不同子向量设为 0 时，可以产生几个常见的空间模型结构。在相关文献（Hordijk，1979；Bivand and Szymanski，2000；Anselin，1980）中，讨论了四种传统的空间自回归模型，分别与下列情形相对应：

1）当 $\rho=\lambda=0$ 时，为传统的回归模型，它意味着模型中没有空间特性的影响。

2）当 $\rho \neq 0$，$\beta=\lambda=0$ 时，为一阶空间自回归模型。该模型类似时间序列分析中的一阶自回归模型，反映了变量在空间上的相关特征，即所研究区域的被解释变量如何受到相邻区域被解释变量的影响。

3）当 $\rho \neq 0$，$\beta \neq 0$，$\lambda=0$ 时，为混合回归-空间自回归模型，即空间滞后模型。在该模型中，所研究区域的被解释变量不仅与本区域的解释变量有关，还与相邻区域的被解释变量有关。

4）当 $\rho=0$，$\beta \neq 0$，$\lambda \neq 0$ 时，为残差空间自回归模型，即空间误差模型。该模型可以改写为 $(I_n - \lambda W)Y=(I_n - \lambda W)X\beta+\varepsilon$，其中 W 为权重，即所研究区域的被解释变量（Y）不仅与本区域解释变量（X）有关，还与相邻区域的被解释变量（表现为 WY）及解释变量（表现为 WX）有关。

四、网络复杂性分析

复杂网络作为一门新兴科学，是对存在的网络现象及其复杂性进行解释的学科，它研究的是网络现象。网络在自然界和人类社会中普遍存在，包括自然界中天然存在的星系、食物链网络、神经网络、蛋白质网络；人类社会中存在的社交网络、传染病传播网络、知识传播网络；人类创造的交通网络、通信网络、计算机网络；等等。复杂网络是一种很好地描述自然科学、社会和科学工程技术上的相互关联的系统模型，它应用了数学上图的概念；将网络看作是由一些具有独立特征的又与其他个体相互连接的节点的集合，每个个体可视为图中的一个节点，节点间的相互连接视为图的边。复杂网络包括两个层面：作为其连接拓扑结构的图和作为其状态和功能的系统，所以复杂网络就是呈现高度复杂性的网络。通常将复杂网络定义为具有自组织、自相似、吸引子、小世界、无标度中部分或全部性质的网络（汪小帆等，2006）。近年来，网络复杂性被越来越多地运用到交通网络、城市网络和社会网络联系中。

1. 网络静态特征分析指标

（1）度及度分布

无权网络节点的度 k_i 是指该节点衔接边的数目。加权网络中节点的强度用 S_{ij} 表示。网络所有节点的度平均值称为网络的平均度，记为 k。网络中节点的度分布情况用概率分布函数 $P(k_i)$ 和累计概率分布函数 $p(k_i)$ 表示。

$$P(k_i)=\sum_{k=k}^{\infty}p(k_i) \tag{5-64}$$

（2）平均路径长度

在无权网络中最短路径长度 d_{ij} 表示任意两个节点之间最短路径的边数，而在加权网络中最短路径指的是两点之间最短路径的权重之和，反映网络的连通性。网络的平均路径长度 L 定义为任意两个节点之间距离的平均值，反映网络整体可达性的强弱，即

$$L=\frac{1}{1/2n(n-1)}\sum_{i>j}d_{ij} \tag{5-65}$$

式中，n 为网络中的节点总数；i、j 分别为网络中的 i、j 节点；d_{ij} 为节点对之间的距离。

（3）网络集聚系数

节点聚类系数 C_i 定义为一个节点与其所有邻接点之间连接边的数目和可能的最大连接边的数目的比值，是反映网络节点集聚情况的参数。度为 0 和 1 的

节点的集聚系数为 0，网络集聚系数 C 定义为所有节点聚类系数的平均值，即

$$C=\frac{1}{n}\sum_{V_i\subset V}C_i \tag{5-66}$$

式中，V 为网络中的所有节点；V_i 为网络中的任意节点。

（4）节点中心性评价指标

中心性反映网络中各节点的相对重要性，中心性的表征方法包括度中心性、邻近中心性、介中心性等。

1）度中心性（DC_i）：节点的度中心性指节点在与其相连的邻居节点中的中心程度。该值越大，表示该节点与其他节点联系的可能性越大或联系强度越大。公式为

$$\mathrm{DC}_i=\frac{1}{n-1}k_i \tag{5-67}$$

式中，k_i 为节点 i 的度；n 为节点个数。

2）邻近中心性：邻近中心性（接近中心性或紧密中心性）用给定节点到所有节点的最短距离和的大小衡量，反映了该节点在网络中的相对可达性大小或其居于中心的程度。公式为

$$\mathrm{CC}_i=\left[\frac{1}{n-1}\sum_{j=1,j\neq i}^{n}d_{ij}\right]^{-1} \tag{5-68}$$

式中，d_{ij} 为从节点 V_i 到 V_j 的最短距离；$n-1$ 不仅表示网络规模，同时还表示节点可达性的最大值。据此对其进行标准化，则有 $0\leqslant \mathrm{CC}_i\leqslant 1$；$\mathrm{CC}_i$ 值越大，节点邻近中心性越强。

3）介中心性：介中心性用所有节点对间的最短路径经过给定节点的次数衡量，反映节点在网络中的中转和衔接功能。公式为

$$\mathrm{BC}_k=\frac{2}{n^2-3n+2}\sum_{i=1,j\neq k}^{n}\sum_{j\neq k}^{n}\frac{\delta_{ij}^k}{\delta_{ij}} \tag{5-69}$$

式中，δ_{ij} 为从节点 V_i 到 V_j 的最短路径 d_{ij} 的总条数，表示在此 δ_{ij} 条最短路径中，经过给定节点 V_k 的最短路径数。BC_k 值越大，节点介中心性越强。介中心性在一定程度上可以反映“轴-辐”结构中轴心作用的强弱（莫辉辉等，2010）。

2. 无标度网络鲁棒性分析与计算指标

网络遭遇攻击或故障相当于从网络中删除若干节点或边，这通常会导致本来连通的网络变得不连通，如果移走某些节点后网络中绝大部分节点依然连通，则称该网络的连通性对这些节点的移除具有鲁棒性（孙玺菁和司守奎，2015）。无标度网络鲁棒性的分析通过删除港口节点，以节点删除前后的网络平均度、网络集聚系数、网络平均距离等特征值的变化率进行鲁棒性的测算分析。

（1）网络平均度

设 K 为网络平均度，根据复杂网络理论，有

$$K=\frac{1}{Z}\sum_{i}^{z}k_i \tag{5-70}$$

式中，Z 为网络中的节点数。节点度 k 反映了该节点的重要程度，如果某集装箱港口为枢纽港或干线港，那么该港口的节点度必然较大，而支线港或喂给港的节点度通常较小。网络在受到攻击导致部分节点失效后，其网络平均度必然会发生变化，设 ΔK 表示网络受到攻击前后平均节点度变化的比率，有

$$\Delta K=\left(1-\frac{K'}{K}\right)\times 100\% \tag{5-71}$$

式中，K 和 K' 分别为蓄意攻击前后的网络平均度。

（2）网络集聚系数

如果港口 i 与其他港口可以直接通行，那么这些港口即定义为港口 i 的邻居。根据复杂网络理论，港口的簇系数 C_i 为

$$C_i=\frac{2M_i}{k_i\left(k_{i+1}\right)}\left(i=1,2,3,\cdots,Z\right) \tag{5-72}$$

式中，M_i 为港口 i 与相邻港口间存在的边数。

设网络集聚系数 C 为所有港口簇系数的平均值，有

$$C=\frac{1}{Z}\sum_{i=1}^{Z}C_i\left(i=1,2,3,\cdots,Z\right) \tag{5-73}$$

显然，$0\leqslant C\leqslant 1$。当 C=0 时，意味着所有节点都是孤立节点，没有边连接；当 C=1 时，表示网络成为两两节点之间都有边连接的完全图。设攻击后得到的网络集聚系数与原网络相比减少的比例为 ΔC，又有

$$\Delta C = \left(1 - \frac{C'}{C}\right) \times 100\% \qquad (5\text{-}74)$$

式中，C 和 C'分别为攻击前后的网络集聚系数。

（3）网络孤立节点比例

设 ΔN 为网络孤立节点比例变化，有

$$\Delta N = \left(1 - \frac{N'}{N}\right) \times 100\% \qquad (5\text{-}75)$$

式中，N 和 N'分别为攻击前后的网络节点数。

（4）网络平均距离

设网络平均距离（特征路径长度）L 为所有节点对之间最短距离的平均值。根据复杂网络理论，有

$$L = \frac{1}{Z^2}\sum_{j=1}^{Z}\sum_{i=1}^{Z} d_{ij} \qquad (5\text{-}76)$$

设蓄意攻击后网络平均距离变化率为 ΔL，有

$$\Delta L = \left(1 - \frac{L}{L'}\right) \times 100\% \qquad (5\text{-}77)$$

式中，L 和 L'分别为攻击前后的网络平均距离。

（5）网络效率

设网络的节点效率以 I_i 表示，根据复杂网络理论，有

$$I_i = \frac{1}{Z-1}\sum_{j=1(i\neq 1)}^{Z} w_{ij} \qquad (5\text{-}78)$$

式中，w_{ij} 为距离 d_{ij} 的倒数。

设蓄意攻击后得到的网络效率与原网络的变化率为 ΔI，有

$$\Delta I = \left(1 - \frac{I'}{I}\right) \times 100\% \qquad (5\text{-}79)$$

式中，I 和 I'分别为攻击前后的网络效率（王诺等，2016）。

下篇：案例与实证

第六章

港口区位引发城市发展的势能积蓄——基于辽宁省港-腹双核的消长及正负效应分析

港口区位论认为，港口作为水陆转换枢纽是工业发展的理想区位。港口对周边区域具有动态变化着的引力作用，从而使港口成为一种典型的极化区域。因此，港口建设可引起海港吞吐量发生重大变化，区域空间格局将产生新的消长过程，直至达到新的平衡（郑弘毅和顾朝林，1988）。现代海港往往是一个集运输、贸易、临港工业、物流及金融、信息等综合服务功能为一体的资源配置枢纽，其所在城市是港口的直接腹地。因此，现代海港对其直接腹地——所在城市，发挥着强大的地域空间作用，这种空间作用与港口城市的形成、发展、演化息息相关。通过对辽宁省港口城市交通可达性进行测算和比较分析，揭示了不同港口区位对港口城市与腹地空间联系的影响，进而积蓄城市发展的区位势能，这关乎城市可持续发展的后劲。

第一节　辽宁省的城市结构及相关模型构建

一、区域概况与思路

双核模式是一种由区域中心城市和港口城市及其连线所组成的区域空间结构现象，广泛存在于中国沿海及其他国家中。这种空间组合，兼顾了区域中心城市的居中性和港口城市的门户性，实现了区位和功能互补（陆玉麒，2002）。辽宁省是我国东北经济区和环渤海经济圈的交汇地带，其省域版图呈不规则的倒 U 形，以沈阳为中心的腹地城市和以大连为中心的港口城市在具有核心边缘结构的同时，又具有港口腹地结构，是典型的中心-门户式双核心空间结构。辽宁省作为我国最早的工业基地，较早形成了以沈大、京沈干线为主轴的铁路、公路综合交通运输网络，高速公路已覆盖全省所有县级行政单元；围绕沈阳和大连机场，包括丹东机场、锦州机场形成对外航空运输网络；随着辽宁沿海经济带的崛起，逐渐形成以大连港为核心，营口港为副中心，锦州港和丹东港为两翼，葫芦岛港等中小型港口为补充的海运交通网络。近年来，作为区域枢纽港的大连港与营口港之间的腹地重叠、腹地争夺日益激烈，临近沈阳经济区的营口港与大连港相比更具有区位优势，对大连港的腹地货源造成强劲的袭夺态势，大有后来者居上的态势。本书以交通可达性的测度为基本手段，通过内外联系两个方面，全面反映辽宁省各内陆中心城市和不同港口城市的综合交通区位特征，以此体现港口区位的不同在城市发展和区域竞争中的正负效应。

为了将区内可达性与对外可达性测算相结合，以 1986 年、2000 年和 2013 年三个年份的辽宁省交通网络信息系统为支撑，以加权平均旅行时间为主要指标，通过三个时间断面的可达性空间结构分析，揭示辽宁省各城市综合交通可达性时空演化特征。研究方案从四个方面加强技术集成，形成内外联系视角下的综合可达性测度系统。

1）不同交通方式在区域综合交通系统中扮演不同功能，因此，结合不同交通运输方式的特点，区分它们在对内对外联系上的不同作用。

2）区域开放是一个相对概念，计算区内城市与区外所有城市的可达性是不切实际的。在吸取以往学者研究经验的基础上，首次结合客运统计数据，确定对外联系的交通枢纽层级，进而通过计算各节点到交通枢纽的便利程度分析城市对外交通可达性，比较各个时间各节点区内、对外交通可达性分布。

3）研究在揭示可达性分布特点的基础上，结合可达性的影响因素，提出可达性区位抗阻能力的概念，用区位抗阻系数分析不同城市对于不利交通区位的抗阻能力，探讨交通可达性的内部生成机制。

4）将区内可达性与对外可达性进行比较，分析不同城市对内对外联系的优势与不足，对城市综合可达性进行分类（郭建科等，2015b）。

二、内外联系的可达性测算模型

国内外对于交通可达性的研究日趋成熟。国外对可达性研究起步较早（Gutiérrez，2001；Geurs and Wee，2004），Linneker 和 Spence（1996）分析了伦敦环形公路引起的区域可达性变化对区域经济的作用，Gutiérrez 等（1996）探讨了欧洲高速铁路网对欧洲各城市可达性可能引起的变化。国内研究内容主要围绕可达性时空演化、可达性与经济联系（刘传明和曾菊新，2011；程钰等，2013；尹鹏等，2014）、快速交通路网对可达性的影响（金凤君和王娇娥，2004；孟德友和陆玉麒，2011；蒋海兵等，2010；曹小曙等，2005）等，也有学者转换思路，基于时间可达性对城市圈和城市吸引范围进行研究（邓羽等，2012；陆锋和陈洁，2008；张莉等，2009）。对于综合交通可达性的研究，各种交通运输方式的权重确定存在一定难度，吴威、蒋晓威、沈惊宏等分别研究了长江三角洲、安徽省的公路网络可达性和综合交通可达性及其演化特征（吴威等，2006，2010；蒋晓威等，2012；沈惊宏，2012）。

总体来看，目前可达性研究主要存在三方面的不足。①现有可达性计算方法的缺陷。区域是一个开放系统，一个城市的综合可达性不仅应包括区内联系，也应考虑对外联系。目前，大多可达性研究以封闭区域为假设或者只是针对区域内部，对外可达性研究不多见，造成可达性最优区位接近区域几何中心。仅吴威等（2007）研究了开放条件下的长江三角洲综合交通可达性空间格局，目前学术界对区内和区外可达性的内在联系研究尚属空白。②不同类型区域比较研究不足。在可达性研究的区域样本方面，多见形状规则或单中心结构的区域，可达性中心与几何中心接近的情形较多，双中心、多中心或可达性中心与几何中心偏离较大的情形较少，这不利于探讨可达性测算技术的合理性，也不利于进一步丰富可达性生成的理论内涵。③可达性状况与交通区位的关系、交通系统发达水平与可达性优劣的内在联系等研究较少。

1. 最短通行时间计算方法

利用辽宁省交通路网赋时速，计算出每段道路的用时，并在 ArcCatalog 中建立数据库、网络数据集，进行最短时间求解设置，最后用 ArcMap 网络分析模块中的 O-D 矩阵方法实现辽宁省两两城市间的最优路径查找，运用 ArcGIS 中的自动寻址功能，自动选择出两地之间用时最短的路径，即可求出所有城市间最短通行时间矩阵。通行时间矩阵可表示为

$$L=[l_{ij}]_{n\times n} \tag{6-1}$$

式中，l_{ij} 为 i 点到 j 点的最短通行时间；n 为节点数。利用最短通行时间矩阵求得每个节点的可达性值。

2. 区内可达性评价方法

在特定区域范围内，可达性反映某一地区与其他区域相互联系的难易程度，通过分析区域内某一节点与其他各个节点的加权平均旅行时间确定该点的区内可达性。城市之间的联系不仅与基础设施水平有关，还与节点的城市规模有关。加权平均旅行时间指标是评价某个节点到各经济中心的时间测度，融合了城市规模对可达性的影响。具体公式为

$$A_i = \frac{\sum_{j=1}^{n}(T_{ij} \times M_j)}{\sum_{j=1}^{n} M_j} \tag{6-2}$$

式中，A_i 为节点 i 在交通网络中的加权平均旅行时间，A_i 值越小，表明节点 i 的可达性越好；T_{ij} 为节点 i 到节点 j 的最短时间；M_j 为节点的质量，可以是节点 j 的人口或地区生产总值等，本书采用人口和经济的算术平方根，因为实际人口较多、经济发达的地方，由于其自身发展的需要，人口流动量相对较多，与外界联系的需求较强。

3. 对外可达性评价方法

城市与区域外部城市联系时出行距离大，时间长，因而在四种交通运输方式中，一般选择陆运、航空和水运。在外部城市相同时，认为不同运输方式的对外可达性表现为对区内交通基础设施的接近程度。公路运输具有特殊性，是其他运输方式高效运营的基础，本书在计算对外可达性时，将铁路与公路相结合，分为陆运可达性、航空可达性、水运可达性。利用 ArcGIS 的网络分析功能，计算各城市与交通设施之间的最短旅行时间，并对交通设施根据客运量赋权重，如果到高等级交通设施最短通行时间低于到低等级交通设施最短通行时间，则认为本应由低等级交通设施提供的服务由高等级交通设施提供，舍去与低等级交通设施的联系，并将权重计入上一级交通设施，各交通设施等级权重为各种交通运输方式客运量占总客运量的比重。

求出各节点各种交通运输方式下的对外可达性值后，对外交通可达性由各种交通方式可达性加权表示：

$$A_i = \sum_{x} A_{ix} \times w_x \tag{6-3}$$

式中，A_i 为节点 i 的对外可达性；A_{ix} 为节点 i 的 x 交通运输方式（x 取值为 1～3，分别代表陆运、航空和水运）的加权平均旅行时间；w_x 为 x 交通运输方式在综合交通网络中的权重，考虑到各种交通运输方式客运量、运输特征、速度及人们的出行意愿等，并结合其他学者的研究（吴威等，2007），将陆运、航空、水运权重分别设为 0.5、0.3 和 0.2。

4. 数据来源与处理

以辽宁省交通图为基准，1986年、2000年和2013年为时间断面，利用ArcGIS处理后进行最短时间计算。此间，辽宁省行政区划进行了一定的调整，城市节点有所增加，如锦西市改为葫芦岛市，根据统计年鉴整理，照原地图中所划分市区处理，不影响辽宁省可达性空间分布。①GDP、人口数及客运量来自《辽宁省统计年鉴》。其中，1986年地区生产总值数据不全，因而采用工农业生产总值之和代表城市规模。②交通网络资料来源于1986年、2000年和2013年人民交通出版社出版的《辽宁省交通图册》。③各个年份交通网络时速参考其他文章并结合实际情况进行设置，铁路时速设置参照中华人民共和国国家标准《铁路线路设计规范》和历年“列车时刻表”，并根据铁路部门内部人员反馈进行处理。将1986年铁路设为快速60公里/小时和普通50公里/小时，国道、省道和县道分别设为50公里/小时、40公里/小时、30公里/小时；2000年铁路特快100公里/小时、普快80公里/小时，公路中高速90公里/小时、国道70公里/小时、省道50公里/小时、县道及以下30公里/小时；2013年铁路动车200公里/小时、高速铁路300公里/小时、特快120公里/小时、快速100公里/小时、普快90公里/小时，公路中高速110公里/小时、国道80公里/小时、省道60公里/小时、县乡道40公里/小时、快速路80公里/小时。

第二节　区域交通可达性的时空演化

一、区内交通可达性时空演化特征

辽宁省内交通运输方式主要为公路和铁路，因而区内可达性只计算陆运交通可达性即可。利用式（6-2）计算出辽宁省县级以上城市不同时间断面可达性值，其空间格局如图6-1所示。

1）区内可达性空间分布大致呈现出以沈阳为中心，向外围逐渐增加的“中心-外围”格局。可达性优势范围与沈阳经济区范围具有较高的一致性，中心地区可达性优于边缘地区。可达性较差的地区主要为辽西、黄海沿线、中朝交界至铁岭和本溪东部县市。可达性空间分布呈现一定的区域交通主干道路指向性，即呈现出沿京哈线和哈大线向外扩散的特征，由于近年来高速铁路兴建，2013年该特征更加明显。

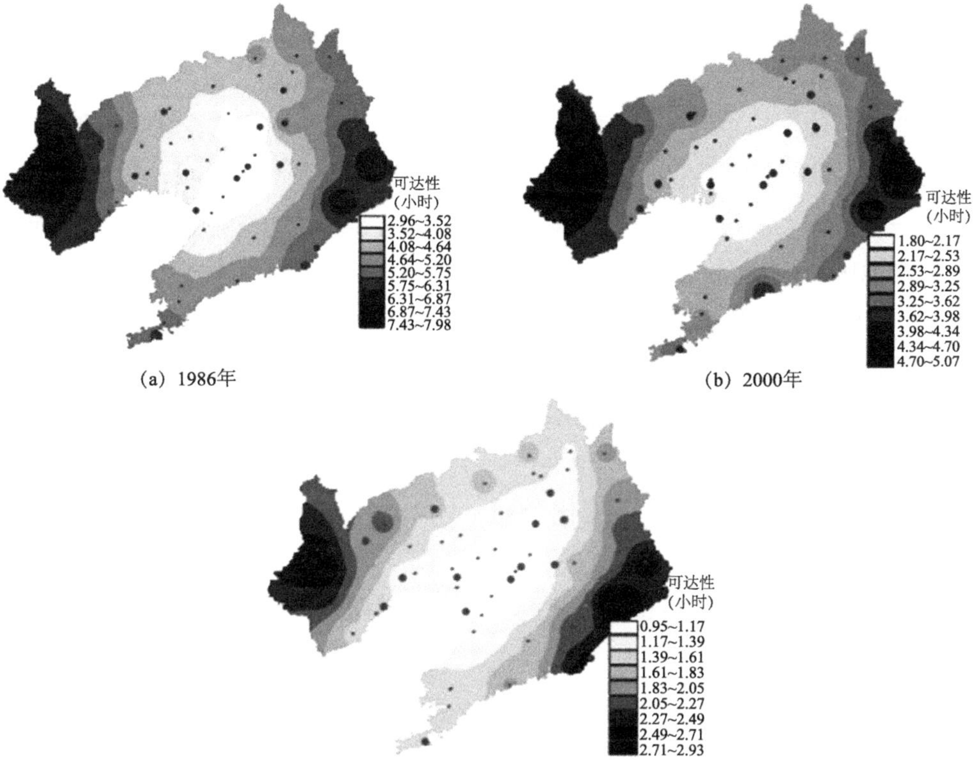

（c）2013年

图 6-1　1986～2013 年辽宁省区内可达性格局演化示意图

图内黑色小点表示城市，下同

2）随着陆路交通网络的完善，各城市可达性大幅度提升。1986～2013 年城市平均可达性由 4.8 小时减少到 1.61 小时。其中，可达性提升幅度最高的为喀左县，由 8.02 小时减少到 2.92 小时。截至 2013 年，全省范围内基本实现“3 小时通达圈”。不同时间段交通可达性改善幅度大不相同，第一阶段（1986～2000 年），各城市可达性平均减少 1.83 小时。第二阶段（2000～2013 年），各城市可达性平均减少 1.31 小时。可以看出，第一阶段可达性优化程度更为显著，这与辽宁省不同阶段陆路交通网络发展特征密切相关，该阶段陆路交通网络发展主要以路况改善和等级提升为主，铁路大幅度提速，开始修建高速公路，其他主干道路运行时速也有不同幅度的提升。第二阶段公路网络已经形成，开始修建高速铁路，但受高速铁路到达目的地的限制，以及初值的影响，因而可达性整体改善程度与第一阶段相比存在一定差距。

3）边缘地区可达性变化量大于中心地区，可达性变化率与变化量不同，空间格局呈现一定的高等级道路指向性。第一阶段（1986～2000 年），可达性变化率空间格局大致呈现出由京哈和哈大沿线并向外围逐渐扩散的倒 V 字形，可达性变化率较大的地区主要有抚顺、辽阳、鞍山、盘锦、营口、葫芦岛和大连，均为高速铁路经过的地区。第二阶段（2000～2013 年），整体可达性变化率高于第一阶段，且可达性变化率呈多级格局，变化率较大的为高速铁路沿线和处于边缘地区的铁岭、大连、锦州、葫芦岛等地，这些地区可达性变化率均高于 50%，其中绥中变化最大，变化率为 57%，大连和铁岭变化率为 54%。辽东、辽西等边缘地区虽然可达性变化量较大，但由于可达性变化率还与可达性水平初值有关，因此可达性变化率并不是最大。

二、对外交通可达性时空演化特征

由分级法求出各交通运输方式的可达性，利用式（6-3）求得各城市对外交通可达性如图 6-2 所示。

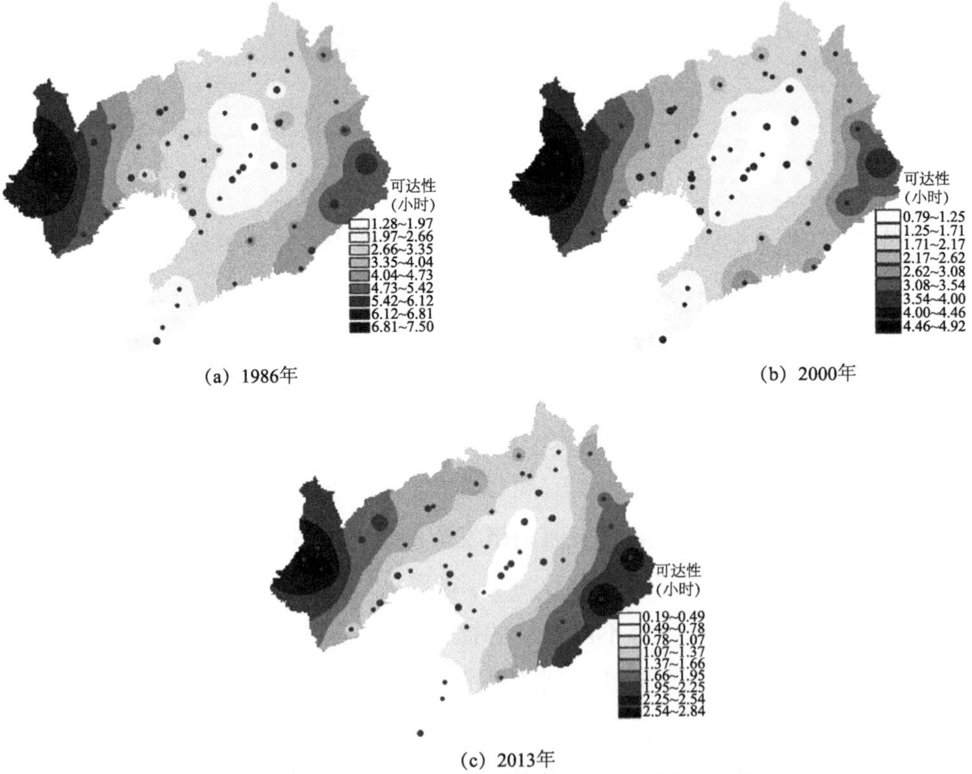

图 6-2　1986～2013 年辽宁省对外可达性格局演化示意图

1）与区内可达性分布格局不同，对外可达性等时线以中心城市沈阳和门户城市大连为中心，向外围逐渐增加，充分体现出沈阳和大连在辽宁省的中心地位。三个年份对外可达性较好的地区均为哈大沿线，可达性较差的是辽东和辽西等边缘地区。对外可达性主要体现在与交通运输设施的接近程度上，沈阳和大连客运量比其他地级城市大，各种交通运输设施等级更高，因而对外可达性较好。

2）随着时间的推移，各种交通运输方式下的对外可达性都有很大程度的提高，路网的发展不仅对区内可达性有很大影响，而且对对外可达性也有很大改善，对外可达性高值从 1986 年的 7.5 小时减少为 2013 年的 2.84 小时。三种交通运输方式可达性提升幅度不同，水运可达性提升幅度最高，辽宁省内客运港口只有大连港和丹东港，以大连港为主，连接东北地区和山东半岛。丹东港的客运主要来源于丹东—仁川国家航线，客运量远小于大连港，因而水运可达性主要为到大连港的时间可达性，2013 年高速铁路通车，其他地区到大连的时间明显缩小，因而水运可达性提升较大。

3）第一阶段（1986～2000 年），整体对外可达性变化量大于第二阶段（2000～2013 年），但变化率小于第二阶段。与区内可达性分析相同，区内可达性是对外可达性的基础，二者变化趋势具有一定的相似性。对区内可达性而言，铁路和高速公路是最重要的交通运输方式，将铁路客运站按客运量进行等级划分后，沈阳、大连为辽宁省经济中心，人口较多，客运量较大，因而等级较高，大连陆运可达性相对区内可达性来说有很大程度的提高。

4）作为辽宁省的省会，沈阳的航空可达性一直处于核心地位，大连进步最大，2013 年已跃居首位。辽宁省民航机场主要有沈阳、大连、丹东和锦州，而航空客运量主要集中在沈阳和大连两大机场，1986 年沈阳航空客运量为 13.16 万人，大连航空客运量仅为 7.46 万人，且 1986 年各地交通连通度较差，因而大连航空可达性相对较差，到 2013 年，大连航空客运量已经超过沈阳，航空站点等级提升，使大连航空可达性列全省首位。

第三节　内外联系的综合可达性及城市分类

综合可达性包含区内可达性与对外可达性，这里将二者进行加总得到区域的综合可达性（表 6-1）。

1）加入对外可达性后，综合可达性格局相对于区内可达性产生了很大变化，沈阳的区内可达性与对外可达性都位居辽宁省前列，大连区内可达性相对较差，但港口、机场及车站等级较高，对外可达性较好，使综合可达性排名相对于区内可达性有很大进步。丹东和朝阳综合可达性最差，其区内可达性和对外可达性都较差。原因在于丹东和朝阳地处辽宁省边缘，加上铁路站点等级较低，因而区内可达性和对外可达性均较差，综合可达性排名靠后，丹东虽然有机场和港口，但是客运量少，站点等级低，并没有改善对外可达性排名现状。

2）大部分对外可达性数值小于对内可达性数值，本书在求对外可达性时，以区内可达性为基础，求出每个节点与各种交通设施的最短时间并赋权重，因而小于到全省各地的加权平均旅行时间。

3）各城市综合交通可达性进步明显，其中大连和朝阳进步最大。大连作为辽宁省甚至是东北地区的门户，综合可达性由 1986 年的 7.87 小时减少到 2013 年的 1.75 小时，其中对外可达性在 2013 年列辽宁省首位，主要得益于港口和航空的发展，朝阳综合可达性相对较差，随着辽宁省内交通网络不断发展，区内可达性和对外可达性都大幅度提升，综合可达性变化量最大，但由于其基数较大，可达性变化率并不是最大。

表 6-1　1986～2013 年辽宁省综合交通可达性　　（单位：小时）

城市名	1986 年			2000 年			2013 年		
	区内可达性	对外可达性	综合可达性	区内可达性	对外可达性	综合可达性	区内可达性	对外可达性	综合可达性
沈阳	2.96	1.27	4.23	1.89	0.78	2.67	0.95	0.54	1.49
大连	5.92	1.95	7.87	3.40	1.16	4.56	1.56	0.19	1.75
鞍山	3.00	1.93	4.93	1.80	1.16	2.96	1.09	0.75	1.84
抚顺	4.54	3.07	7.61	2.28	1.32	3.6	1.39	0.99	2.38
本溪	3.57	2.14	5.71	2.27	1.29	3.56	1.41	0.96	2.37
丹东	5.74	4.32	10.06	3.37	2.50	5.87	2.59	2.17	4.76
锦州	4.33	3.36	7.69	2.62	2.30	4.92	1.26	1.00	2.26
营口	3.50	2.93	6.43	2.16	1.80	3.96	1.11	0.82	1.93
阜新	4.57	3.90	8.47	3.13	2.67	5.80	1.72	1.60	3.32
辽阳	3.04	1.85	4.89	1.83	1.11	2.94	0.98	0.67	1.65

续表

城市名	1986 年			2000 年			2013 年		
	区内可达性	对外可达性	综合可达性	区内可达性	对外可达性	综合可达性	区内可达性	对外可达性	综合可达性
盘锦	3.64	3.30	6.94	2.12	1.94	4.06	1.13	0.98	2.11
铁岭	4.01	2.36	6.37	2.52	1.47	3.99	1.15	0.77	1.92
朝阳	5.85	5.42	11.27	3.81	3.61	7.42	1.95	1.81	3.76
葫芦岛	5.10	4.29	9.39	3.01	2.71	5.72	1.37	1.13	2.50

根据表 6-1，按照 2013 年各城市区内可达性和对外可达性在全省的位置及差异，将 14 个城市可达性分为外向型、均衡型、过渡型和内向型四种类型。①外向型城市仅有大连，是指对外可达性具有明显优势而区内可达性欠佳的城市，也可称为门户城市。②均衡型城市是指区内可达性和对外可达性排名接近，共有 9 个城市，其中沈阳、辽阳、鞍山占据辽宁省地理核心区，依托沈阳交通枢纽，区内可达性和对外可达性均表现优异；营口、铁岭距离核心区较近，因此区内可达性和对外可达性表现较好；抚顺虽距离沈阳较近，但不在交通干线上，因此交通联系存在短板，丹东、阜新和朝阳位于边缘区，区内可达性和对外可达性较弱。③过渡型城市是指区内可达性和对外可达性存在差异但不明显，可达性位居第七、第八名的中等位置，该类型的城市有本溪、锦州和葫芦岛；④内向型城市仅有盘锦，是指区内可达性排名具有明显优势，对外可达性处于相对劣势的城市。由于辽宁省各城市分布相对集中，以沈阳为中心的辽中城市群占据地理核心区，因此从城市可达性的分类来看，均衡型城市数量众多，其他城市偏少。

第四节 可达性的区位因素及其抗阻能力分析

城市区内可达性主要与城市规模、路网密度及区域中心性等因素有关，其中中心性是影响区内可达性的最主要因素。中心性与区内可达性折线图如图 6-3 所示，由图可知区内可达性与中心性有很强的相关性，但随着时间的推移，相关性越来越小，1986 年相关系数为 0.885，2000 年为 0.865，2013 年则减少为 0.747。说明随着交通网络的发展和交通设施的不断完善，城市中心性对区内可达性的影响越来越小，交通设施等其他因素对可达性的影响越来越明显，但到2013年，中心性依然是区内可达性的重要决定因素。

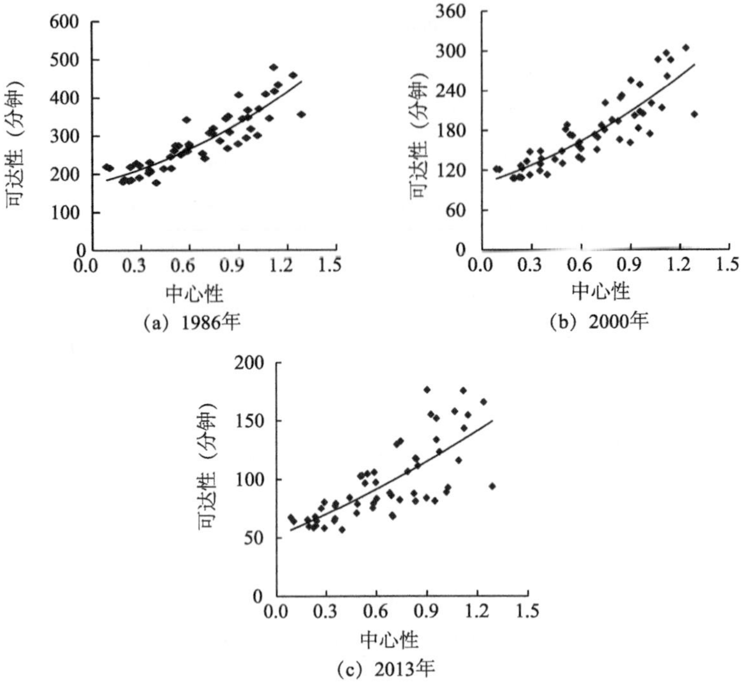

图 6-3　1986～2013 年辽宁省区内可达性与中心性趋势图

根据区位因素对区内可达性的影响作用，本书尝试探讨不同区域区内可达性克服区位不利因素的能力大小，首次提出可达性区位抗阻能力的概念，将其定义为各城市区内可达性对不利区位因素的改造能力，用来衡量辽宁省城市区内可达性对区位的抗阻能力。正是由于区位因素的阻碍作用，处于边缘地区的城市区内可达性较差。用可达性区位抗阻系数来表示，具体公式为

$$H_i = \frac{C_i}{R_i}$$
$$C_i = \frac{D_i}{\sqrt{S / \pi}} \tag{6-4}$$
$$R_i = \frac{A_i}{\frac{1}{n}\sum_{j=1}^{n} A_j}$$

式中，H_i为可达性区位抗阻系数；C_i为节点的中心性（俞勇军和陆玉麒，2005）；R_i为可达性系数；A_i和A_j分别为i点和j点的区内可达性；D_i为节点到中心点

的距离；S 为区域面积。可达性系数 R_i 表示某点可达性值与该地区可达性平均值之比。H_i 越大，表示城市克服不利区位因素的能力越大。

根据式（6-4）求得各城市可达性区位抗阻系数如图 6-4 所示。

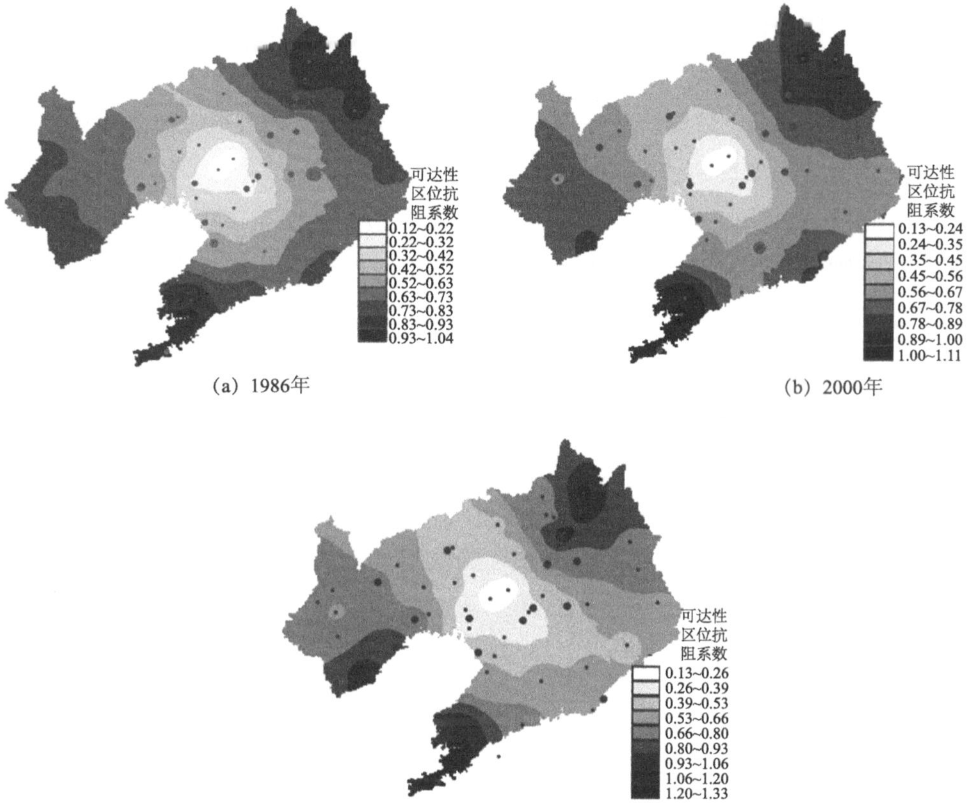

(c) 2013年

图 6-4　1986～2013 年辽宁省城市可达性区位抗阻系数

由图 6-4 可得到如下结论：

1）可达性区位抗阻系数从中心地区到边缘地区不断增大，抗阻系数较大的地区主要分布在辽宁省南部、东北部及辽西地区。1986 年区位因素是影响交通可达性的最主要因素，路网的不断完善使各地区克服不利区位因素影响的能力更大，2013 年大连和铁岭部分地区可达性对区位的抗阻能力较大，其他边缘城市因可达性系数增大使可达性区位抗阻系数减小。辽宁省中部地区可达性区位抗阻系数在各个年份的等值线相似，辽阳、鞍山、盘锦中心性较小，可达性受区位阻碍影响较小，大连、铁岭和葫芦岛部分地区可达性区位抗阻系数在三个年份始终较高。

2）可达性区位抗阻系数最高值不断变大，说明边缘城市克服不利区位因素的能力越来越大。可达性区位抗阻系数不仅与中心性有关，与区内可达性也有很大关系。例如，大连在中心性不变的情况下，可达性系数变小，区位抗阻系数变大，说明路网发展使城市可达性对区位因素的抗阻能力变大。但随着时间的推移，区位抗阻系数高值地区不断缩小，并不能说明可达性变差。可达性系数是一个相对概念，只能说各地区路网或其他影响因素的发展，相比其他地区，可达性受区位因素影响依然较大。

3）以辽宁省重心为圆心，等半径线上的省边缘地区城市可达性较差、可达性区位抗阻系数相对其他边缘城市也差的城市，属于辽宁省真正的边缘城市，代表城市为丹东和朝阳，中心性和可达性都较差，区位抗阻系数也在减小，对区位不利因素的抗阻能力相对变差；可达性较差，但区位抗阻系数较大的城市，虽然处于辽宁省边缘，但其交通网络发展在一定程度上弥补了城市区位因素的不足，属于辽宁省的门户城市，典型城市为大连，中心性最差，但其2013年的可达性超过全省可达性的平均水平，说明大连克服不利交通区位的能力最强，这主要与交通干线布局及整个交通系统的发达程度密切相关。

第五节　主要港口及腹地城市区位优劣

1）城市对外可达性与区内可达性的分布及成因存在明显差异，并可反映城市的经济联系方向和可达性类型。区内可达性与该城市的中心性，即距离区域几何中心的远近密切相关，往往表现为以中心城市为核心的单中心分布特征，对外可达性则表现为以中心-门户城市为双中心的扩散特征。对外可达性与内部区位关系较弱，主要与高等级交通设施的接近程度有关。根据区内可达性和对外可达性的优势程度，可将一个城市综合可达性分为外向型、均衡型、过渡型和内向型四种类型。

2）为了揭示边缘城市在区内联系的交通区位劣势及门户城市的相对交通优势，首次提出可达性区位抗阻能力的概念，并用可达性区位抗阻系数来表示，反映各城市交通对不利区位因素的改造能力。研究表明：可达性区位抗阻能力表现出从中心地区到边缘地区不断增大的分布特征，交通干线布局及交通系统的发达程度是其决定因素，门户城市的区位抗阻能力明显高于一般边缘地区。

3）辽宁省具有中心–门户式双核空间结构，因此，区内可达性和对外可达性格局存在明显的空间错位现象，本书运用内外联系的可达性测算方案可准确揭示沈阳和大连两大核心城市的区位特征和区域功能。区内可达性好反映该城市与周边区域联系通畅，城市腹地广阔。沈阳紧邻区域几何中心，具有辐射和整合辽中城市群的潜力。门户城市如大连属于边缘城市中的交通节点或端点，虽然对外可达性优越但区内可达性往往较差，对区内城市的辐射和整合作用不足，缺少城市群支撑。因此，门户城市必须牢牢把握区域交通系统变革和网络优化的主导权，通过不断更新自身开放水平和区域交通干线优势，在强化对外联系势能的基础上，加强与区内周边城市的互联互通和产业联系，防止交通优势丧失而沦为真正的边缘地区。

4）次区域空间形态与空间结构比较。就地域特性而言，沈阳经济区是典型的块状集聚体，各城市围绕沈阳集中分布，形成紧密的圈层结构。根据空间邻近效应，比较容易发挥规模效益和集聚效益，有利于形成高度一体化的协作区，整合的空间障碍较小，营口港既是辽宁沿海经济带的重要港口，又是沈阳经济区的出海口，占据港口及城市发展的独特区位。辽宁沿海经济带为线状串联，岸线弯曲，深入东北腹地，基本形同沈阳经济区外围的环带，作为辽宁沿海经济带港口体系的核心城市，大连偏居半岛南端，距离腹地中心城市比其他港口城市远很多，以大连为核心的沿海港口体系自身一体化难度较大，从而造成辽宁沿海各城市与沈阳经济区之间多联系，而沿海各市之间多竞争少合作的经济地理基础。近年来，随着辽宁港口集团的成立及区域协调机制发挥作用，港口发展乱象有望改观，但效果仍有待观察。

第七章

港城互动的纽带——从临港优势到产业集聚

第一节 不同产业对临港区位的依赖程度分析

一、临港产业集群的组成

在其他条件不变的情况下，大批量的运输可以降低单位成本，而水运正是进行这种大批量运输的理想方式。因此，在港口区域建立工业不仅可以利用水路运输的优势节省成本，而且可以减少原材料或产成品的中转次数，从而降低内陆运输费用。同时，临港产业还可以利用港口与国际市场便捷的交通和信息联系的优势，及时调整产品结构，适应市场需求的变化。正是因为上述优势，大量企业向港口及其周边集聚，从而形成“产业临海化”现象（李南，2007）。

临港产业泛指布局于港口及其周边区域内，依托港口资源优势催生发展的产业群。它是以港口为中心，以城市为载体，以腹地为依托，以产业为支撑，以综合服务为配套的开放性产业体系，具有产业形态和投资规模大、资金密度和科技含量高、产业布局和生产要素集聚、产业链相互关联、生产建设成本低等鲜明特点。根据相关产业与港口的关联程度，临港产业可以分为港口直接产业、港口共生产业、港口依存产业和港口关联产业，如表 7-1 所示。

表 7-1 临港产业种类及特点

种类	特点
港口直接产业	主要指以港口装卸运输功能为主的装卸主业
港口共生产业	指与港口装卸主业有紧密联系的海运业、集疏运业、仓储业等综合物流产业
港口依存产业	指凭借港口综合条件而形成的石化、钢铁、电力等大型加工业，以及船舶修造、粮油加工、木材加工、水产品加工等制造业和加工业
港口关联产业	指与以上三类产业相关的金融、保险、商贸、娱乐等服务业

各主要产业工业增加值与水运的关系如表 7-2 所示。

表 7-2　水运作为投入因素对不同类型工业活动的重要性比较

产业分类（标准产业分类法）	水运成本占工业增加值的比重（%）	水运相对重要性
石油提炼及相关产品	2.6	11.47
原油与天然气	1.9	8.32
农用化肥和化工产品	1.7	7.39
粗钢生产	1.6	6.95
塑料与合成材料	1.2	5.38
食品与类似产品	1.0	4.44
煤气生产与分销	1.0	4.36
石材与黏土产品	0.5	2.38
电力服务	0.5	2.05
金属矿石开采	0.3	1.46
通用机械设备	0.015	0.07
烟草产品	0.005	0.02

注：相对重要性的平均值是 1，根据所有工业计算而得

资料来源：转引自李南（2007）

临港产业集群的活动包含物流活动、制造活动、贸易活动、信息咨询和金融服务。物流活动泛指运输、装卸、仓储、加工、配送等物流整合活动。其中，运输活动是临港产业集群的一部分，因为大部分经过港口装卸的货物需要经由铁路、公路或内河进一步运输，所以很多运输机构位于港区，并与港口装卸业务密切相关。仓储等物流活动包含在临港产业集群中，船舶与内陆运输工具的型号尺寸具有差异，因此存储成为必要。存储的需要成为在港区布局物流活动的主要原因。港口货物装卸、运输和物流厂商在集群中的整合程度最高，是集群的核心部分。实证研究表明，货物装卸、运输和物流活动之间存在相当紧密的联系，绝大多数从事港口货物装卸的厂商也提供运输和物流服务。随着资源配置和产业转移进一步全球化，信息咨询和金融服务在临港产业发展中的作用越来越重要。而从要素角度来看，物流、信息咨询、金融服务、科技、人才与管理逐渐成为临港产业集聚的六大支撑要素。

二、不同产业水运依赖度的美国案例

为分析各种类型的工业活动在港区布局的可能性，采用的指标是水运成本

占工业活动增加值的比重。由美国商务部普查局 2003 年的统计数据（表 7-3）可以看出，水运对石油化工产品的冶炼、钢铁生产等制造活动非常重要，这些产业部门都需要巨量的原材料。

通过区位分析，进一步识别工业和贸易活动是否与船舶和货物在港口的到达具有较强的相关性，也就是研究工业等各种经济活动在港口的实际集中程度。通过对美国境内拥有大型海港的 17 个城市进行研究，对比这些地区的厂商数量与国家总体水平。统计发现，美国所有企业组织中有 5.7%位于上述 17 个港口城市。因此，当某种类型经济活动的 11.4%位于这些港口区域时，则可以得出该经济活动的区位熵等于 2。表 7-3 展示了临港产业集群按 NAICS 编码的各种经济活动及其区位熵的值（李南，2007）。

表 7-3　临港产业集群所含经济活动在美国的区位熵

集群组成部分	经济活动描述	港口区位熵数	区位熵	集群组成部分	经济活动描述	港口区位熵数	区位熵
货物装卸	船舶航海服务	316	6.8	制造活动	船舶建造维修	170	4.5
	海运货物装卸	163	4.8		基础化学工业	348	2.6
	港湾运营	49	4.4		树脂橡胶及纤维	113	2.2
运输活动	远洋货物运输	245	9.7		钢铁制造	115	1.5
	内核水路货运	113	5.1		石油冶炼	186	1.5
	水运支持活动	210	4.4		非铁金属生产加工	73	1.4
	沿海/大湖区货运	120	4.0		面粉磨制与麦芽加工	21	0.8
	管道运输	323	2.1	贸易活动	金属与矿石批发	1184	1.8
	长途货运卡车	1746	0.9		石油及制品批发	321	1.7
物流活动	其他仓储活动	128	1.9		化工品批发	1381	1.6
	货物运输安排	1339	1.6		运输装备配件批发	282	1.4
	通用仓储活动	339	1.4		谷物及豆类批发	144	0.4
	加工配送咨询	254	1.0				
	冷藏货物仓储	60	0.7				

资料来源：引自美国商务部普查局 2003 年的数据

三、产业临港偏好程度的中国案例

邬珊华等（2014）借鉴交通地理中的选址理论，选取产值增长速度最快的三类临港产业，即钢铁产业、石化产业和汽车制造产业，从实证角度比较各产业的空间分布特征，使用以企业为基本单位的非集计数据，构建离散选择模型，在模型中综合考虑企业选址地与港口、国内原材料产地、国内市场的可达性等五个影响企业选址效用的因素；收集这三类临港产业大中型企业的数据作为样本，依据样本企业的实际选址结果得到它们选址效用函数中的各项系数，研究这三类典型临港产业选址行为的差异，尤其是偏好“选址临港地区”程度的差异。

为保障模型计算结果的准确性，他们依据“中国钢铁企业名录”、“中国石油化工企业名录”和“中国汽车制造业企业名录”，选取企业规模排名前 260 家钢铁企业、前 320 家石化企业和前 95 家汽车制造企业为样本。另外，选取国内 16 个主要铁矿山（成品矿产量占全国总产量的 83.1%）作为国内钢铁原材料供应地，9 个主要油田（原油产量占全国总产量的 87.5%）作为国内原油供应地，规模最大的前 20 家钢铁企业作为国内汽车制造企业原材料供应地，同时选取国内 20 个港口作为主要港口。

1. 三大类产业空间分布特征

1）大型钢铁企业主要分布于东部和中部地区，其中环渤海地区是大型钢铁企业最为集中的地区。除沿海沿江地区外，内陆地区也有部分大型钢铁企业。钢铁产量≥1500万吨的钢铁企业主要集中在长江下游地区和环渤海地区。

2）大型石化企业多分布在沿海沿江区域，与大型钢铁企业相比，大型石化企业靠近沿海沿江区域的现象更明显，主要集中在长三角地区、环渤海地区和珠三角地区。沿海对成品油的需求明显高于内陆地区。由邬珊华等（2014）对 2012 年成品油、钢铁产销数据的研究可知，沿海十省对成品油的需求量占全国总需求量的 57.5%，成品油需求量的变异系数达到 15.1%，高于钢铁需求量的变异系数，表明各地区对成品油需求的差异更为显著。

3）汽车制造企业多分布在沿江区域、京津冀地区和东北地区，相较于钢铁产业和石化产业，汽车制造产业选址靠近沿海区域的现象不太显著。大型汽车制造企业汽车产量的变异系数小于大型钢铁企业粗钢和大型石化企业炼油能力的变异系数，说明各地区汽车制造产业的产能差距相对较小。沿海地区对汽车的需求明显高于内陆地区。由邬珊华等（2014）对 2012 年汽车产销数据的研究可知，沿海十省对汽车的需求量占全国总需求量的 52.6%，汽车需求的变异系数达到 13.7%，表明各地区对汽车需求量的差异不如成品油显著，但比钢铁显著。

2. 重要临港产业临港偏好程度的差异性

分别针对钢铁产业、石化产业和汽车制造产业构建离散选择模型，借助 Biogeme 软件进行标定得到表 7-4。

表 7-4 系数标定结果

产业	临港需求系数（θ_1）	对原料产地可达性的敏感程度（θ_2）	对国内市场可达性的敏感程度（θ_3）	对低价的敏感程度（θ_4）	对劳动成本的敏感程度（θ_5）	极大似然比
钢铁产业（钢铁）	1.824 955 （2.05）	0.654 325 （−1.97）	2.505 374 （−2.32）	−2.255 342 （1.98）	−1.585 321 （2.62）	0.182
石化产业（石化）	2.346 712 （2.35）	0.821 356 （−2.02）	2.563 365 （−2.12）	−2.276 635 （2.05）	−1.623 357 （2.01）	0.176
汽车制造产业（汽制）	1.442 356 （−1.96）	1.027 596 （−1.98）	2.456 233 （−2.01）	−2.250 125 （−1.96）	−1.600 321 （−1.96）	0.155

注：括号内为各项系数的 t 检验值

三类产业的 θ_1 均较大，表明它们均有很强的临港需求，但 $\theta_1^{汽制}<\theta_1^{钢铁}<\theta_1^{石化}$，表明石化产业比钢铁产业和汽车制造产业有更强的临港需求，更偏好于选址在临港地区，更属于临港产业，钢铁产业次之，其临港需求大于汽车制造产业；$\theta_2^{汽制}>\theta_2^{石化}>\theta_2^{钢铁}$ 表明汽车制造产业的选址更重视靠近国内原材料供应地，也就是说汽车制造产业对国内原材料的依赖度要高于钢铁产业和石化产业，钢铁产业对国内原材料的依赖度最低；三个产业的 θ_3 均较大，但彼此差别不大，说明它们选址时都重视靠近国内需求地。

钢铁产业、石化产业、汽车制造产业这三类重要临港产业存在临港偏好程度差异的原因，可从原材料来源、海运方式分担率、产品需求分布等方面解释。对这三类临港产业而言，其临港需求的产生主要是受产业运输成本的驱动。首先，产业选址在临港地区，可以充分利用海运方式降低原材料的运输成本；其次，沿海地区是产品需求的主要分布地，选址在临港地区可以减少产品的中转次数，降低内陆运输成本。

在这三类临港产业中，汽车制造产业的临港偏好程度最弱。这是因为，不同于钢铁产业和石化产业，汽车制造产业通过港口运输国外原材料的数量很少，其生产所用原材料主要依赖于其他产业的供应，尤其是钢铁产业。另外，相较于钢铁产业和石化产业，沿海地区对汽车制造产业的产品需求相对较小。

钢铁产业和石化产业均具有很强的临港偏好程度。从原材料运输的角度分析，钢铁产业对国外原材料的依存度和对港口的利用程度均高于石化产业。但从产品需求的角度分析，沿海地区对石化产业的产品需求却大于钢铁产业。邬珊华等（2014）根据2012年数据测算认为，从运输成本的角度分析，钢铁产业海运成本占工业增加值的比重为1.6%，而石化产业达到2.6%，石化产业的水运成本更高，表明石化产业对港口的依存度更高。综合分析可以认为，石化产业的临港偏好程度略高于钢铁产业。

第二节　临港服务业的集聚——基于企业视角

一、上海港口后勤区港航企业集聚与扩散

作为一类特殊的服务综合体，港口服务业在港口城市中占据着一种独特的生境（Slack，1982），而外部规模经济使港口服务业的各类公司在空间上紧密连接在一起，形成空间上的集聚效应（Slack，1989）；联合国贸易和发展会议的研究报告阐明，港航服务企业规模普遍较小且在港口城市的特定空间内组团集聚，具有高频率的空间迁移及相对稳定的集聚区位等空间特征（UNCTAD，1999）。在城市尺度上，受港航服务业不同行业的内在属性及城市不同区位的禀赋特性的共同作用，从中心向外围总体呈现高级服务类—代理与技术服务类—运输仓储类圈层式分布格局。在全球尺度上，受经济全球化、技术变革、产业组织变革和国家/地方（政府）战略响应等多层级因素与机制的相互影响，少数枢纽港口城市成为港航服务业集聚发展的主要节点，其产业结构重心由运输仓储类向代理与技术服务类、高级服务类逐次转移（曹有挥等，2017）。

作为亚太地区重要的枢纽港口城市，上海已成为中国的经济、贸易和航运中心，是中国沿海的主要枢纽港和全球最大的集装箱港口。上海国际航运中心建设已经逐步进入港口运输功能与现代港航服务功能并重的新阶段。港航服务要素加速集聚，港航服务业体系不断完善，港航服务业空间格局基本形成。上海是全国最大的金融中心，全市拥有经营国际海上运输及其辅助业的外商驻沪

代表机构250余家，全球九大船级社均在上海开设了代表处，全球三大邮轮公司也已落户上海。

1. 港航企业分类及总体布局特征

根据价值链理论，曹有挥等（2017）将港航服务业具体划分为内陆集装箱运输、水上运输、仓储、海上国际货物运输代理、国际船舶代理、报关代理、船舶修理与技术服务、船舶设计、船舶管理、船舶注册检验、航运经纪、航运金融保险、航运与海事信息咨询、海事法律与仲裁、航运教育与培训15个行业，依据其服务内容的差异将其归入运输仓储类、代理与技术服务类和高级服务类三个大类（图7-1）。从各行业在价值链上的分布看，运输仓储类处于价值链的低端环节，代理与技术类处于价值链的中端环节，其附加值总体上高于运输仓储类，高级服务类处于价值链的高端环节，属于知识密集型服务业，其附加值最高。

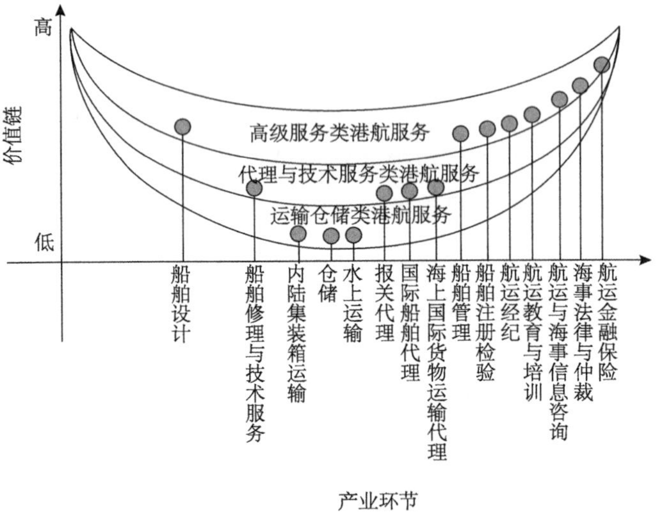

图7-1 基于价值链的港航服务业分类示意图

港航服务业总体布局具有圈层式向心集聚特征，郊区化态势逐步显现。核密度估计显示：①港航服务企业空间集聚态势由单中心向单核多中心格局演化；②运输仓储类港航服务业布局近郊区化特征显著，其区位变迁与港口区位变迁一致；③代理与技术服务类港航服务业布局中心集聚特征明显，跳跃式扩散初见端倪；④高级服务类港航服务业布局具有高度中心极化、外围温点初步发育特征。

曹有挥等（2017）认为，不同于结构演替，港口枢纽城市港航服务业空间布局演化主要受地方性因素的影响与作用。①港口布局和交通区位的引导作用。一方面港口格局的变化往往直接引致港航服务业布局变化；另一方面，交通格局的变化对港航服务业布局演变同样产生重要影响。②地价演变的约束作用。20 世纪 90 年代以后，上海土地有偿使用制度逐步建立。随着地价变化，价值链不同环节上的港航服务企业布局呈现出不同的演变趋向。③历史积淀的惯性作用。④规划和政策的约束和引导作用。一方面，通过产业门槛制定和城市功能分区规划，约束部分运输仓储类港航服务企业在城市中心区的发展与布局；另一方面，通过制定鼓励政策与措施，引导港航服务企业向各类服务业集聚区集聚发展。

2. 不同港航企业与港口及其他产业的关联特征

曹卫东（2012）借助 GIS 空间统计与插值、空间基尼系数、地理联系率等方法开展研究，对港口后勤区相关港航企业空间属性数据库进行空间统计与插值分析，得出空间分布特征。他认为，港航企业作为广域港口后勤区物流服务经营主体，镶嵌于城市内部空间，其区位选择与周围要素存在一定的空间关联性。因此，他计算了上海港口后勤区港航企业与城市内其他生产企业间的地理联系率，从而在一定程度上揭示了港航企业区位选择与周围其他生产企业空间分布的关联程度（表 7-5）。

表 7-5　2007 年上海港口后勤区港航企业与城市功能空间的地理联系率

项目	公用港口运营企业	国际集装箱运输企业	国际船舶代理业务经营企业	无船承运业务经营企业	国际船舶运输企业
制造业	26.32	50.38	31.62	39.43	22.86
仓储业	53.05	75.52	45.76	36.62	37.78
商贸业	30.08	56.35	39.65	49.82	31.97
商务办公业	27.65	51.05	39.90	48.62	32.93
均值	34.28	58.33	39.23	43.62	31.39

曹卫东（2012）的研究表明，上海港航企业的区位选择与空间关联特征主要表现为以下几方面：①上海港口后勤区港航企业具有空间聚集的区位特征，并以广域港口后勤区分布为主。除无船承运业务经营企业区位表现出小集中大

分散外，其余四类港航企业均以中心城区为核心集中分布在黄浦江下游沿岸，具有较高的空间集中度。②不同港航企业的区位选择具有明显的差异性。公用港口运营企业沿黄浦江空间集聚最明显，无船承运业务经营企业空间布局相对分散，国际船舶代理业务经营企业主要集中在城市中心区内，国际集装箱运输企业和国际船舶运输企业主要分布在浦东和宝山。③港航企业区位选择与城市生产空间关联存在分异性。制造业与相关港航企业具有空间可分性，但制造业内各门类与各类港航企业间的空间关联差异较大；国际集装箱运输企业具有明显的地域依赖性，公用港口运营企业、国际集装箱运输企业、国际船舶代理业务经营企业和国际船舶运输企业的区位选择与仓储业空间分布存在较强的关联性，国际集装箱运输企业、无船承运业务经营企业与商务办公业空间联系较为紧密。

曹卫东（2012）认为其原因和机制，主要有以下几点。

1）港口功能升级影响港航企业的空间分布。在海港由地方港发展成国际大港时，港口在服务本地的同时，陆向腹地越来越向纵深发展，相关港航企业也从港口生产区向后方城市节点区迁移，从而转运衔接、集散分拨更广范围腹地的物流。不同功能的港航企业遵循运营成本和效益最优，选择合理的区位，并在规模效益和相互关联中形成产业集群，从而导致港航企业以广域港口后勤区的模式空间集聚分布。

2）港航企业各异的内在特性影响着各自的区位选择。不同类型的港航企业有着不同的内在特性，这些内在特性从根本上决定了港航企业区位选择的取向。传统低级别的港航企业更趋向集聚，主要依赖“服务外溢”及规避风险，现代高级别的港航企业更服从于周边供应链的发育；资产型的港航企业更受制于土地价格的影响，非资产型的港航企业区位则更自由；信息化高的港航企业则更能脱离距离成本的约束。

3）港航企业的服务业特质及多因素影响决定其空间关联。在现代条件下，港航企业与城市产业的空间关联不仅受传统距离成本的影响，还受时间、服务、管理等因素的影响，特别是信息化的快速发展极大地影响和重整了它与城市产业空间的地理关系。在发达的交通路网和信息网的支撑下，港航企业与制造业在空间上由叠加走向分离，集装箱企业多选择交通便捷的仓库和堆场区分布，货代类的港航企业则更多地集聚于城市商务中心区。

二、大连港航物流产业的新型空间特征

1. 仓储物流企业的空间分布

大连物流企业主要集中在中山区、沙河口区、西岗区、甘井子区，其中甘井子区属于近郊区。市内三区的物流企业数量占比在70%以上，加上甘井子区占比则超过85%；特别是中山区和开发区临港新城比较集中，主要是因为这里是主要港区，不仅临近港口码头等对外交通设施，而且又与港务局、海关等机构临近，适合发展港口物流业务。郭建科（2007）基于2007年500多家的物流企业数据调查发现，从事和涉及港口物流业务的物流企业占物流企业总数的80%以上，证明港口物流是港口城市物流产业的核心，港口及其周边区域是物流企业集聚的中心。

从企业角度来看，仓储企业是现代物流服务的主要提供者。仓储企业是以提供仓储为主导功能的物流企业，其功能还包括流通加工和包装等，配送企业也主要是在仓储的基础上发展而来，两类企业具有相同的空间区位。大连的仓储企业主要布局在地租较为廉价的地带，即城市近郊区，如以革镇堡为中心的周围地域（现已规划为陆港物流园区）、南关岭、周水子国际机场附近地域、大连湾和开发区及香炉礁码头和老港区以南地带。这些地带多是金州区以南的近郊区和港区，地租较为廉价，仓储企业和配送企业的数量及其仓储能力均占到全市的80%以上，在市中心区数量较少；仓储企业和配送企业靠近交通枢纽，集中在港口周边；同时，仓储物流企业多靠近城乡结合部的公路枢纽。

2. 大型港口物流园区与新型产业空间形成

大型海港作为综合交通枢纽，具有巨大的物流生产量，集疏运条件优越，因此，其所在港口城市物流产业规模大、集聚程度高，具有较强的竞争优势，是城市的支柱性产业。港口城市的物流产业以港口物流为主导，形成复杂的产业体系，在城市土地利用中占据重要地位，其发展演化对于城市功能分区及用地结构调整具有重要影响（郭建科，2007）。

城市物流园区是物流企业集聚形成的产业集群，是具有多种运输方式和综合服务功能的城市物流集结点，是城市物流产业积聚发展的大型物流转运枢纽，已形成一种新型的城市产业空间，是以新的生产方式和新的产业组织模式为特征的产业集聚空间（王兴平，2003），主要布局在城市边缘，交通条件好、用

地充足的地方。大型城市物流园区的建设可促进城市物流配送体系走向合理化，缓解城市交通运输压力，加快城市用地结构调整，提升中心城市功能，使城市功能分区更加明晰、合理。大连城市物流园区发展迅速，根据不同空间物流类型，已初步形成国际型、区域型和城市型三个层次，其中国际型和城市型园区分别为大孤山半岛国际综合物流园区和大连港市域综合物流园区，两者均为港口型物流园区，与甘井子陆港综合物流园区共同构成以港口物流园区为轴辐框架的新型产业空间，构成了城市产业空间结构的有机部分。

1）大孤山半岛国际综合物流园区：大连将整个大孤山半岛辟建为国际物流半岛，形成以大窑湾国际物流园区为中心，以大连新港物流区、北良港物流区、保税区物流区和双D港物流区为一体的环岛带状物流园区，园区规划面积的12平方公里。这里有大连最好的港口条件，发达的海铁联运集疏运体系，众多专业化深水泊位支撑着巨大的国际和区域物流量，集装箱、汽车、粮食、矿石、原油港区连接保税区、开发区、出口加工区，空间布局协调，经营的种类以进出口物流和服务东北区域中转物流为主，同时带动物流设备制造业等临港产业发展；针对中转物流产品的加工服务业、国际物流信息咨询业务兴起，大批从事转口贸易的企业在此聚集。其中的大窑湾国际物流园区于2003年建成并投入使用，吸引了众多国内外知名物流企业在此开展业务，是集国际分拨、采购展示、金融服务、信息平台、汽车物流等于一体的现代国际物流园区，将成为连接东北与国际的物流枢纽。凭借这些现代物流平台，开发区作为大连新城区的城市化进程大大加快，加速了港区一体化进程，并将推动这一区域早日建成为东北经济区自由港或自由贸易港。

2）大连港市域综合物流园区：园区有火车站、汽车站、公交线路枢纽站，紧邻大连港客运码头、城市中央商务区、市政管理业务区，是整个大连交通、人流、物流和信息流的中心。园区建设模式是以大港区、黑嘴子港区、香炉礁港区为依托，以大连火车站、双兴商品城、黑嘴子水产批发市场、香炉礁装饰材料市场、香炉礁旧物市场为一体，形成以内贸集装箱和城市配送物流为主的临港物流园区。园区周围物流配送、批发网点广布，主要以城市居民生活消费资料物流为主，其次为杂货、粮食、部分生产资料、成品油等。货种主要有内贸集装箱、蔬菜、水果；生活日用品、小商品、小家电；教育、科学、文化、卫生、体育和办公用品；烟、酒、糖、茶、饮料；服装鞋帽、装饰品等。主要服务于城市生产、经营和消费物流，主要提供交易、分拣、配送和信息服务。

这一物流区域基础好，主要是对现有功能的调整和资源整合，对有些重点功能区和重要设施进行改造，加快提升其信息化和现代化水平，提高运行效率和服务功能。

第三节　临港制造业的集聚——以石化产业为例

港口作为重要的物流枢纽，是临港城市发展的核心资源，也是促进产业临港集聚和发展的主要动因。随着港口功能的完善和升级，临港产业依托港口的便利条件，不断提高集聚程度和规模经济效应，成为港口城市经济发展的支柱和增长的引擎，最终促进港口城市规模的扩大，提高港口城市对周边地区的辐射能力。由此可知，港口是发展的优势条件，产业是发展的重要支柱，而城市是在整合港口和产业资源基础上所形成的经济关系和空间布局关系的综合体，三者之间呈现为相互依托、共生共荣的紧密关系。由于产业是整合港口资源和推动城市经济增长的纽带，因此从产业角度研究港口与城市关系具有重要意义。

当前，普遍认为石化、船舶修造、装备制造、物流和海洋等产业为主要临港产业。以石化产业为例，随着中国油气资源进口量的大幅度提升，近十年来石化产业临港集聚的状况十分普遍。环渤海地区具备较高的石化产业空间布局潜力，是中国三个大型石化基地之一（刘鹤等，2011）。根据《中国统计年鉴2003》《中国统计年鉴 2013》和主要省市区相应年份统计年鉴测算后，发现 2003 年和 2013 年环渤海地区石化产业产值将近全国的 1/3。2013 年环渤海地区石化产业的企业数量比 2003 年增长 76%，产值比 2003 年增长 3.6 倍。2003 年和 2013 年环渤海地区临港石化产业的企业数量占整个环渤海地区的比重分别为 39%和 38%，其产值比重分别为 48%和 49%。由此可见，环渤海经济圈特别是其临港地区是我国石化产业的核心集聚区。

因此，为了更好地探究港口对产业和城市的关系与影响，这里从当前临港产业发展的主要特征——集聚为切入点，以临港石化产业为例，深入剖析在依托港口优势下，临港产业的集聚态势及其对港口城市经济增长和空间布局的影响（韩增林等，2017）。

当前，国内外学者对产业集聚进行了长期深入的研究，但对临港产业集聚的研究却涉足较晚，相关文献也较少。Haezendonck（2001）最早提出临港产业的概念，并用“钻石模型”分析临港产业集群；de Langen（2002）对临港产业集群的界定、结构、绩效及政府对集群的监管进行了系统研究。国内较早研究临港产业集聚的学者是惠凯，他详细界定了临港产业的概念，总结了集聚产生及发展成集群的动因和内外部条件（惠凯，2004）；陈国亮（2015）探讨了中国海洋产业协同集聚的形成机制，发现其具有显著的空间溢出效应。

由此可知，当前国内对临港产业集聚及其对港口城市经济和空间布局的研究远远滞后于其发展水平，特别是针对如临港石化、造船、钢铁等重要临港产业集聚特征的研究明显薄弱。鉴于此，本书利用 EG 指数、产业间协同集聚指数和空间计量模型，以环渤海地区为研究区域，对临港石化产业的集聚类型、集聚程度和集聚效益进行深入剖析，揭示临港产业集聚水平的发展态势，探究临港产业集聚发展对港口城市的影响。

一、区域选择与数据处理

（1）关于石化产业的选择

石化产业是以原油为原料，经过复杂的技术工艺加工成符合国民经济发展需要的各种油品和化工产品的产业总称（刘鹤等，2011）。石化产业包括多种子产业，根据《国民经济行业分类》（GB/T4754—2011），本书所指石化产业包括石油加工、炼焦与核燃料加工业（25），化学原料和化学制品制造业（26），医药制造业（27），化学纤维制造业（28），橡胶和塑料制品业（29）五个子产业。

（2）关于研究区域

本书的研究区域是环渤海地区，以大连、锦州、盘锦、葫芦岛、丹东、营口、秦皇岛、唐山、沧州、天津、青岛、东营、烟台、威海、日照和滨州共 16 个港口城市为样本。数据来源于《中国统计年鉴》《中国工业统计年鉴》《中国工业经济统计年鉴》和省市统计年鉴。

（3）关于数据的选取和可比性

1）EG 指数可以用就业人数或工业总产值进行测度。由于统计年鉴中“就业人数”存在“全部职工年平均人数”“年末职工人数”“年末单位从业人员”的差异，难以对其进行统一标准化处理，用就业人数这一指标测算产业集聚程度可能会出现较大误差。因此，本节选择使用工业总产值这一指标。

2）为了保证数据的可比性，本节利用工业生产者出厂价格指数将 2013 年的工业总产值以 2003 年为基期换算成可以进行对比的不变价格。此外，由于《中国统计年鉴 2014》和《中国工业年鉴 2014》中没有工业总产值这一指标，只好用工业销售产值替代工业总产值。

二、集聚类型分析

以环渤海地区辽宁省、河北省、天津市和山东省石化产业工业总产值的总和为基准，计算得到 2003 年和 2013 年环渤海地区 16 个沿海城市石化产业的集聚程度（表 7-6）和产业间协同集聚程度（表 7-7）。

表 7-6 2003 年和 2013 年环渤海地区临港石化产业集聚指数 （单位：10^{-4}）

产业	25		26		27		28		29		临港石化总产业	
年份	2003	2013	2003	2013	2003	2013	2003	2013	2003	2013	2003	2013
大连	82.15	20.23	5.26	1.08	5.51	2.37	13.69	–8.54	0.67	2.97	4.93	0.76
锦州	13.12	1.19	0.47	–0.02	0.09	0.14	0.09	–2.26	0.05	–0.03	1.19	0.02
盘锦	11.11	51.1	0.67	0.08	0.87	0.46	0.00	0.00	0.97	–0.03	1.34	2.00
葫芦岛	14.38	1.71	0.05	–0.01	0.28	–0.01	0.00	0.00	0.43	0.02	1.45	0.04
丹东	0.05	0.20	0.01	0.11	0.04	–0.01	–2.77	0.95	0.06	0.01	0.01	0.07
营口	2.88	0.10	–0.01	0.02	0.45	1.06	–0.03	3.32	0.10	0.05	0.35	0.04
秦皇岛	0.00	–0.01	0.07	0.13	0.33	0.13	2.49	0.15	0.01	0.21	0.01	0.13
唐山	2.29	2.76	0.51	7.19	0.93	13.1	–0.57	10.71	0.42	8.95	0.92	7.31
沧州	1.99	18.23	0.65	0.47	0.51	2.13	0.03	0.58	–0.02	–0.03	0.53	0.08
青岛	24.85	–4.59	10.00	7.21	28.9	14.3	9.67	1.09	27.88	18.19	6.74	0.67
东营	2.20	66.76	0.60	73.17	2.36	4.62	0.00	14.16	–0.16	118	–0.04	52.48
烟台	26.9	25.93	–0.24	2.79	3.71	4.72	–8.19	8.29	3.45	–0.12	2.38	3.79
威海	19.08	4.80	7.07	1.67	9.74	8.91	9.32	2.03	57.7	11.41	2.40	–0.01
日照	0.23	–0.11	0.19	0.03	0.17	0.69	0.00	0.00	0.02	0.20	0.17	0.11
滨州	–1.58	0.53	0.04	0.10	1.87	0.46	–0.18	2.91	1.27	4.91	0.11	0.01
天津	12.00	–1.46	0.47	13.39	5.26	0.99	46.23	20.81	3.38	19.78	3.06	8.37
环渤海	1966	382	753	87.12	438	229	174	119	1481	258	1153	3563

表 7-7 2003 年和 2013 年环渤海地区临港石化产业的产业间协同集聚指数

产业	25		26		27		28		29	
年份	2003	2013	2003	2013	2003	2013	2003	2013	2003	2013
大连	0.1823	0.0301	0.0766	0.0342	0.0758	0.0269	0.0757	0.0267	0.0763	0.0270
锦州	0.9375	0.0406	0.2721	0.0420	0.2700	0.0356	0.2699	0.0354	0.2703	0.0363
盘锦	0.2774	0.2557	0.1810	0.1624	0.1612	0.1524	0.0000	0.0000	0.1612	0.1536
葫芦岛	0.6565	0.1016	0.2815	0.0748	0.2691	0.0700	0.0000	0.0000	0.2691	0.0697
丹东	0.0235	0.0057	0.0270	0.0063	0.0230	0.0062	0.0259	0.0058	0.0231	0.0061
营口	0.1986	0.0159	0.1314	0.0202	0.1251	0.0155	0.1252	0.0155	0.1274	0.0171
秦皇岛	0.0000	0.0033	0.1380	0.0036	0.1061	0.0030	0.1004	0.0030	0.0984	0.0030
唐山	0.0066	0.0001	0.0084	0.0000	0.0066	0.0001	0.0066	0.0001	0.0068	0.0001
沧州	0.1649	0.0431	0.1495	0.0332	0.1254	0.0312	0.1253	0.0311	0.1263	0.0321
青岛	0.0034	0.0081	0.0036	0.0081	0.0034	0.0076	0.0034	0.0076	0.0035	0.0087
东营	0.0556	0.1699	0.0380	0.2151	0.0361	0.1630	0.0000	0.1628	0.0370	0.1739
烟台	0.0083	0.0028	0.0118	0.0036	0.0083	0.0029	0.0083	0.0028	0.0092	0.0032
威海	0.0076	0.0248	0.0080	0.0256	0.0076	0.0281	0.0076	0.0248	0.0094	0.0317
日照	0.0023	0.0109	0.0024	0.0141	0.0022	0.0101	0.0000	0.0000	0.0028	0.0104
滨州	0.0802	0.0196	0.0727	0.0260	0.0661	0.0181	0.0643	0.0179	0.0642	0.0179
天津	0.0033	0.0005	0.0038	0.0003	0.0032	0.0005	0.0032	0.0005	0.0032	0.0004
环渤海	0.1695	0.1885	0.1858	0.2126	0.1745	0.1788	0.1739	0.1763	0.1748	0.1803

1. “区域集聚”与“规模集聚”的内涵及区别

查看表 7-6 发现环渤海地区各城市临港石化产业的 EG 指数出现了负值。原因主要来自三方面：①EG 指数公式中包含空间基尼系数 G，并试图剔除赫芬达尔指数 H，当 G 大于 H 时，EG 指数为正值，反之 EG 指数为负值（陈长石等，2016）。②地区的划分尺度不同会影响 EG 指数的取值。对于某一产业，地区尺度越小，EG 指数相对就越小，反之越大。③地方政府出于维护本地优势产业等目的会对石化产业采取一些保护措施，而石化产业中如中石化和中石油等大型国有企业会拉高行业内企业的平均规模经济水平。

通常意义上的集聚指的是有较多数量的企业在同一地理空间上的聚集，可称之为“区域集聚”。而 EG 指数为负在本质上反映了企业的集聚优势主要体现在较大的规模经济上，而不是企业数量上，可称之为“规模集聚”。同一地区内往往同时存在“区域集聚”和“规模集聚”两种情况。在“区域集聚”占优势的情况下，企业间通过共享劳动力、基础设施等能够享受集聚带来的正外部性。但这种正外部性并不会一直存在，当行业内企业集聚数量过多时会造成地租上涨、交通拥堵和环境破坏等问题，从而对集聚效益产生不良影响。在“规模集聚”占优势的情况下，企业的规模经济水平越高，表明企业的资金、技术实力可能就越雄厚，企业就更有能力使用先进的生产设备并集中大量财力进行科技研发，从而更有利于生产效率的提高。因此，“规模集聚”占优势的情况对企业的发展是有利的。

2. 集聚类型的实证结果

由于赫芬达尔指数能够反映行业内企业的规模经济情况，因此将其在图 7-2 中展示出来，以从企业规模方面辅助分析临港石化产业的集聚情况。

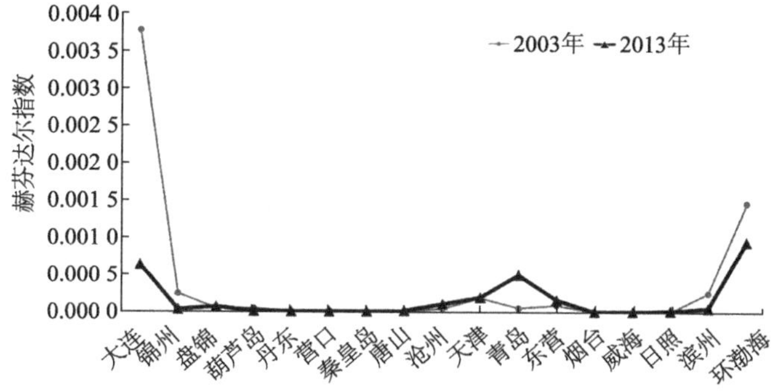

(a) 石油加工、炼焦与核燃料加工业

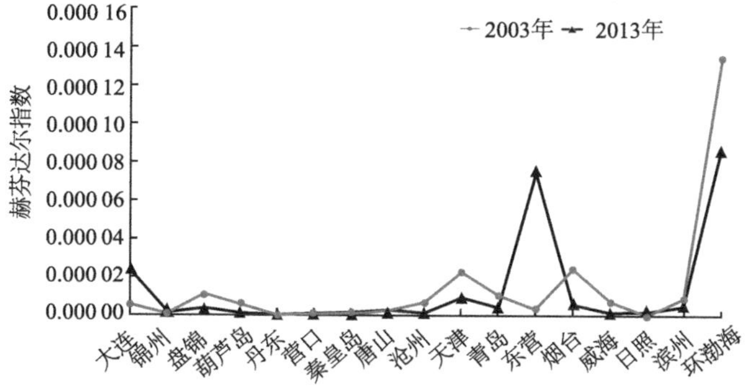

(b) 化学原料和化学制品制造业

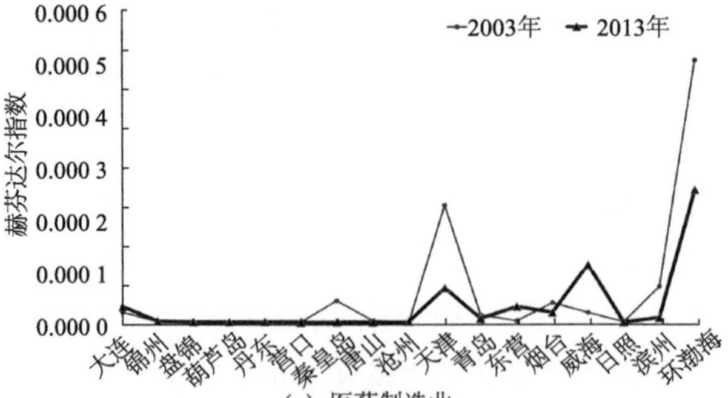

(c) 医药制造业

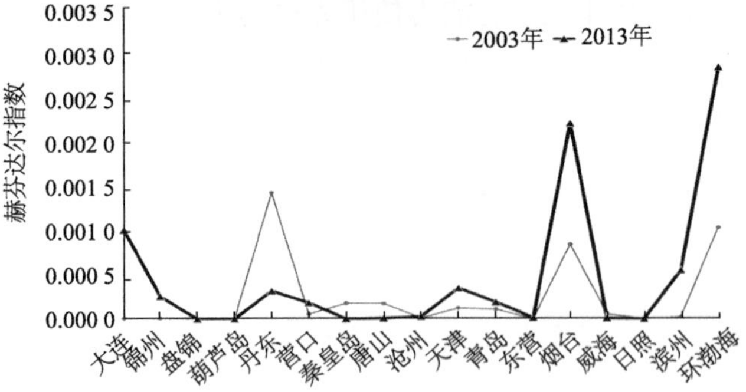

(d) 化学纤维制造业

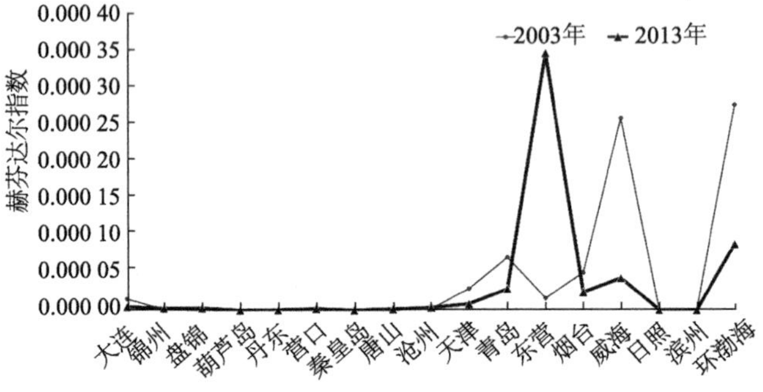

(e) 橡胶和塑料制造业

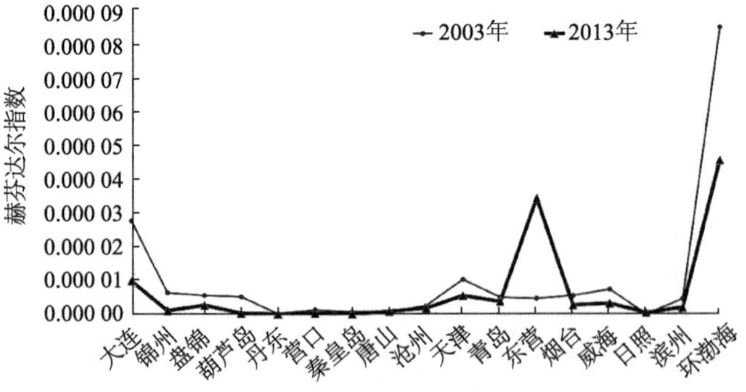

(f) 临港石化总产业

图 7-2 环渤海地区临港石化产业赫芬达尔指数

1）从总体上看，2003 和 2013 年环渤海地区临港石化产业均以“区域集聚”类型为主，仅有少数沿海城市的临港石化子产业或总产业属于“规模集聚”类型。第一，对于临港石化子产业来说，2003 年环渤海地区各沿海城市仅有 10 个子产业的 EG 指数为负值，2013 年时增至 14 个。其他城市临港石化子产业的 EG 指数在两个年份内全为正值。第二，就临港石化产业总体而言，仅有 2003 年的东营和 2013 年的威海 EG 指数为负值，其他城市和整个环渤海地区的 EG 指数均为正值。2013 年，属于“规模集聚”类型的产业和地区的数量增加，反映出这些地区“规模集聚”的力量缓慢增长。

2）结合赫芬达尔指数进一步分析这些 EG 指数为负值的产业，可以将“规模集聚”类型划分出“较优”和“较差”两个级别。当某产业的 EG 指数为负值时，若其赫芬达尔指数较大（排名前 5 位），则该产业属于“较优规模集聚”类型。因为符合这一条件的产业规模优势显著。而当某产业的 EG 指数为负值且其赫芬达尔指数较小时（排名在前 5 位之后），说明尽管该产业的规模集聚程度大于区域集聚程度，但其产业内企业的规模经济也较小，那么该产业就属于“较差规模集聚”类型。

2003 年属于“较优规模集聚”类型的城市有 5 个，属于“较差规模集聚”类型的城市有 6 个；2013 年属于“较优规模集聚”类型的城市有 4 个，属于“较差规模集聚”类型的城市有 11 个。集聚类型能够深入地反映临港石化产业对港口城市的影响方式，即主要是通过较多的集聚数量形成密集的空间布局来促进城市空间布局合理化，还是通过较大的规模经济水平来促进城市经济绩效的提高。2013 年“较差规模集聚”类型的城市数量多于 2003 年，表明虽然环渤海地区港口城市的一些临港石化子产业发生了一定程度的兼并重组和优胜劣汰，但其集聚类型仍不甚乐观，需要加快向“较优规模集聚”类型转变。

三、集聚程度分析

根据表 7-6 和表 7-7 综合分析环渤海地区各城市临港石化产业集聚程度的主要特征。

1）从空间角度看，总体上，2003 年和 2013 年，整个环渤海地区临港石化产业的集聚程度较高，但各沿海城市的临港石化产业均为低度集聚，这表明环渤海地区临港石化产业的空间布局较为分散，产业同构化问题严重。整个环渤海地区的临港石化总产业和除化学纤维制造业之外其他四个子产业均为中高度集聚。而对于各沿海城市，临港石化子产业和总产业在两个年份内均为低度集聚。这表明环渤海地区临港石化产业没有形成合理的产业空间布局，天津、大连、青岛、威海等经济实力较强的城市在石化产业集聚上的优势地位并不明显。临港石化产业作为环渤海地区重要的临港产业，其空间布局的不合理显然会导致港口城市空间布局的不合理，制约经济效益的提高。

2）从时间角度看，2013 年环渤海地区大部分城市临港石化产业的集聚程度比 2003 年有所降低，但仍有一些城市的临港石化产业增长趋势明显。具体而言，对于临港石化子产业，集聚程度得到提高的地区主要有唐山、东营、滨州、烟台和丹东。其他城市临港石化子产业的集聚程度均有所降低。对于临港石化总产业，东营、唐山、天津、烟台、丹东及整个环渤海地区的集聚程度有所提高，而其他城市的临港石化总产业的集聚程度均比 2003 年降低。由此可见，在 2003～2013 年，东营、唐山、天津、烟台和丹东等城市成为承接环渤海地区临港石化产业集聚的主要地区。

3）环渤海地区各城市临港石化产业的协同集聚程度均高于产业的集聚程度，然而 2013 年大部分城市临港石化产业的协同集聚程度也出现下降情况，只有青岛、东营、威海和日照四个城市石化子产业的协同集聚程度得到提高。

4）在环渤海地区，一些沿海城市的临港石化产业中突显出某些优势子产业，其集聚程度、产业间协同集聚程度和赫芬达尔指数值均较大或得到显著提高，表明这些产业中不仅集聚着数量较多的企业，具备较大的规模经济，且与其他子产业在投入产出中具有密切联系。例如，2003 年大连的石油加工、炼焦与核燃料加工业，盘锦的化学原料和化学制品制造业，丹东和烟台的化学纤维制造业，威海和青岛的橡胶和塑料制品业；2013 年青岛的石油加工、炼焦与核燃料加工业，东营的化学原料和化学制品制造业，大连的医药制造业和化学纤维制造业，东营和威海的橡胶和塑料制品业。而对于整个环渤海地区来说，2003 年和 2013 年的优势临港石化子产业均为石油加工、炼焦与核燃料加工业。

临港石化产业的集聚程度是产业空间布局的直接反映，产业间协同集聚水平是产业空间协作关系的反映。以上分析表明，环渤海地区临港石化产业的空间布局较为分散，产业间的空间协作关系有所弱化，这就会不利于临港石化产业空间绩效乃至港口城市经济发展水平的提高。

四、集聚效益分析

临港石化子产业的集聚程度和产业间协同集聚程度会如何影响整个临港石化产业的劳动生产率呢？若前者对后者具有积极影响，则称临港石化产业具有正向的集聚效益，反之具有负向的集聚效益。

1. 空间相关性检验

本书通过 Moran's I 指数检验各变量的空间相关性（表 7-8）。以 rook 规则建立空间权重矩阵 W_{ij}，即若区域 i 与区域 j 有共同的边，记 $W_{ij}=1$；否则 $W_{ij}=0$。结果表明，2003 年和 2013 年各变量均存在显著的正空间相关性，除了 2013 年医药制造业集聚程度的空间相关性比 2003 年稍有减弱之外，其他变量的空间相关性均比 2003 年增强。

表 7-8　各变量的空间相关系数

年份	2003		2013	
指标	Moran's I	P 值	Moran's I	P 值
$Prod_t$	0.7054	0.001	0.8935	0.001
agg25	0.8556	0.001	0.8636	0.001
agg26	0.9144	0.002	0.9250	0.006
agg27	0.7986	0.006	0.7910	0.001
agg28	0.6949	0.003	0.7355	0.001
agg29	1.0492	0.001	0.9122	0.006
coagg25	0.7147	0.002	0.7801	0.004
coagg26	0.7860	0.002	0.8344	0.001
coagg27	0.7866	0.001	0.8131	0.002
coagg28	0.8029	0.002	0.9947	0.001
coagg29	0.7843	0.001	0.8159	0.001

注：$Prod_t$ 为环渤海地区某产业在 t 时间的劳动生产率，用临港石化产业的工业总产值除以临港石化产业就业人数计算得到，agg 和 coagg 分别为产业集聚指数和产业间协同集聚指数

2. 集聚效益的空间计量分析

考虑到各变量存在显著的正空间相关性，本书用空间计量方法测度临港石化产业的集聚效益。建立空间滞后模型如下：

$$\ln(\mathrm{Prod}_t)=\beta_0+\rho\sum_{j=1}^{n}W_{ij}\ln(\mathrm{Prod}_{it})+\beta_1\ln(\mathrm{agg}_{25,t})+\beta_2\ln(\mathrm{agg}_{26,t})+\beta_3\ln(\mathrm{agg}_{27,t}) \\ +\beta_4\ln(\mathrm{agg}_{28,t})+\beta_5\ln(\mathrm{agg}_{29,t})+\delta_1\ln(\mathrm{coagg}_{25,t})+\delta_2\ln(\mathrm{coagg}_{26,t}) \\ +\delta_3\ln(\mathrm{coagg}_{27,t})+\delta_4\ln(\mathrm{coagg}_{28,t})+\delta_5\ln(\mathrm{coagg}_{29,t})+\ln(\mathrm{Income}_t) \\ +\ln(\mathrm{Capital}_t)+\ln(\mathrm{Talent}_t)+\varepsilon_{it} \tag{7-1}$$

建立空间误差模型如下：

$$\ln(\mathrm{Prod}_t)=\beta_0+\beta_1\ln(\mathrm{agg}_{25,t})+\beta_2\ln(\mathrm{agg}_{26,t})+\beta_3\ln(\mathrm{agg}_{27,t})+\beta_4\ln(\mathrm{agg}_{28,t}) \\ +\beta_5\ln(\mathrm{agg}_{29,t})+\varphi_1\ln(\mathrm{coagg}_{25,t})+\varphi_2\ln(\mathrm{coagg}_{26,t})+\varphi_3\ln(\mathrm{coagg}_{27,t}) \\ +\varphi_4\ln(\mathrm{coagg}_{28,t})+\varphi_5\ln(\mathrm{coagg}_{29,t})+\ln(\mathrm{Income}_t)+\ln(\mathrm{Capital}_t) \\ +\ln(\mathrm{Talent}_t)+\mu_{it} \tag{7-2}$$

$$\mu_{it}=\lambda\sum_{j=1}^{n}W_{ij}\mu_{it}+\varepsilon_{it}$$

式中，Prod_t 为环渤海地区某产业在 t 时间的劳动生产率，用临港石化产业的工业总产值除以临港石化产业就业人数计算得到；agg 和 coagg 分别为产业集聚指数和产业间协同集聚指数，由表 7-8 可知；$\beta_0\sim\beta_5$ 分别为五个子产业的集聚指数；$\delta_1\sim\delta_5$ 分别为五个子产业的系统集聚指数。考虑其他可能影响到产业劳动生产率的因素，本书选取三个重要的控制变量：Income_t 为环渤海地区某城市在 t 时间石化产业的在岗职工平均工资；$\mathrm{Capital}_t$ 为某城市在 t 时间石化产业的资本总额；Talent_t 为某城市在 t 时间拥有的人力资本，用高等学校毕业人数占城市总人口的比例表示。

两个年份数据的 LM（lag）和 LM（error）均通过了显著性检验，但 2003 年的数据，其空间滞后模型的 Robust-LM（lag）较之空间误差模型的 Robust-LM（error）在统计上更显著，而对于 2013 年的数据，空间误差模型的 LM（error）在统计上更为显著。因此，我们用空间滞后模型的结果分析 2003 年的情况，对比两个年份的空间误差模型的结果来分析 2013 年的情况。模型运算结果如表 7-9 所示。

表 7-9 空间滞后模型与空间误差模型回归结果

年份	2003				2013			
模型	SLM		SEM		SLM		SEM	
Variables	Coefficient	Probability	Coefficient	Probability	Coefficient	Probability	Coefficient	Probability
ρ	−0.2360	0.0815	—	—	0.0772	0.0260	—	—

续表

年份	2003				2013			
模型	SLM		SEM		SLM		SEM	
Variables	Coefficient	Probability	Coefficient	Probability	Coefficient	Probability	Coefficient	Probability
Constant	0.0212	0.0001	0.0087	0.0000	0.0243	0.0000	0.0258	0.0015
agg25	−0.1356	0.4985	0.9007	0.0000	6.1398	0.0000	4.9809	0.0000
agg26	5.1036	0.0453	−4.7292	0.0093	−51.1114	0.0000	−53.4481	0.0000
agg27	−6.1025	0.0000	−2.1091	0.0008	−11.5223	0.0028	−10.7991	0.0000
agg28	−2.3583	0.0000	−1.3369	0.0000	2.5985	0.5384	5.7060	0.0000
agg29	2.6521	0.0012	1.3594	0.0000	32.0323	0.0000	31.7849	0.0000
coagg25	−0.0403	0.0004	−0.0191	0.0003	1.1937	0.0002	1.4582	0.0000
coagg26	−0.5282	0.0008	−0.2691	0.0003	1.6223	0.0478	1.9371	0.0000
coagg27	1.6685	0.0001	1.1197	0.0000	−3.4271	0.1921	−4.1790	0.0000
coagg28	0.0246	0.0017	0.0142	0.0097	0.3140	0.0011	0.4881	0.0000
coagg29	−1.0358	0.0000	−0.8043	0.0000	−0.3546	0.7923	−0.3128	0.0000
Income	-1.4×10^{-6}	0.0023	-3.8×10^{-7}	0.0000	-3.0×10^{-7}	0.0000	-3.3×10^{-7}	0.0000
Capital	1.4×10^{-5}	0.0000	1.3×10^{-5}	0.0000	-3.0×10^{-6}	0.0000	-3.1×10^{-6}	0.0000
Talent	-6.5×10^{-8}	0.3802	-2.3×10^{-7}	0.0000	1.9×10^{-7}	0.0000	2.0×10^{-7}	0.0000
R-squared	0.9665		1.0000		0.9976		1.0000	
Log-likelihood	99.9769		190.6182		99.3944		266.7993	
Akaike	−169.954		−353.236		−168.789		−505.599	
Schwarz	−159.333		−343.324		−158.168		−495.686	

注：Coefficient 表示系数；Probability 表示概率；Constant 表示常数项；Schwarz 表示施瓦兹检验值

通过分析得出以下结论。

1）2003 年和 2013 年，空间滞后模型的结果显示大部分变量的参数估计都通过了显著性检验，空间误差模型中全部变量的参数估计均通过了 1%的置信水平检验。只有 2003 年石油加工、炼焦与核燃料加工业的集聚程度和人力资本的系数没有通过显著性检验。这表明从总体上看，环渤海地区临港石化子产业的集聚程度和产业间协同集聚程度对产业劳动生产率存在显著的空间影响。

2）临港石化子产业的集聚程度和产业间协同集聚程度对产业劳动生产率不存在稳定的正向影响。2003 年，环渤海地区临港石化子产业对产业劳动生产率主要产生负向的集聚效益。其中，化学原料和化学制品制造业的集聚程度对劳动生产率的正向影响最大，医药制造业的负向影响最大。而在 2013 年，系数为负值的变量减少为 6 个，总体的集聚效益得到提高但仍不甚乐观。2003 年和 2013 年环渤海地区 16 个沿海城市的临港石化产业均为低度集聚，这可能是导致集聚效益不甚乐观的原因之一。而 2013 年“规模集聚”数量的增多可能是促使集聚效益有所提高的原因。

3）空间滞后模型和空间误差模型中各变量的系数显示出一致的变化趋势，即大部分变量的系数有所提高，仅有四个变量的系数减小。这表明，从总体上看，环渤海地区临港石化子产业的集聚效益得到提高。具体来看，石油加工、炼焦与核燃料加工业，化学纤维制造业与橡胶和塑料制品业的集聚程度和协同集聚程度的集聚效益均有所提高，而化学原料和化学制品制造业的集聚效益下降为负，但其协同集聚程度对产业劳动生产率的空间效益上升为正。结合这四个子产业的集聚程度均比 2003 年降低，而其协同集聚程度却都有所提高的事实，可以发现提高各子产业的协同合作对提高产业劳动生产率具有积极的促进影响。此外，在岗职工人均收入在 2003 年和 2013 年对产业劳动生产率的负向影响有所减弱。这反映出环渤海地区临港石化产业存在职工收入水平的增长幅度与产业发展速度不匹配的问题。因此，应注重提高石化产业职工的收入水平和福利。人力资本对劳动生产率的影响由 2003 年的负向提高为 2013 年的正向，这与 10 年来环渤海地区教育事业的发展和高等教育毕业生人数增加的事实相符。而医药制造业的集聚程度和协同集聚程度对产业劳动生产率总是起到消极影响，这可能与环渤海地区各城市产业同构化问题严重导致恶性竞争有关。资产总计对产业劳动生产率的影响由 2003 年的正向下降为 2013 年的负向，这可能与石化产业发展的阶段有关。2003 年石化产业正处于快速发展阶段，资产投入不断增加，从而有利于劳动生产率的提高；而在 2013 年，石化产业面临严重的产能过剩和环境污染等问题，且受到国家下调 GDP 增长目标和重点发展战略性新兴产业等政策的影响，其资产增速减缓，对劳动生产率的影响也随之下降。

五、集聚水平综合评定

将集聚类型、集聚程度和集聚效益作为指标，将五个石化子产业在集聚程度、协同集聚程度及其在空间误差模型中系数的排名、赫芬达尔指数的排名加总作为其得分对环渤海地区临港石化子产业的集聚水平进行综合评定，综合得分最小意味着为集聚水平排名第 1。结果显示，石油加工、炼焦与核燃料加工业的集聚水平排名第 1，橡胶和塑料制品业第 2，化学纤维制造业第 3，医药制造业第 4，化学原料和化学制品制造业第 5（表 7-10）。

表 7-10　环渤海地区临港石化产业集聚水平综合评定

产业	γ 排名		γ^c 排名		H 排名		集聚效益排名		协同集聚效益排名		综合得分	总排名
	2003 年	2013 年	2003 年	2013 年	2003 年	2013 年	2003 年	2013 年	2003 年	2013 年		
25	1	1	5	2	1	2	2	3	3	2	22	1
26	3	5	1	1	5	5	5	5	4	1	35	5
27	4	3	3	4	3	3	4	4	1	5	34	4
28	5	4	4	5	2	1	3	2	2	3	31	3
29	2	2	2	3	4	4	1	1	5	4	28	2

注：①γ 表示集聚程度，γ^c 表示产业间协同集聚程度，H 表示赫芬达尔指数。②由于五个临港石化子产业在 2003 年和 2013 年均属于“区域集聚”类型，对评定结果没有影响，故不在表中列出

根据测算结果可知，临港产业的集聚程度和集聚类型反映了产业的空间布局和规模水平，进而影响港口城市的空间规模和布局，临港产业的集聚效应反映产业的经济效益，进而影响港口城市的经济绩效和城市竞争力的提高。

主要结论如下。

1）2003 年和 2013 年环渤海地区临港石化产业均以“区域集聚”类型为主，但“规模集聚”类型的城市数量有所增长，表明集聚类型正在发生向好的量变。今后应注重提高产业内企业的规模经济水平，由以“区域集聚”类型为主转变为以较优的“规模集聚”类型为主，使集聚的企业既多又好，进而促进港口城市规模经济效应的提高。

2）2003 年和 2013 年，整个环渤海地区临港石化产业的集聚程度较高且得到提升，但各沿海城市的临港石化产业均为低度集聚且大部分有所下降。这一方面反映出，环渤海地区临港石化产业在 16 个沿海城市间的布局较为分散，没有形成合理的石化产业临港空间布局；另一方面，各子产业间没有形成密切的协同合作关系，不利于集聚效益的提高。因此，应加强区域内临港石化产业的优胜劣汰和兼并重组，使环渤海地区形成少数几个高度集聚的临港石化产业区，同时应注重产业间的协同合作，可以通过建立临港石化产业园的方式实现合理高效的产业和城市空间布局。

3）环渤海地区各城市临港石化产业间的空间依赖性增强，集聚效益得到提高。集聚程度的降低并没有造成集聚效益的降低，而环渤海地区“规模集聚”

类型的城市数量增多可能是集聚效益提高的原因。这表明，一味追求企业数量的增多并不是最有效的发展路径，而注重集聚类型的改善，提高产业的规模经济水平是提高集聚效益更有效的途径。

4）由环渤海地区临港石化子产业集聚水平的排名可知，石油加工、炼焦与核燃料加工业是环渤海地区最具优势的石化子产业，而属于高技术产业的医药制造业却不具优势。今后，应注重石化产业链的优化升级，淘汰落后产能，促进石化产业综合竞争能力的提高，最终促进港口城市乃至整个区域经济发展水平和竞争力的提高。

第八章

港城关系作用下的城市空间生产

作为“以港立市、以港兴市”的典型代表，大连、青岛、宁波等港口城市发展与海港发展演化息息相关。自开埠以来的100多年里，大连、青岛、宁波等港城发展历史浓缩了我国近现代港口经济发展的全过程，见证了港城关系发展的全貌。本章结合这三个港口城市的港城发展实证，从港城关系的视角，对港口城市的空间发育、空间组织、空间演化等空间生产的结构、功能及作用路径进行系统分析，紧紧抓住“过程-机理-格局”之间的作用传递关系，考察海港演化与城市发展在城市地域空间的作用关系。

第一节　大连港-城空间系统演化特征

郭建科等（2013）以大连为例深入刻画了港城关系作用下港口演化对城市产生的地域空间效应的特征、变化及空间路径。其研究结论可以概括为以下两点。

1）港口之所以对其所在城市及腹地产生巨大的地域空间作用，其根本原因就在于作为一种大型交通运输基础设施，港口的建设促进新的交通区位生成，通过改造、扩张等手段不断强化这种优势，可以逐渐固化为一种港口区位势能，从而使临港地带成为区域生产要素的汇聚点，推动区域增长。大连港及其城市的百年发展历程，就是港口运输优势不断强化，区位势能逐步增长并作用于城市发展进而产生多方面空间效应的过程。因此，海港交通区位势能的产生、巩固并不断强化，是海港对城市地域空间效应的源动力，在供应链和信息化时代，这种优势又转变为物流势能，为流时代的生产要素集聚奠定基础。

2）从现代海港与城市的地域空间作用来看，由于港口功能的多元化，与传统港口突出工业、对外贸易相比，现代海港在物流、信息等方面的综合服务功能不断强化。因此，现代海港演化对城市的地域空间效应主要通过三方面得以表达。在宏观层面上，港口演化牵动临港产业空间成长进而推动整个城市形态演变是主要途径，贯穿于港口城市发展全过程。在微观层面上，促进“港城式”土地利用模式的形成是推动城市内部结构与功能优化的约束机制，虽然港航特色随港口外迁具有弱化倾向，但从中心城区或单个临港新城内部来看，土地利用的圈层模式具有相对稳定性。在时代特性上，由于物流中心是第三代港口的首要功能，现代海港对城市产生地域空间效应与传统港口的不同之处就在于，通过轴-辐（hub-and-spoke）式交通和物流空间网络，推动港口及其城市空间演化实现区域化和网络化，从而使海港城市加速向区域资源配置枢纽转变。

一、港口演化及其对城市的脉冲响应

大连近代城市雏形始于沙皇俄国强占大连后开辟的通商口岸。1898 年，沙皇俄国与清政府签订《中俄会订条约》强占旅大地区后，将大连辟为“通商口岸”和向世界各国商船开放的“自由港”，并修通港区连接东北腹地直至沙皇俄国境内的东清铁路。1903 年，大连港到港商船已达 792 艘，进口货物 29.6 万吨，出口货物 12.7 万吨；1904 年，日本占领大连后，为了加紧掠夺东北地区的资源和原材料，仍将大连作为国际贸易港，首先改建南满铁路，加强港口和城市等基础设施建设和改造，并逐渐形成甘井子煤码头、油码头及寺儿沟危险品码头等多个码头。1934 年，南满铁路复线通车后，港口货物吞吐量突破 1000 万吨，输出 766 万吨（王淑琴和韩增林，1992）。

中华人民共和国成立后，大连港进行了多次扩建与改造，先后修复和完善了黑嘴子码头、香炉礁码头和寺儿沟油运码头等，1976 年建成我国第一座现代化原油出口码头，1985 年扩建香炉礁突堤码头，1987 年建成和尚岛煤炭专用码头，“六五”和“七五”时期末大连港口吞吐能力分别达 3655 万吨和 4400 多万吨。1989 年，大连港成为我国第三大港，完成吞吐量 5092 万吨，外贸货物进出口量居当年全国之首。20 世纪 90 年代大窑湾国际深水港作为国家确定的四大深水中转港之一，成为大连港口拓展重点，分别建成 25 万吨级杂货泊位两个，3 万吨级集装箱泊位两个等 10 个泊位（王淑琴和韩增林，1992；刘长德，1999）。2003 年后，大窑湾港区建设提速，建成 3 万吨级原油码头和矿石码头。2005 年后，开发建设长兴岛大型深水港区和临港工业园区，并逐渐发展为国家级临港开发区，分别疏通大连湾和长兴岛疏港铁路，强化了港口的海陆联运、区港一体化优势，拉近了大连与腹地的直线距离，进一步强化了大连港整体的交通区位势能，大大缓解了大连港来自周边港口的竞争压力。

据大连市港口与口岸局编制的《大连市港口与航运发展报告》，2003 年以来，随着“东北亚重要的国际航运中心”的建设，大连以港口物流为核心的综合物流优势不断强化；共开通 25 条海铁联运集装箱班列，打通了以大连为起点经俄罗斯通往欧洲国家的“新亚欧大陆桥”铁路通道，2012 年海铁联运量达到 69.6 万标准箱，位居全国第一位。2012 年大连港货物吞吐量达 3.74 亿吨，位居全国第六位，集装箱吞吐量为 806 万标准箱，位居全国第七位。目前，大连港已初步形成以铁路中心站、内陆干港和物流中心为核心节点，辐射整个东北腹地的国际航运中心现代物流体系。大连 2012 年物流业增加值为 689.8 亿元，占 GDP 的 9.85%，以港口物流为核心的物流产业已成为大连优势产业和服务业主导产业。

1949～2011 年，大连港吞吐量从 106 万吨增长至 34 000 万吨，改革开放以来的年均增长率为 7.7%；近十年来，随着东北老工业基地振兴，年均增长率达 12.9%。在巨大的港口交通势能和强劲的腹地经济增长支撑下，大连港运输规模仍处在一个快速增长阶段。

港口冲击引起城市 GDP 及工业产值波动的脉冲响应结果如图 8-1 所示，其中，横轴表示冲击作用的滞后期数，纵轴表示脉冲响应函数值，代表港口运输变动对城市冲击造成的反应程度。由图 8-1 可知，港口货物吞吐量的增长对城市货运周转量、工业和城市 GDP 均具有明显的正向冲击作用，这一影响具有显著的促进作用和较长的持续效应。其中，港口运输增长冲击货运周转量引起的脉冲响应在第 3 期即进入最高值，此后虽然呈较大波动趋势，但始终保持着较大幅度的正向冲击作用，表明港口运输对于城市物流总量具有高强度的正向拉动作用。工业和城市 GDP 对于港口运输的脉冲响应在第 9 期进入稳定值。由货运周转量和工业的响应幅度依次明显高于 GDP 总量可以看出，拉动运输或物流、临港工业发展是港口演化拉动城市发展的主要途径。在大连建城初期，高标准的港口建设及海铁联运模式在城市的港口交通区位势能生成中起着关键作用。此后，这种区位势能随着新港口的开发、港口空间扩展、配套设施不断完善、集疏运规模增长和功能提升，得以不断巩固、强化，使临港地带成为持续集聚各类生产要素的极化中心，为产业集聚和城市发展提供原始动力。大连港对城市的地域空间效应正是通过不断强化自身港口区位势能，对港口物流、造船、石化等临港产业产生巨大的溢出效应，进而推动城市经济持续发展。

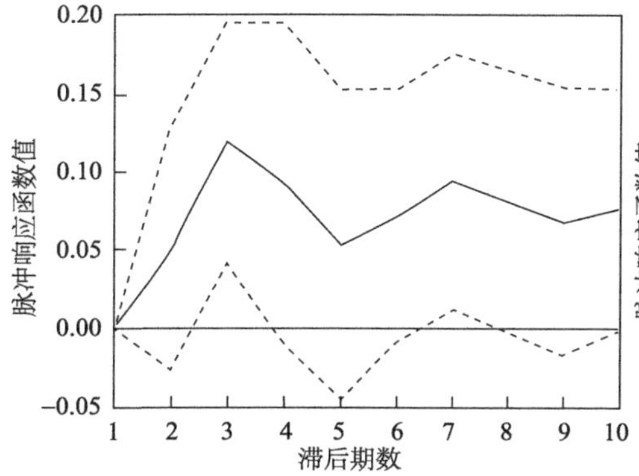

(a)ln(货运周转量)对ln(港口货物吞吐量)的脉冲响应

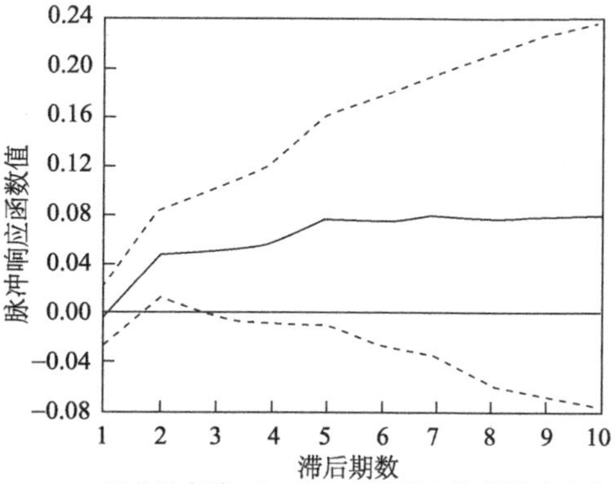

(b)ln(工业总产值)对ln(港口货物吞吐量)的脉冲响应

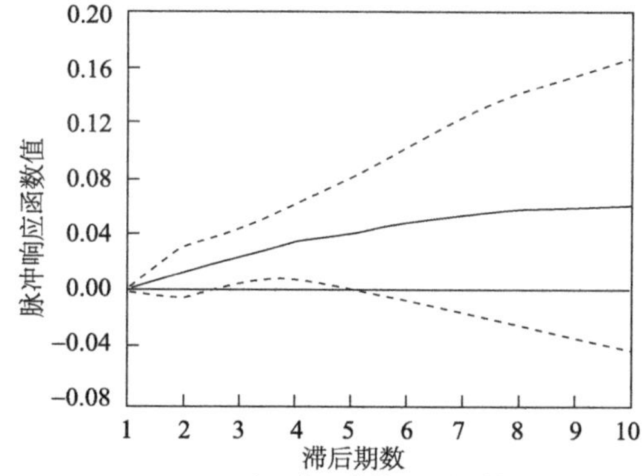

(c)ln(GDP)对ln(港口货物吞吐量)的脉冲响应

图 8-1 港口冲击引起城市 GDP 及工业产值波动的脉冲响应曲线

二、临港产业空间成长与城市形态演变

大连宜建港岸线约 870 公里，深水岸线近 400 公里，主要集中在黄海沿岸的大窑湾至大连湾一带和渤海沿岸的双岛湾及长兴岛等区域。大连建城初期，俄国建成泊位 400 余米长，水深 4.6～5.5 米，两个突堤，一个顺岸码头，堆场仓库，后期已形成了 4 万人口的港口小城。日占期间，允许日本人移居大连，大连城市人口增加到 70 万人，商贸和工业均得到明显发展；围绕港口和铁路场站，形成了多个工业区，城市用地增长到 45.7 平方公里（刘长德，1999）。整个伪满时期，城市呈现强劲的“急速膨胀”势头。20 世纪 90 年代后，大连依托港口发展重心北移西扩的演变格局，从大连湾沿岸大型工业带-开发区-登沙河-皮口-花园口，到今后双岛湾-金渤海岸-复州湾-长兴岛，大型工业项目和城市地域扩展都随港口及港口产业、新港区的开发而展开。城市随港口、临港产

业区沿渤海岸线和黄海岸线呈“V”形带状发展，带动依托轴线的次中心城市和重点城镇成长，逐渐形成“两城三星”再到“五星”（两城：主城区和新城区—中心城，五星：中心城、旅顺口、金州区、长兴岛、普湾新区）的组团式城市空间格局。

城市形态及其空间结构是城市产业结构在地域空间上的投影（顾朝林等，2000），而临港产业在港口城市产业构成中占据主导地位。因此，海港对城市产生地域空间影响的主要途径是通过港口功能演化牵动临港产业更替并加快其产业地域成长和空间集聚，进而推动城市产业空间重构。

第一，临港程度和产业空间组织规律决定着临港产业空间结构与形态。

临港产业是一个包含港口直接产业、共生产业、依存产业和关联产业等多层次的大型产业群体，可依托港口空间形成独特的集聚形式和地域组织模式。总体上，主要临港产业都不同程度地要求与港口相配套，以获得最佳的产业集聚效益。临港工业按产业项目与港口航运、岸线、海洋资源的相关程度及对港口设施的依赖程度进行垂直于岸线方向的布局；需要港口设施支撑的海运指向性工业项目，尽量靠近码头布置，将与滨海资源利用相关性弱的工业从临港地带剥离。临港产业区多根据项目间的产业关联性，同类型项目趋向于集中布置在同一个专区内，以“专港专区”促进专业化发展，促进临港产业集群向规模化集聚发展，以提高配套公共设施的利用效率。

第二,港口自身空间演化过程也是临港产业不断进行空间重组的地理过程。

港口空间演化一般可分为（孤立）港口、港口区、港口圈和港口网络四个发展阶段（王铮等，2002）。港口空间由开始被限定在码头和堆场等狭小范围逐渐扩大至毗邻区和周围附域，形成许多临港但不以码头为约束的工业、服务业地域。最终，围绕港口网络形成一种特殊的区域枢纽-网络结构。港口空间形态演化的实质是海港区位实现由点到线再到网状的再区位化和微区位化过程，各网络节点通过再区位，不仅保持了临港优势，更获得了微区位个性，适应了临港产业多元化和海港城市发展多元化的需要，从而牵引日益复杂的临港产业群体通过区位再选择实现产业空间重构（郭建科和韩增林，2013）。

第三，海港作用于城市，港城空间逐步融合并最终形成统一的地域系统。

如表 8-1 所示，临港工业对大规模固定港口岸线的占用是导致港城空间集聚的首要原因，并使港口空间与产业空间、城市功能分区联为一体。因此，当有限的港口空间资源被占用殆尽时诱发了港口外迁和城市裂变。之后，港口产业空间随新港区开发呈跳跃式扩张，越来越多的临港产业园、临港卫星城随港口外迁和新港建设发展壮大，并通过日益发达的交通网络连为一体。由于港口产业集聚已经达到前所未有的程度，临港产业区与港口、海关等港区一体化发展趋势明显，集聚引力与港口有效空间的矛盾只有通过构建港口与产业园区、城市组团互动的链式网络才能实现区域空间扩散和有机联系。

表 8-1　大连港口发展演变阶段及其地域空间影响

时段	港口形态演化	港口范围	临港产业空间	城市形态	城市空间范围
1905～1945 年	（孤立）港口	以东青泥瓦海岸四个突堤式码头为主，散布其他若干小码头	紧邻港口有铁路、工厂和船坞等配套设施；逐步发展临港仓储、满铁工厂，并促使贸易发展	点状-条状-片状	俄占：6.5 平方公里，港口交通运输为重点；日占：45.7 平方公里，城市膨胀，工贸繁荣
1949～1993 年	港口区	改扩建或新建香炉礁、鲇鱼湾、和尚岛等港区，出现大型临港工业专用码头	逐步形成造船、石化等临港工业带；外围形成机械、化工、轻纺工业等；革镇堡形成大片仓储物流区	单核心，集聚块状	建成区：100～200 平方公里，临港产业区周边形成工人聚集区，城区布局紧凑，经波动后明显膨胀
1993 年至 21 世纪初	港口圈	建成大窑湾国际深水港，有效整合各港区职能，黄海岸线各港区形成初步分工	区港联动：国际物流港与开发区、保税区融合，临港产业分工加强，主城区工业开始向临港新城搬迁	新城壮大，主-副双核心	建成区达到 230 平方公里，开发区产业、人口集聚功能提升，对中心城区的疏解作用大增，主-副双核形态
2005 年至今	港口网络	长兴岛大型深水港建成，国际航运中心组合港群形成，港区分工更加明显	依托长兴岛、花园口、三十里堡等临港新城，形成“V”形产业集群和功能格局，网状连通，中心城区产业加速北迁	多核心、组团式网络	建成区超过 260 平方公里，城市进一步北拓、西进，多核心、组团式都市空间形态逐步形成

三、“港城式”土地利用模式

利用大连市规划局的土地利用现状图，用 MapInfo 分别提取 1980 年、1990 年、2008 年的中心城区土地利用数据，分别测算这三个时期各类型城市用地分形特征维数，用以考察 1980 年以来各类用地空间演变特征。主要通过以下三方面对数据进行计算和处理：①以城市土地用地的重心——中山广场为圆心；②以 1 公里为等值半径公差，直至 r=14 公里，基本涵盖中心城区建成区范围；③绘制双对数关系图，用最小二乘法拟合得到该直线的斜率，取其绝对值即得分维数。

总体来看，港口城市的对外交通用地和物流用地变化凸显和强化了港航特色，具有鲜明的“港城式”土地利用特征。根据表 8-2 所列计算结果，大连主城区土地利用的分形变化特征表现为主要类型用地维数普遍增大，部分用地类型位置有所调整。根据表 8-3 也可看出，大连的仓储用地、对外交通用地规模不断增加，在建成区中的占比逐渐提高。公建用地（主要为商业或行政用地）和科教文卫用地（高校科研单位和医院、疗养院占地）的位置没有变化，公建用地平均维数始终最小，反映了大连公建用地的向心聚集程度很高，最接近市中心；科教文卫用地则离市中心相对较远。居住用地和以港口、铁路枢纽为主的对外交通用地分布在公建用地外围，且居住用地的向心聚集度逐渐下降，表现为向郊区扩张的现象。对外交通用地和以仓储为主的仓储用地呈现相反的变化态势。

表 8-2 大连主城区土地利用形态半径维数值（r=14 公里）

年份	公建用地	居住用地	对外交通用地	科教文卫用地	仓储用地	工业用地
1980	0.5351	1.1937	1.2175	1.5634	1.7297	2.0006
1990	0.6134	1.2223	1.1464	1.8025	2.1004	2.2217
2008	0.8140	1.5301	1.0854	1.7837	2.7833	2.1723

表 8-3 大连城市各主要土地利用类型面积 （单位：平方公里）

年份	建成区	工业用地	仓储用地	对外交通用地	居住用地
1994	200.4	40.6	12.4	11.4	63.6
1998	234.0	52.4	9.7	13.9	64.8
2004	248.0	52.5	9.9	16.2	68.9
2008	258.0	87.5	23.2	18.1	103.8

资料来源：大连市国土资源与房屋局编制的《大连市土地整理汇编》

根据 2008 年大连主要城市用地分形维数，并将大连中心城区空间形态抽象化，制作图 8-2，可反映港口及对外交通、港口物流在城市圈层结构中的重要地位，从而形成具有港航特色的城市土地利用圈层模式。

以港口及疏港交通网络为核心的对外交通用地向心集聚程度上升，显示其在整个土地利用空间结构的中心地位得到强化。由于对外交通用地与公建用地的空间布局特征具有明显差别，前者以极核和线状为主，呈高度辐射状，广泛分布于城市土地利用的各个圈层，后者主要以块状为主，高度集中于城市中心，因此，对外交通用地对城市空间具有主导和组织作用，这种作用无疑得到了强化。与之相反，物流产业在港口城市属于支柱性产业，主要布局于郊区地租较低的区域。其中，港口物流处于主导地位，大型物流园区往往布局于港口毗邻区，

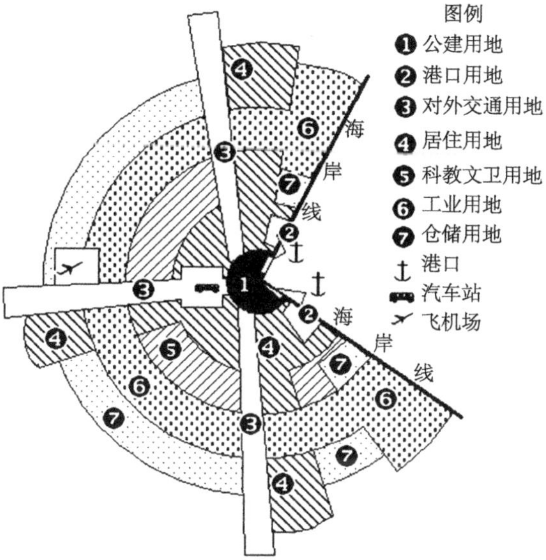

图 8-2　具有港航特色的大连中心城区土地利用圈层模式

随港口外迁呈现更明显的郊区化集聚态势。因此，物流产业及其用地布局快于工业用地的郊区化，已成为其他产业郊区化和空间扩散的先导力量。以大连为例，大型港口物流作业区伴随新港开发沿岸线逐步外迁。1980 年以来，大连中心城区仓储用地的半径维数变化最为明显，期间维数增长 60%，分布位置向近郊或更远地区转移，物流作为连接港口运输与产业需求的纽带，且始终与工业用地紧邻，具有明显的市场指向。尤其是在 2008 年，仓储用地的半径维数达到了 2.7833 的水平，这说明目前仓储用地已形成以近远郊为集聚中心区的分布格局。

四、“港航式”轴-辐交通物流网络

1. 围绕港口的综合交通流是城市空间组织发展轴线

交通流是塑造城市空间的轴线，港口发展正是通过塑造对外交通轴线推动临港产业地域成长和城市空间格局再造（郭建科和韩增林，2006）。从建城之初，海陆联运的一体化交通架构便为大连城市空间演化确定了发展轴线。中华人民共和国成立后，随着大连港货运量增长和城市人口膨胀，新港址开辟和货运站建设带动下的疏港交通和道路网络连接成为城市空间扩展的先导。20 世纪 90 年代后，位于经济开发区的大窑湾深水港区开通运营，分流了货运，推动了大量临港工业从中心城区搬迁，使大连新市区得到较快发展。1993 年开始建设的疏港路，开辟了大连市区的东西交通大动脉，大大提高了港口集疏运能力，2000 年以来，老港区、大窑湾深水港区、小窑湾港区、长兴岛港区、大连湾和旅顺口港区的一体化交通网建设，使主要港区实现无缝对接，形成了比较完善的组合港集疏运网络。一方面，在主城区内部，城市道路网围绕港口交通运输与布局，采用放射线、对角线和圆形广场相结合，将疏港路网和城市建设紧密配合。另一方面，在主城区及其他城市组团发育及空间联系中，港口、疏港道路系统及深入腹地的交通大动脉始终引导着相应功能组团的走向和形态。

2. 港口主导的轴-辐式物流空间网络发育

以现代交通、信息网络为支撑引导的空间“流”——客流和物流的发展与地域模式，呈现出空间“极化”的显著特征，核心—附属式的“轴-辐”网络模式在不同空间层次中均有所体现（Taaffe，1995）。“轴”是网络的特殊结点，用来加强与其他结点的联系；“辐”是网络的非中心结点，辐条间的联系和作用通过轴来完成。轴和辐形成具有密切联系的类似“自行车轮子”的空间网络联系交流体系（金凤君，2001）。现代第三代海港的功能突出表现为区域物流中心和国际枢纽物流节点，并在此基础上向资源配置中心和信息中心发展。大连物流业发展所反映的空间关联特征比较突出，充分体现出空间“极化”的结果。

对大连仓储、物流企业的调查显示，随着城市地价飞涨，仓储、物流企业加速向连接港口、铁路与市区主通道的城郊连接处布局，逐步北迁到金州区以北，中转库迁往革镇堡仓库区，调整出的市内仓库改为城市流通库。从 20 世纪 90 年代开始，在甘井子区南关岭、革镇堡等铁路货运站和高速公路出入口一带形成集中分布区。这里处于主城区和开发新区、金州区之间的连接地带，临近成片工业区，物流需求量大，在仓储业的基础上逐渐形成了陆港国际物流园区和大连以集货、仓储、流通加工、中转配送等现代物流服务为中心的新型产业空间。根据大连市物流协会的统计，2012 年末，大连规模以上物流企业超过 400 家，税收试点物流企业 18 家，许多国际知名的快递企业和物流巨头先后落户。

根据大连近 200 家规模以上仓储物流企业、市区主要批发商业网点的空间分布态势，以及专业物流中心和综合物流园区的分布制作图 8-3。从图中可以看出，大孤山半岛国际综合物流园区、大连港市域综合物流园区、甘井子陆港综合物流园区已成为大连物流空间网络中的一级枢纽，以它们为核心形成了三个“轴-辐”物流地域空间系统，三者之间既有分工又有协作。其中，大孤山半岛国际综合物流园区以国际物流、综合物流为主，将保税、商务服务功能融为一体，以大窑湾保税港为支撑，以建设自由港或自由贸易区为目标，不断推进港区一体化进程，代表大连现代物流业发展的核心和前进方向。大连港市域综合物流园区是以城区内的几个老港区为依托，以内贸、城市配送物流为主，主要服务于城市生产、经营和消费物流。甘井子陆港综合物流园区则以区域物流为主，依靠仓储基地，主要开展仓储、分拣包装等物流服务。前两者作为港口物流，发挥着核心和枢纽作用，支配和引导着陆港物流园区的运行，而陆港物流则是港口用地紧张，部分港口物流分离和分工的产物。三大物流园区作为一级物流节点，对本地域系统的二级和三级节点，起着枢纽和控制作用。众多专业物流中心一方面呈组团状依附于某一综合物流园区，与它们进行着物质、能量与信息的交换；另一方面，专业物流中心与城市内广布的批发、零售网点联系密切，它们根据这些商业客户当天的销售需求情况将货物从配送中心送达客户手中。这种以港口物流为主导的轴-辐物流空间网络，通过强化海港与陆上通道构成的集疏运体系，大大提升了整个城市物流运行效率，并以港口及其物流业为纽带，规范相关产业布局，驱动和保证其他相关产业的发展、运行，从而实现整个城市及腹地资源的最佳配置。

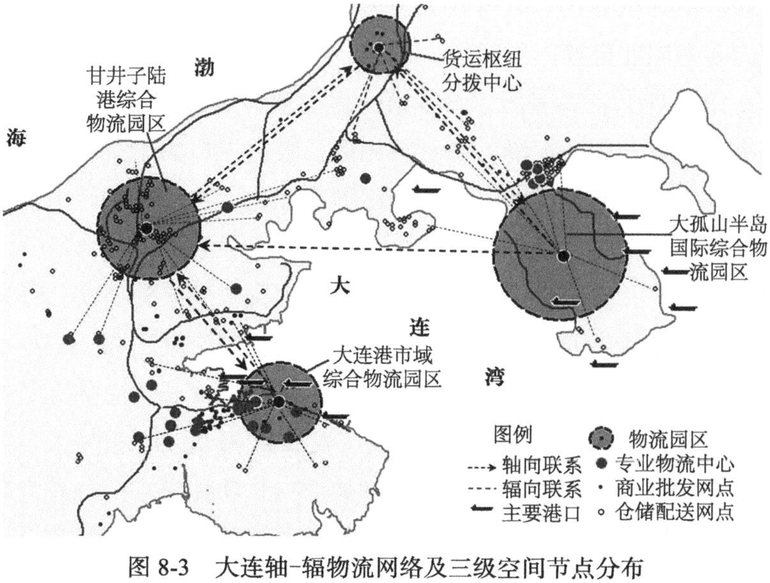

图 8-3　大连轴-辐物流网络及三级空间节点分布

第二节　青岛港城发展的空间关联特征

一、港城发展的历程

青岛位于山东半岛南端、黄海之滨，地处山东半岛东南部，东、南濒临黄海，坐拥胶州湾，港口发展条件优越。青岛港位于胶州湾畔，毗邻黄海，胶州湾水域面积为420平方公里，终年不冻不淤、浪小涌缓，拥有天然的深水航道，是中国少有的天然良港。1897年，德国借口“曹州教案”派远东舰队占领胶州湾。城市在建设初期，就以港口选址为首要考虑因素，将靠近港口的平坦地区作为市区的主要选址。铁路线沿胶州湾东海岸布置在港口和市区之间，火车站则设在城市的尽端。这样，既方便港口与铁路之间的货物转运，又可以使铁路沿城市边缘通过所有市区。可以说，胶济铁路和青岛港相继建成，具备了从事大规模对外贸易的交通条件，为城市发展和扩展奠定了空间框架。1898年德国宣布青岛作为自由港对外开放，成为山东省第二个对外开放口岸，从此青岛港成为中国发展最快的港口之一。建城之初，青岛城市面积为5平方公里，港口毗邻地段开辟德国租界区，人口共8万人，到1913年人口增加到18.7万人，青岛一跃成为中国北部德国的商业、矿业、金融业、铁路和工厂企业的中心。

1914～1937年，青岛经历了日本第一次占领和国民政府管理两个阶段。港口方面，小港建成并作为大港的内贸补充港，吸引人口集聚，居民区和商业区逐渐形成，并集中一部分工业区，功能逐渐多元化。这一时期，涌现了大量工业投资，重点是棉纺业等轻工业产业，使青岛具备了工业城市的基础。但1929年前外资比重大，民族工业受到抑制。1922年国民政府接管后实行鼓励民族资本发展的措施，民族工业发展迅速，工业领域的投资带动了相关产业的发展，青岛的金融、贸易、商业、航运业等行业都得到迅速成长。总体上，市区沿着胶济铁路和胶州湾东海岸向北展开，建成区发展到35平方公里，人口达到30.1万人，城市功能不断增加，城市发展速度加快，从功能单一的外贸港口城市到区域综合性中心城市，成为中国北方重要的工业、外贸和港口城市，进而成为华北门户。青岛港便利的运输条件为青岛工业的发展提供了保障，加上山东、河北腹地农副产品和资源矿藏丰富，使青岛兼备多种工业区位优势。这一时期，青岛完成了发展史上从功能单一的外贸港口城市到区域综合性中心城市的飞跃。

1937～1949 年，青岛经历了日本第二次占领和解放战争两个阶段。青岛成为海陆空交通要道和日本军事侵略华北的军事基地、工业基地和观光地。虽然 1947 年城市人口达到 75.9 万人，但总体上受战争影响，城市发展缓慢。

中华人民共和国成立后，青岛港口与城市发展面貌焕然一新，1950 年的城市规划确定青岛城市性质为轻工业、吞吐口、海军基地、风景和疗养区。小港扩建成为青岛地方运输的客货运混合港，北侧逐渐形成金融和商业集中区。1952 年城市建成区面积为 30.2 平方公里，城市人口为 66.8 万人。1960 年市区人口增加到 88 万人。由于青岛的主要联系方向是胶济铁路，而带形城市布局符合城市发展的自然规律，从而可以在较长时间内满足城市发展的要求。因此，从 1949 年到改革开放前，青岛城市空间形态都是依托胶济铁路，沿胶州湾东海岸的南北带状空间格局。

20 世纪 80 年代，青岛相继被确定为全国经济中心城市之一、沿海开放城市和计划单列市，城市空间拓展大大提速。此时，沿胶济铁路的带状城市已不适应城市规模增加后的发展要求，规模不经济矛盾突出（李东泉和徐飞鹏，2003）。1984 年，以胶州湾西岸的黄岛港区开发建设为先导，黄岛国家级经济技术开发区成立并拉动城市空间脱离带状布局的束缚，特别是 2.6 海里①的跨海大桥修通后，老市区和黄岛城区建立了真正的有机联系。后来又开发建设了胶州湾东部崂山高技术产业区和旅游度假区。2001 年后，城市发展挺进西海岸，重心西移，从而形成了“两点一环”的城市形态，实现了从“依湾发展”向“跨湾发展”的空间拓展。黄岛区突出港口贸易、大型临港产业、综合开发实验和旅游度假功能。

2007 年以来，青岛提出了“拥湾”发展思路，围绕东海岸、北海岸和西海岸发展集高新技术、临港工业、科技研发、商贸旅游、休闲娱乐和优质滨海人居环境等功能于一体的国际化滨海组团城市。其中，西海岸以黄岛经济技术开发区为核心，发展以第二产业为主的港口、制造业新城，主要依托港口进行相关产业功能拓展，强化青岛港在环渤海及东亚经济圈的枢纽港地位，促进产业集群的集聚与辐射。北海岸第二、第三产业并重，建设国际一流的生态型科技

---

① 1 海里=1.852 公里。

新城，以面向未来的新型高科技产业为主，是青岛及半岛都市圈的高端产业聚集区。东海岸是以三次产业为主，强化以金融、信息、商务商贸、旅游等为主的现代服务业集聚地。

二、港口空间与临港产业

1. 青岛的港口空间结构

根据《中国港口统计年鉴 2010》、青岛港官网①等资料显示，到 2010 年，青岛已形成了以青岛港（老港区、前湾港区、黄岛油港区）为中心，包括崂山沙子口港、即墨鳌山卫港、胶南大湾港、胶州营房港及其他中小型地方港和专业港组成的市域港口群。其中，老港、黄岛油港、前湾新港三大核心港区拥有码头 15 座，泊位 72 个；可停靠 5 万吨级船舶的泊位有 6 个，可停靠 10 万吨级船舶的泊位有 6 个，可停靠 30 万吨级船舶的泊位有 2 个；拥有全国排名前列的集装箱码头、原油码头、铁矿码头和国际一流的煤炭码头、散粮接卸码头。青岛港与世界上 130 多个国家和地区的 450 多个港口有贸易往来，2007 年完成吞吐量 2.65 亿吨，集装箱吞吐量超过 900 万标准箱，成为上海以北东北亚第二大集装箱港。整个青岛城市交通网络以青岛老港区、黄岛油港区为核心，以胶济铁路和胶黄铁路为发散轴，以滨海公路为补充，并通过跨海大桥形成环状网络。

前湾港区是青岛港综合运输核心枢纽的骨干，以国际集装箱干线运输为主，同时承担青岛港铁矿石、煤炭下水等大宗干散货运输服务，兼顾钢铁等杂货运输，全面开展港口综合物流、专项物流、商贸、信息综合服务等现代化服务功能，形成现代化的大型国际化综合深水港区；黄岛油港区是青岛港石油及液体化工品主要转运基地，逐步发展为我国主要的油品转运、战略储备和临港石化工业基地之一；老港区及四方港区以内贸集装箱、杂货和低污染的散货运输为主；老港区到团岛，结合港区功能提升更新，引入邮轮母港和旅游休闲产业等，形成“南货北客”的格局，强化港航经济服务区，同时发展旅游、商务、休闲产业，塑造优美的湾口天际线，构成拥湾城市形象的主要节点。鳌山湾港区是青岛港继续扩大港口规模及提高综合运输能力的主要持续性港区，将逐步发展

① 目前已改版，网址为 http://www.qingdao-port.com/。

成为青岛港新的大型综合性深水港区；董家口港区重点发展临港工业功能，兼顾一般散杂货中转运输，逐步发展成为青岛港南翼的大型综合性深水港区；积米崖、大湾、鳌山等小型港站，将作为大中型港区的喂给港。

2. 青岛的临港产业集群

青岛全市目前已形成港口产业及现代物流产业、临港重化工产业、家电电子产业、水产品出口加工产业和新材料产业四大集群发展格局（王松涛和王丽君，2008），除新材料产业外，均与港口运输密切相关。

（1）港口产业及现代物流产业集群

以两大物流园区为主，吸引了马士基、伊藤忠等世界500强企业落户。前湾国际物流园主要发展临港物流和为出口加工企业做好物流服务。临港物流主要有集装箱仓储、运输、配送、拆拼箱、修箱、货物代理与报关、报验等进出口服务业务。另外，还有保税仓储、增值加工和供应链管理等业务。青岛经济技术开发区物流园区主要面对开发区内的支柱产业提供高效的物流服务和保障。整个城市重点发展中远大亚物流中心、中储青岛物流中心、青岛国际机场物流中心。城市配送体系围绕企业物流，重点建设青岛利群集团物流配送中心、青岛维客集团物流配送中心、青岛城阳国际农产品交易中心三个大型商贸物流配送中心。

（2）家电电子产业集群

家电电子产业集群是青岛发展最早、规模最大，也是在全国影响力最大的产业集群。全市规模以上家电企业就有80多家，工业总产值为540亿元，有海尔、海信、澳柯玛等国内一流、世界知名的家电电子品牌，吸引了众多国内外电子巨头来此设厂。目前，在青岛西海岸临港工业区内，形成了以海尔、海信、澳柯玛等大型企业为核心，以相关配套企业为基础的庞大临港家电电子产业集群，仅三大龙头企业就带动了800多家配套企业的发展。

（3）临港重化工产业集群

临港重化工产业集群由石油化工产业集群、修造船产业集群、钢铁产业集群、海洋精细化工产业集群和汽车产业集群组成。青岛一向以家电等轻工业著称，但近年临港重工业发展迅猛，成为拉动青岛经济增长的火车头。石油化工产业集群以中石化大炼油项目为龙头，配备国家石油储备基地、中海油海洋石油工程项目、韩国高合化纤、SK化工、山东液化天然气（LNG）、丽东化工等一批国内外大型石化及深加工项目；修造船产业集群以世界级海西湾造修船基地项目为龙头，配备即墨女岛船舶工业基地、胶南船舶工业基地、灵山卫船舶工业基地、海洋工程基地及相关配套产业链企业；钢铁产业集群由浦项不锈钢项目与宝钢钢材配送、邯钢、莱钢、海威斯帝尔重钢等项目组成；海洋精细化工产业集群围绕盐卤资源、溴资源和海洋生物资源的开发和深加工进行。

（4）水产品出口加工产业集群

根据《青岛统计年鉴 2007》，2007 年青岛水产品出口创汇额达 13.7 亿美元，分别占全市农产品、全国水产品出口创汇总额的 53.4%和 14.1%，成为中国最大的水产品加工出口基地。全市约有 400 家水产加工企业，相继涌现出了一批规模大、素质高的国内名牌企业。

三、港城空间相互作用的主要特征

1）港口的修筑和海铁联运网络是青岛城市形成的前提。1906 年青岛筑港工程完工，共计投资达 5000 多万马克，六条铁路与山东铁路相连，货轮可直接将货物装上火车，建有大型造船所和船坞，青岛港一起步就以其先进的设备使东亚大多数港口如中国香港、天津，日本长崎、神户等在某些方面相形见绌。胶济铁路将青岛和济南之间的重要城镇连接起来，并在车站附近形成了新的市镇。在港口及与之相接的铁路推动下，青岛有了吐纳货物的基地；铁路又将原来经由天津、烟台等港口输出输入于津浦铁路、胶济铁路两侧地区的货物大部分吸引到青岛港，进而带来对外贸易的繁荣。青岛港开埠短短 10 余年，就取代了 35 年前开埠的老港口芝罘，一跃成为山东对外贸易的中心（宋连威，1998）。

2）港口与铁路的尽端式布局合理利用了胶州湾的海岸线，使城市与港口、铁路三者之间的关系成为推动城市发展最有创造性和影响力的驱动模式。在城市形成过程中，铁路和港口连通的尽端式城市布局，决定了城市空间的发展方向，引导了城市发展，使城市功能的多元化合理地沿轴向带形展开。整个城市空间形态演化，以港口和铁路组成的点-轴系统为骨架，通过在发展方向上选择合适的增长节点，表现为更为有序的“形成、填补、整合和扩展”的演变模式（李东泉，2007），如图 8-4 所示。

港口、铁路与城市三者的合理关系，为青岛发挥现代城市的优位经济效益、集聚经济效益、规模经济效益提供了条件，直接促进了城市经济活动的开展。

由于行业联系，青岛的商贸业从一开始就在港口附近集聚。近代青岛大港以对外贸易为主，使洋行区集中在大港附近，而中国的土产行栈区则集中在小港码头与火车站之间的区域。在火车站至码头一线的商贸区中，形成如下分布顺序：火车站—土产行栈区—洋行区—大港，这一空间布局结构，既反映了“腹地—青岛—外洋”这样一种显示青岛集散功能和商业发展的依存关系，也反映了大小港由于分工不同而对城市经济活动产生的不同作用。在城市用地方面，港口周边滨海地段以工业、仓储和港口用地为主；在道路网络方面，港口及其周边区域有密集的城市支路及疏港公路、铁路与腹地相连，港口客货运站、火车站等重大设施集中布局。港口及其周边区域成为城市交通网络的结节点，其客货运输中转、城市公交线路和疏港路网的设置均受其影响，牵一发而动全身。

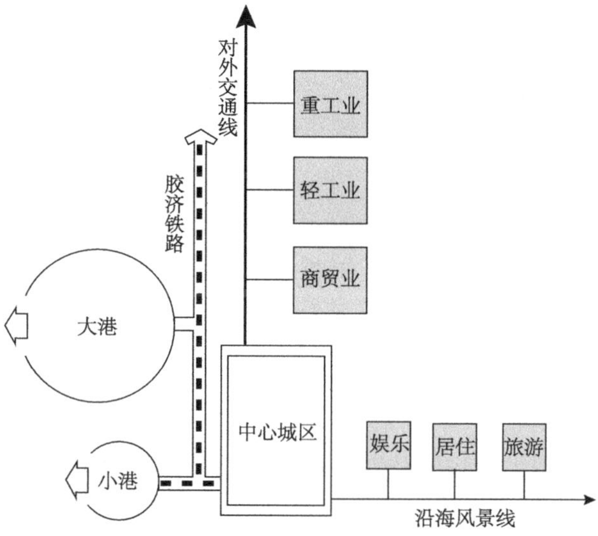

图 8-4　青岛港口、铁路与城市空间关系模式

第三节　宁波港城空间结构演化过程

一、内河港与单中心城市

宁波古称明州，隋唐时期，在浙东奉化江、余姚江、甬江三江交汇处形成

港口，至清初，宁波港址主要集中在奉化江下游河口的左岸，今东门口一带。其间，城市以州治城池为中心围绕三江口发展，此后，逐渐发展成为对外进行文化和经济往来的重要港口城市，作为内河港城市，宁波当时的城市形态比较简单，基本上为点状形态，这是由当时的生产力水平决定的，与当时以木帆船运输为特征的港口条件相适。鸦片战争后，宁波成为五口通商口岸之一，外商船只相继到宁波，对外交通日益频繁，港口货物吞吐量不断增加，城市经济也逐渐向近代工业演变，宁波港口的功能也发生了变化，蚕丝、茶叶和洋米逐渐成为宁波港的重要进出口物资，为了适应这种需要，宁波港便向江北港址演变，于是在甬江北岸逐渐设置码头，建造仓库。伴随着江北港址的兴起和建成，城市空间得到一定的发展,但起初受城墙和护城河的限制城市向外蔓延范围不大，只在江东、江北形成少量的居民点，城市点状形态得到壮大形成块状城市。民国时期，伴随江北港址的兴起和建成，浮桥成为沿江六岸的主要通道，城市逐渐跨过奉化江和余姚江，江东、江北进一步得到发展，现代中心城区的空间形态基本形成。这一阶段宁波老城的城市外部轮廓基本形成，城市形态为单一集中型。

20 世纪 30～70 年代，随着船舶大型化及国际远洋航运事业的飞速发展，港口对水深陆域的要求逐渐提高，帆船为主的运输逐渐被大型船舶所代替，上海港迅速崛起，宁波港的增长受到抑制的空间范围也比较稳定。城市发展和空间拓展不再因为港口开发而出现突变和调整，而是随着城市经济发展、人口增加和工业集聚，在原有单中心块状基础上沿三江轴向蔓延的星状演变，这一时期港与城的相互作用呈现稳定状态，城市形态处在单中心蔓延阶段。

二、河口港与“一城一镇”

20 世纪 70 年代以来，船舶大型化进一步发展，由于上海长江口的拦门沙及黄浦江的航道较浅，大型船舶很难进入上海港。1974 年，国家为分流上海港的运输，开始开发镇海港。当然，镇海港的开发同宁波自身的发展需要也有关系，宁波老港由于甬江航道狭窄、淤积，通航能力弱，必须沿甬江向出海口方向发展。镇海港的开发，标志着宁波河口港的完全形成，港口发展重心从三江汇合处转向甬江口，围绕镇海港区形成新的城市飞地，特别是改革开放后，宁波城市形态沿甬江发展成为一城一镇（老市区、镇海）的中心-卫星城的形态。

三、深水港与“一城两镇”组团

改革开放以来，宁波全市货物运输量增加较快，内河运输满足不了货运要求。一方面，城市对航道水深和港口陆域腹地的要求不断提高，原有的内河港港区陆域狭窄，土地利用日益紧张，仓储用地受到限制。加上港口深水化趋势明显和汽车运输的兴起，城市摆脱了对内河港的依赖，逐步脱离内河港向河口处寻求新的发展空间。在这种情况下，镇海港的集聚规模进一步增强，卫星城逐渐变为城市副中心，获得了新的发展。另一方面，临港工业对港口专业化的需求促使深水专业新港开发需求日增，随着1984年宁波国家级经济技术开发区的建立，北仑港最初开发的10万吨级矿石码头是为宝钢中转铁矿砂配套的，后来北仑这个东方深水大港的开发逐渐加快，同时镇海、北仑获得了发展的机会，使宁波港成为上海国际航运中心的重要组合港而发展迅速。以北仑港的开发为标志，港口已演变到海岸港阶段，经济的发展，使得镇海、北仑不断发展，宁波老港区、镇海港区和北仑港区成为生活生产设施相互独立，又有机联系的统一体，老市区向海扩展，镇海和北仑的临港工业集聚，整个宁波港口城市形态迅速变化，突破了原有的城市功能布局结构，宁波城市形态逐渐沿甬江向下游形成了一城二镇（老市区、镇海、北仑）的不连续组团状空间形态。老市区成为政治、金融、贸易、商业、科技文化和信息中心及旅游中心，老港区主要承担客运和游艇功能。镇海为重化工基地，主要承担物资中转和近海物资集疏运，而北仑港为大型远洋中转港和港口工业基地。

四、主城与新港贯通的连续轴带格局

2000年以来，在激烈的国际国内竞争态势下，宁波与舟山港一体化发展需求日渐明显。两港一体化规划在2003年开始进行，2005年宁波-舟山港管理委员会正式成立，到2009年《宁波-舟山港总体规划》获得交通运输部批复，两港进行统一开发，并与上海港错位发展。同时，2008年和2009年浙江杭州湾跨海大桥和舟山连岛的金塘大桥相继通车，使宁波-舟山港的集疏运水平得到大大提升，这标志着宁波港口发展进入一个新的阶段。国际国内产业转移，特别是上海的部分调整产业加快向宁波转移，对宁波的投资结构、港口物流及产业布局产生巨大影响。在此基础上，宁波提出了“沿海经济带”战略，这意味着宁波以往沿江发展的城市主轴发生剧烈变动，沿海地带和临港区域成为今后宁波产业布局和城市空间新的生长点。

五、沿海与沿江互动的“T”形布局

2005 年以后，城市总体格局围绕“T”形带状群组现代化国际港口城市展开。由于宁波老市区、镇海、北仑相距较近，再加上招宝山大桥、宁镇公路、江南公路的建成，2005 年以后两个组团之间的联系更加便捷。城市的内部空间结构发展充分利用老市区原有优势，逐渐向东部入海口方向推进。城市商业、金融中心也逐步东移，并在甬江入海口一带形成新的市中心，重点发展金融、商贸、服务、科技等第三产业，三江口老市区的中心性逐渐下降。城市建设逐渐转向沿江南公路、宁镇公路两侧，使这两条公路逐渐成为今后的重要商业街。老市区城市用地的蔓延式发展模式逐渐被沿甬江向东发展的模式所代替。与此同时，受港口后方陆域腹地限制，镇海和北仑城市用地也不断沿这两条公路向老市区方向内向填充，逐渐与老城区连成一片。沿海方向，镇海和北仑逐渐将各个沿海港口工业建设用地串联起来，以共同利用各类公共建筑和市政设施，使得城市向港口所在地定向发展，逐渐形成沿海城镇带。如表 8-4 所示，宁波城市逐渐由单中心发展为多中心、组团状的空间布局，城市形态依托自身江、海、山、林及开发历史，最终将形成沿海岸发展和沿甬江发展的“T”形带状群组式的现代化国际港口城市（李加林等，2008）。

表 8-4　1979～2005 年宁波城市用地面积　（单位：平方公里）

年份	1979	1990	1995	2000	2005
宁波	17.26	28.08	62.6	113.99	248.26
三江组团	15.12	20.88	38.81	62.93	139.10
镇海组团	1.90	6.05	13.06	27.83	49.36
北仑组团	0.24	1.15	10.73	23.23	59.80

第九章

港城关系分类及其要素驱动模式比较

港城交互作用是港口城市形成、演化并实现可持续发展的关键因素，因此，如何测定港城关系并从中揭示港城交互作用的模式是港口城市研究的一个难点问题。一直以来，港城关系中港口功能与城市功能定量分析方法及港城互动关联机制的研究比较薄弱；从单向作用来看，探讨港口影响或拉动城市发展的作用、机制等成果较多，而研究城市及腹地影响港口发展的因素、作用等成果较少。为此，本章首先以辽宁沿海经济带各港口城市为案例，对港口发展的影响因素进行分析。其次，以环渤海地区港口城市为案例，在用 DCI 进行港城关系分类的基础上，利用脉冲响应分析港城关系的要素驱动模式，比较各城市的差异。

第一节　辽宁沿海港口成长的影响因素分析

一方面，腹地状况是决定港口成长的关键，但腹地发展的哪些因素对港口成长的作用最大，这些因素如何影响港口发展，这些问题的研究仍没有形成系统和普遍共识。另一方面，腹地存在不同的地域空间层次，港口发展的不同阶段与腹地联系的地域空间层次也不尽相同。国内对于港口拉动城市发展的定量分析不少，但对于探讨不同腹地范围与港口发展的关联度，以及不同影响因素对港口成长的具体作用尚不多见，对关系港口发展的影响因素进行比较、分类的研究就更不多见。

本书首先运用灰色关联度模型测算了辽宁沿海经济带六城市、辽宁省及东北三省三个空间层面的腹地与辽宁沿海港口成长的关联程度，得出沿海港口群与东北三省的关联度最高。在此基础上，构建港口成长的影响因素指标体系，运用脉冲响应分析探讨了九个因素对港口作用的动态变化过程，从而揭示不同因素对港口影响的内在动态作用过程。据此，将影响港口发展的因素概括为拉动型、有限促进型、波动型和滞后型四个类型。最后，探讨不同因素对港口成长作用存在差异的原因，进而提出辽宁沿海港口今后的发展战略。

一、港口与不同范围腹地的关联度比较

灰色关联度是对事物之间、因素之间关联性大小的量度。它定量地描述了

事物或因素之间相互变化的情况，即变化的大小、方向与速度等的相对性。如果事物或因素变化的态势基本一致，则可以认为它们之间的关联度较大，反之，关联度较小。灰色关联度分析所需数据较少，对数据的要求较低，原理简单，易于理解和掌握（孙芳芳，2010）。

1. 原始数据的处理

由于各因素有不同的计量单位，因而原始数据存在量纲和数量级上的差异，不同的量纲和数量级不便于比较，或者比较时难以得出正确结论。因此，在计算关联度之前，通常要对原始数据进行无量纲化处理，其方法包括初值化、均值化等。本书运用初值化对原始数据进行处理。

2. 计算关联系数

关联程度（常称为关联系数）可通过下式计算：

$$\varsigma_{0k}(t)=\frac{\varDelta(\min)+\rho\varDelta(\max)}{\varDelta_{0k}(t)+\rho\varDelta(\max)} \tag{9-1}$$

式中，ρ为分辨系数，用来削弱$\varDelta$ (max) 过大而使关联系数失真的影响。本书中，取ρ为 0.05（申卯兴，2003；沈秦伟等，2013）。关联系数计算结果如表 9-1 所示。

表 9-1　关联系数计算表

年份	$\varsigma_{01}(t)$	$\varsigma_{02}(t)$	$\varsigma_{03}(t)$	年份	$\varsigma_{01}(t)$	$\varsigma_{02}(t)$	$\varsigma_{03}(t)$
1993	1.000 000	1.000 000	1.000 000	2003	0.110 701	0.081 775	0.047 697
1994	0.274 138	0.131 397	0.120 553	2004	0.131 622	0.089 993	0.180 214
1995	0.174 645	0.073 423	0.063 780	2005	0.187 556	0.081 274	0.244 218
1996	0.149 374	0.057 920	0.047 890	2006	0.142 033	0.062 919	0.414 894
1997	0.160 735	0.062 832	0.050 411	2007	0.110 805	0.060 090	0.348 577
1998	0.143 896	0.056 263	0.048 409	2008	0.073 721	0.134 002	0.098 120
1999	0.164 583	0.070 135	0.058 611	2009	0.081 775	0.071 877	0.568 491
2000	0.156 215	0.061 646	0.052 474	2010	0.072 226	0.047 618	0.179 875
2001	0.139 839	0.059 652	0.047 620	2011	0.047 619	0.163 815	0.074 866
2002	0.128 578	0.065 120	0.047 757				

注：01～03 分别代表由小到大三个不同腹地范围（辽宁沿海经济带六城市、辽宁省及东北三省）

3. 计算关联度及排序

根据表 9-1 中的关联系数，分别求各个数列每个时期关联系数的平均数即为各个因素与被解释变量的关联度。关联度ς_{01}、ς_{02}、ς_{03}分别为 0.181 582、0.127 987、0.194 445。

由关联度数值可以看出，三个空间层次的 GDP 与港口货物吞吐量的关联程度排序为：东北三省、辽宁沿海经济带六城市和辽宁省。

二、不同影响因素作用下的港口脉冲响应分析

通过上述灰色关联度测算得到三个空间层面中与辽宁沿海经济带六城市关联程度最高的为东北三省，说明与辽宁沿海经济带六城市、辽宁省相比较，选东北三省作为辽宁沿海港口发展的腹地更合适。为了进一步探讨东北腹地促进港口成长的具体机制，这里首先建立港口成长因素指标体系，在此基础上，将这些指标分别与港口货物吞吐量建立 VAR 模型进行脉冲响应分析。

1. 港口成长的影响因素指标体系

根据指标的代表性、准确性和数据的可获得性，从港口资源及其基础设施情况和腹地经济发展水平供需两方面构建港口成长影响因素指标体系。①在港口资源及其基础设施方面主要从港口岸线长度和港口泊位数量两个指标进行衡量。港口岸线长度选取辽宁沿海经济带生产性港口岸线总长度，表示港口资源的丰沛程度；港口泊位数量选取生产性港口总泊位数，表示港口基础设施规模。②腹地经济发展水平采用腹地七个主要经济指标进行衡量。其中，腹地 GDP 反映腹地经济发展的总体水平；固定资产投资额、进出口总额和社会消费品零售总额分别表示拉动腹地区域经济增长的“三驾马车”，从不同方面反映区域经济活跃程度；工业总产值反映制造业总规模；第三产业产值反映产业结构发育程度；货物周转量反映区域物流生成量，是影响港口运输增长的基础。

2. 基于 VAR 模型的脉冲响应模型要点

基于 VAR 模型的脉冲响应函数可以考察来自随机扰动项的一个标准

差冲击对内生变量当前值和未来值的影响，刻画内生变量对随机扰动的动态反应。应用 EViews5.0 软件对各影响因素冲击港口引起的脉冲响应进行分析。

（1）平稳性检验

在建立计量模型之前，应当对所采用的时间序列数据进行平稳性检验，不平稳会导致“伪回归”的出现且各项统计检验结果失去意义，进而出现错误的结论，采用 ADF 检验方法验证各项时间序列数据的平稳性（丁井国和钟昌标，2010；关欣等，2013）。检验结果显示，10 个变量在 0.05 的显著性水平下均是二阶单整序列，即 $I(2)$，可以进一步检验变量之间是否存在协整关系（董竹和张云，2011）。

（2）协整关系检验

协整理论是近年来分析经济时间序列之间长期均衡关系和短期波动的有力工具。需要注意的是，两序列具有相同的单整阶数，是序列之间存在协整关系的必要条件，港口货物吞吐量（PT）与上面九个变量都具有相同的单整阶数，可以进行协整检验（刘巍和陈昭，2009），若协整，则说明它们之间存在长期均衡关系。通过 Johansen 协整检验法可知，九个变量与港口货物吞吐量在 0.05 的显著性水平下存在协整关系，证明辽宁沿海港口和东北三省腹地发展之间具有长期均衡关系。

3. 不同影响因素冲击港口引起的脉冲响应分析

将九个指标分别与港口货物吞吐量建立 VAR 模型，对模型进行稳定性检验，检验结果显示所有单位根的倒数都在单位圆内，说明模型是稳定的，可以进行脉冲响应分析，脉冲响应动态变化趋势如图 9-1 所示。通过对脉冲响应图的分析，可将影响港口成长的各因素划分为四种类型，如表 9-2 所示。

（1）第一种类型为明显拉动港口成长的影响因素

该类型的影响因素简称拉动型因素，包括腹地 GDP、港口岸线长度、工业总产值、固定资产投资额、货物周转量五个因素。①腹地 GDP。正面溢出效应在考察期开始时最大，而后逐渐减弱，表明腹地 GDP 对港口货物吞吐量的短期冲击比较显著。腹地 GDP 代表腹地发展的整体经济实力，可通过各领域产生广泛的作用，对港口的拉动效应具有全面性和整体性。②港口岸线长度。与腹地

GDP 类似，短期正向溢出效应显著，持续性较差。这说明生产性港口岸线作为港口运输及临港产业承载空间，其岸线长度在港口拓展初期对于扩大运输及临港产业规模具有明显的拉动作用，之后进入内涵式发展阶段，主要呈现为单位长度的运输结构及产业结构的变化。③工业总产值。对港口的正向作用在第 1～3 期呈逐渐上升趋势，在第 3 期达到最大，随后开始下降，到第 5 期接近于 0。与腹地 GDP、港口岸线长度相比，这种正向溢出效应更直接，持续时间也更长，表明腹地工业发展是促进辽宁沿海港口成长的主要因素之一。④固定资产投资额。正向拉动作用在第 2 期达到最大，在整个考察期内，幅度波动较大，但均处于正向区间，总体上表现为明显的正向溢出效应。⑤货物周转量。货物周转量是五个拉动型因素中，对港口成长正向作用持续最长的因素。正向拉动作用较为稳定，虽呈逐渐减弱之势，但至第 10 期其拉动作用仍未消失，说明以货物周转量为代表的腹地物流发展是港口成长最直接也是最主要的因素。

（2）第二种类型为对港口成长具有明显的正负波动性但总体为正向作用的因素

该类型的影响因素简称有限促进型因素，包括进出口总额和社会消费品零售总额两个指标。其特点表现为冲击港口形成的脉冲响应曲线呈现剧烈的正负波动形态，但总体表现为正向溢出效应。其中，进出口总额在第 1～5 期表现为正负交替出现，但负向幅度较小，正向幅度较大，且幅度逐渐减小，显示近年来对外贸易对港口成长的作用随国际市场波动呈逐渐减弱的态势。社会消费品零售总额冲击港口形成的脉冲响应曲线呈现剧烈波动形态，正负波动幅度和转换频率在所有因素中最大和最高，从第 4 期开始负向波动幅度变得较为微弱，主要表现为正向震荡与微弱负向调整态势。总体来看，以社会消费品零售总额代表的腹地市场发育对港口成长具有正向促进作用,但这种促进作用很不稳定，尤其是短期促进作用有限。但从长期来看，其波动幅度随时间变化减弱的程度大大减小，从第 3 期开始，社会消费品零售总额对港口的正面促进作用已经超过进出口总额，说明近年来区域内部市场的逐渐繁荣正在取代对外贸易成为影响港口成长的一个比较重要的因素；但从其剧烈的正负波动形态来看，以消费为代表的腹地内生动力仍处于发育阶段，与港口之间的关联机制仍不够稳定，腹地内部市场需求仍有待提升。

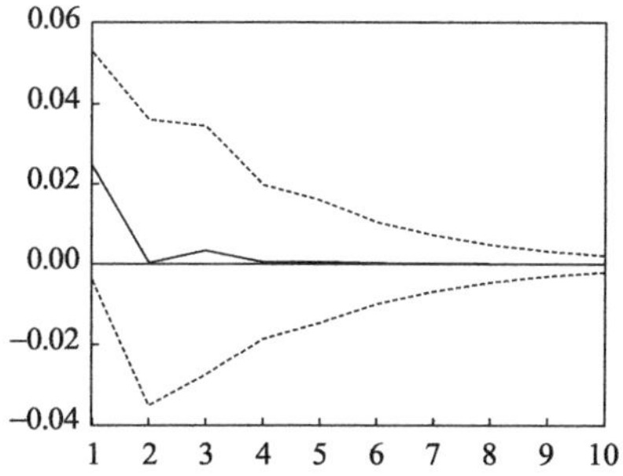

(a)腹地 GDP

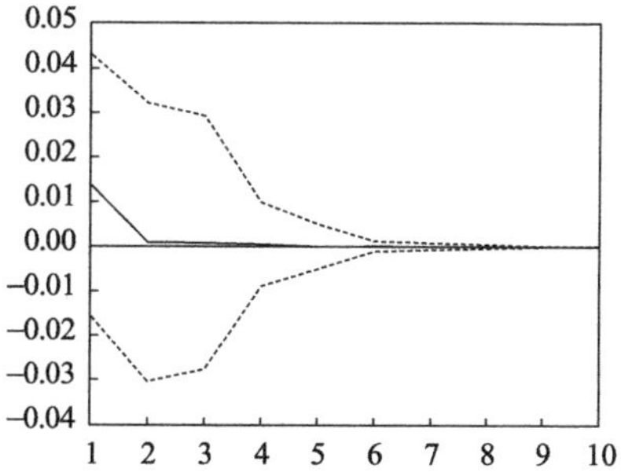

(b)港口岸线长度

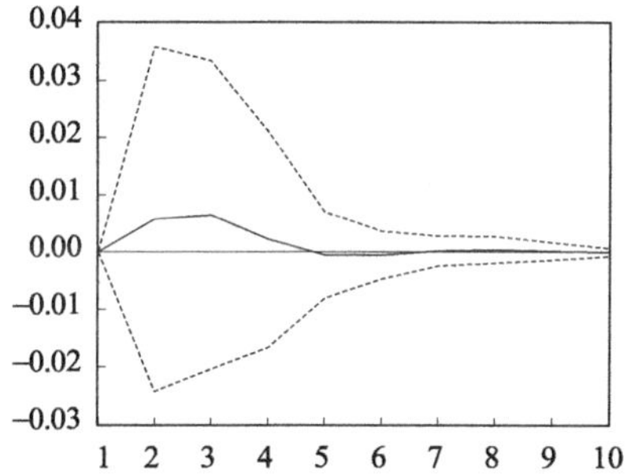

(c)工业总产值

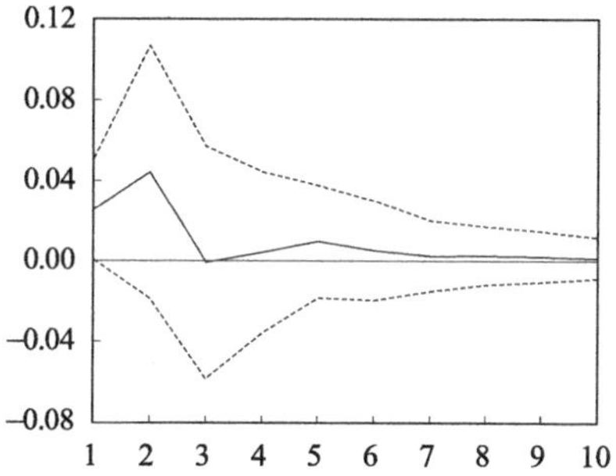

(d)固定资产投资额

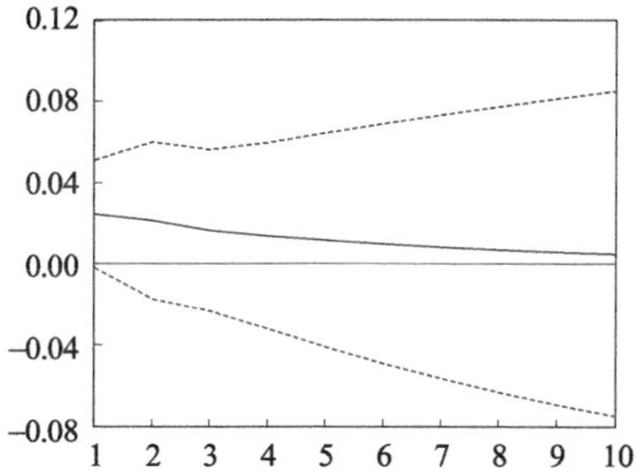

(e)货物周转量

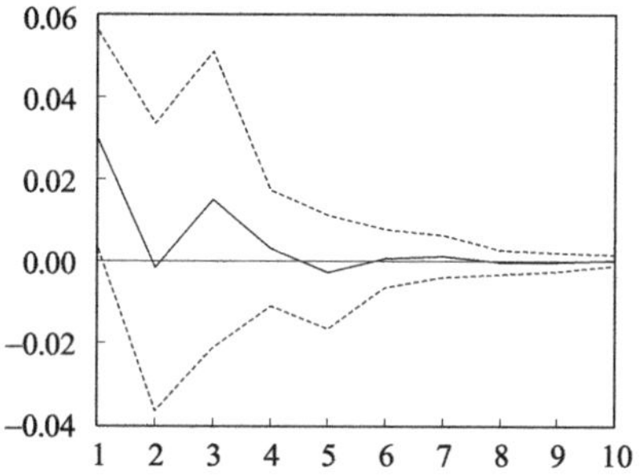

(f)进出口总额

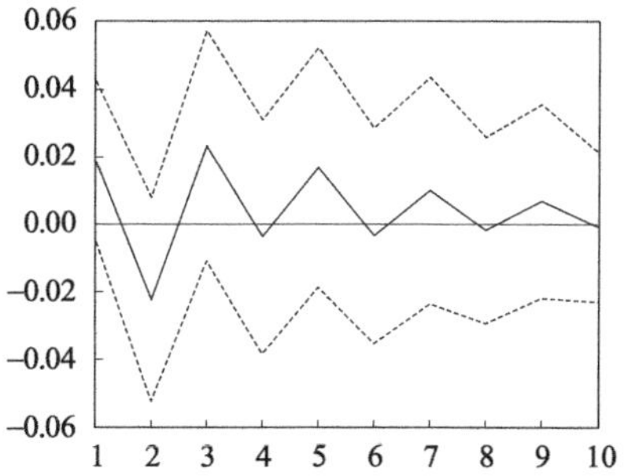

(g)社会消费品零售总额

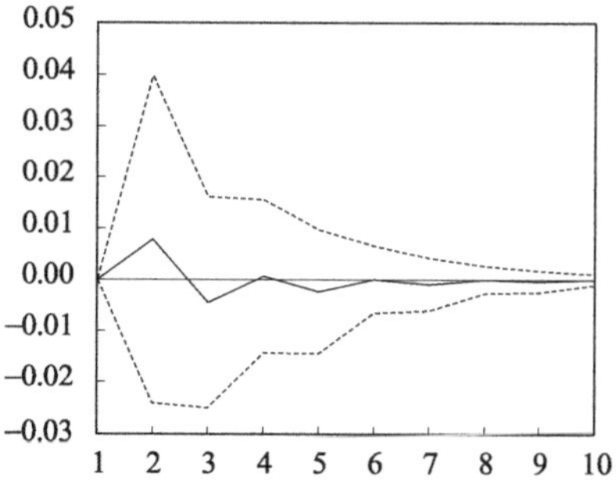

(h)第三产业产值

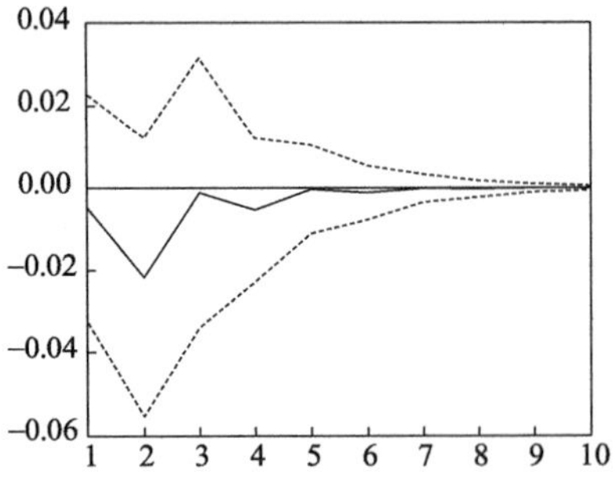

(i) 港口泊位数量

图 9-1 港口货物吞吐量对各因素冲击的脉冲响应图

①横轴为冲击作用的滞后期数，纵轴为脉冲响应函数值，代表不同因素变动对港口冲击引起的响应程度；②实线为脉冲响应函数值随时间变化路径，上下虚线为响应函数值的置信区间

表 9-2 辽宁沿海港口成长对各影响因素冲击的响应特点

类型	影响因素	脉冲响应动态变化	响应总效果
拉动型	腹地 GDP	初期明显正效应，逐渐减弱为 0，持续性较差	对港口成长有明显拉动作用，促进港口发展
	港口岸线长度	初期明显正效应，逐渐减弱为 0，持续性最差	
	工业总产值	明显正效应，缓慢上升后下降为 0，持续时间较长	
	固定资产投资额	明显正效应，急速上升至较高水平后下降，持续时间长	
	货物周转量	明显正效应，长期正效应，稳定性、持续性最好	
有限促进型	进出口总额	较长正效应，波动性减弱，小幅负效应	对港口成长的溢出效应总体为正
	社会消费品零售总额	初期正效应，正负 S 形波动最大频率最高，直至期末	
波动型	第三产业产值	短期正效应，正负 S 形波动	具有明显的正负波动性，对港口作用不明确
滞后型	港口泊位数量	长期负效应，负向 S 形波动，第 5 期后基本为 0	明显滞后于港口发展

（3）第三种类型为对港口成长的影响呈现高度正负波动状态且正负倾向不明显的因素

该类型的影响因素简称波动型因素，仅有第三产业产值一个指标。对港口货物吞吐量的冲击表现为正负效应交替出现，冲击初期为正，波动性较大，第 6 期以后基本不再产生影响。第三产业产值是衡量区域产业结构高级化的重要标志。第三产业对于港口的影响短期来看具有明显正效应，但持续性较差，长期来看负效应更突出，表明第三产业作为港口发展的促进因素主要在

进入初期起作用，以物流、信息服务为代表的服务业可有效提升港口发展水平。但长期来看，以制造业为核心的第二产业发展仍是决定港口货运稳定性的保证。

（4）第四种类型为滞后于港口成长的影响因素

该类型的影响因素简称滞后型因素，只有港口泊位数量一个指标。它冲击港口货物吞吐量所引起的脉冲响应呈明显负效应，且这种负效应从开始持续至第 5 期才减弱至 0，表明港口泊位数量对于港口成长具有显著的滞后现象。这充分说明，一方面，生产性港口泊位的开发是港口运输增长导致的结果之一，港口泊位数量增长相对于港口运输增长而言具有滞后性，港口泊位数量增加往往通过缓解运输压力作用于港口。另一方面，目前船舶大型化和港口深水化趋势发展明显，简单的浅水型泊位数量增加与适箱货源的增长之间存在结构性矛盾。因此，港口泊位数量与港口运输之间的关系并非简单的线性特征，更具有复杂性。

三、结论与讨论

1）通过对辽宁沿海港口与三个空间层面腹地关联度测算，以及对影响港口发展的九个因素与港口货物吞吐量进行脉冲响应分析，初步揭示了东北三省腹地不同影响因素如何作用于港口成长的动态特征，并在此基础上将港口成长的影响因素分为拉动型、有限促进型、波动型和滞后型四类；揭示了东北三省影响辽宁沿海经济带港口成长的作用特征。

2）根据不同影响因素对港口成长的作用可知，腹地拉动辽宁沿海港口发展的三大主要因素依次为腹地物流规模、固定资产投资及工业化，次要因素是对外贸易和腹地消费需求。这充分说明港口发展特点与腹地经济发展模式或发展阶段密切相关。为促进辽宁沿海港口可持续发展，增强腹地对港口发展的支持能力，必须从以下四方面做起。第一，强化东北三省区域合作，推动港口腹地联动和东北三省流通行业一体化发展。第二，加快临港工业集聚，用新型工业化带动沿海城市化和临港产业集群化发展。第三，注重港口资源有序开发与集约利用，加快港口群分工协作，合理配置港口设施，注重港口泊位建设的规模效益，减少短途中转和装卸成本。第四，加快物流发展，大力改善物流发展环境，不断优化港口发展的软环境建设。

3）需要说明的是，港口成长是许多因素复杂作用的结果，这些因素此消彼长，相互关系处在动态变化之中。本书对港口影响因素的分类是依据特定研究区域和研究时期样本得出的结论，因此，这种分类具有相对性，是特定港口与腹地在某一发展阶段特征的反映。今后，需要考虑更多的影响因素，对不同区域港口成长的影响因素进行跟踪和比较研究，以期在这方面形成更系统的认识。

第二节 基于 DCI 的环渤海地区港口城市港城关系测定

本节运用笔者的已有研究成果，根据 DCI 的概念、内涵及其算法，对环渤海地区主要海港城市的港城关系状况及变动趋势，即 1997～2001 年、2002～2006 年和 2007～2011 年三个时间段 DCI 值的动态变化趋势进行定量测度，并运用 VAR 模型构建的脉冲响应函数对港城驱动模式进行系统分析。结果显示：环渤海地区 12 个海港城市港城关系状况可以分为港口驱动型、城市驱动型和港城互动型三类；变动趋势可以分为持续上升型、持续下降型及波动型三类。根据 DCI 值对各城市港城关系进行脉冲响应分析后，对不同港城关系相互作用及驱动机制、驱动因素进行模式划分，以揭示不同港口城市在港城相互作用方面的具体差别与联系，丰富地理学对于港城关系内在机理的认识。

关于数据来源与处理。本章将环渤海地区的 12 个海港城市作为研究对象，将 1997～2011 年近 15 年作为研究周期。为此，考虑到数据的连续性和可获得性，选取港口货物吞吐量作为衡量港口运输状况的指标，选取城市 GDP 作为衡量城市发展状况的指标。计算要点如下：①根据式（5-2）和式（5-3）分别计算 1997～2011 年各海港城市的 D_e 值和 D_i 值，分别赋权后得到各海港城市的 DCI 值，据此对港城关系进行分类；②分别测算 1997～2001 年、2002～2006 年及 2007～2011 年三个 5 年为周期的 D_e 值和 D_i 值变动轨迹，考察不同海港城市港城关系变化倾向，分析其今后变动态势；③运用基于 VAR 模型的脉冲响应函数探讨港城关系作用的主要影响因素，深化不同类型港城关系的驱动模式。研究数据来源于《中国港口年鉴》（2001～2012 年）、《中国城市统计年鉴》（1998～2012 年）和《中国海洋统计年鉴》（1998～2000 年）。

一、港城关系分类

环渤海地区 12 个海港城市的 DCI 值分布如表 9-3 所示，根据各城市港城发展的弹性系数（D_e）和港城增长的相对集中指数（D_i）制作图 9-2 和图 9-3。由结果可知，日照的 DCI 值最大，天津最小，大体上可将环渤海地区海港城市的港城关系分为三种类型。①DCI 值明显大于 1 的城市依次为日照、沧州、营口、秦皇岛、丹东、唐山和锦州，此类城市的港城关系特点是港口发展快于城市，港口成长相对处于活跃期，港口对城市发展具有拉动作用，可称之为港口驱动型海港城市。②DCI 值接近 1 的城市为烟台，表明港口与城市发展速度几乎相同，可称之为港城互动型海港城市。③DCI 值明显小于 1 的城市有青岛、大连、威海和天津，此类城市的港城关系特点为城市发展快于港口，城市发展相对处于活跃期，可称之为城市驱动型海港城市。

表 9-3　环渤海地区海港城市 DCI 值比较

排名	城市名	DCI 值	D_e值	D_i值	排名	城市名	DCI 值	D_e值	D_i值
1	日照	2.260	1.368	3.597	7	锦州	1.406	1.532	1.216
2	沧州	2.245	3.198	0.815	8	烟台	1.037	1.305	0.634
3	营口	2.183	1.247	3.586	9	青岛	0.806	0.783	0.839
4	秦皇岛	2.107	0.838	4.011	10	大连	0.784	0.769	0.806
5	丹东	1.935	2.144	1.621	11	威海	0.775	1.131	0.240
6	唐山	1.789	2.282	1.049	12	天津	0.756	0.849	0.617

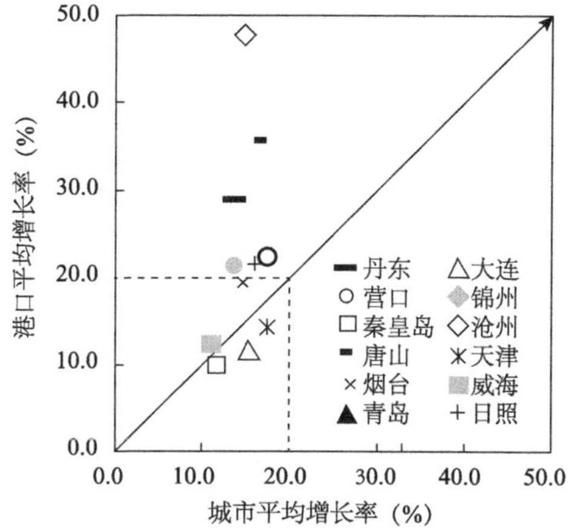

图 9-2　不同城市港城发展弹性系数

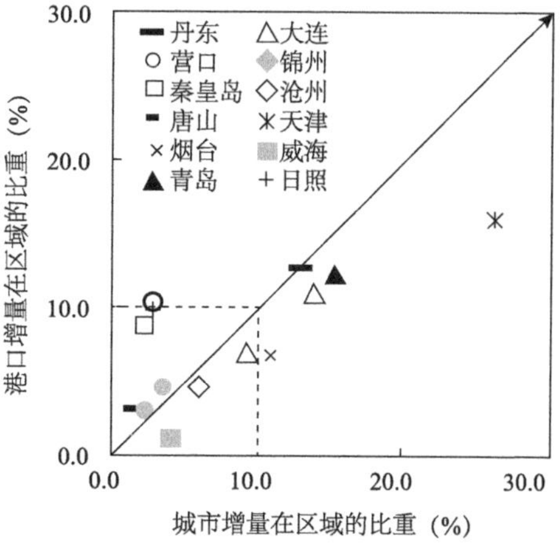

图 9-3　港城增量相对集中指数

将 DCI 与陈航等（2009）计算的 RCI 对港城关系分类的结果进行比较发现有三点不同。

1）DCI 对港城关系的分类与港口、城市既有规模无关，而是强调增长活力。RCI 将大连和青岛划分为港口驱动型，源于 RCI 对港城关系的静态分析及用人口表征城市，强调港口与城市在区域中的相对规模，忽视港城系统本身的关联度和作用机制，也就不能揭示新兴港口对城市跨越发展的拉动作用及老港口对城市直接腹地的经济支撑作用。DCI 将环渤海地区天津、青岛和大连三大枢纽港城市划分为城市驱动型，更能准确地反映出枢纽港城市的发展阶段和港城关联状况，比 RCI 更具有合理性。

2）DCI 将增长速度和增长规模相结合，有效吸取了 RCI 的优点，使港城关系的分类更具有明显的地域分异特征。三大枢纽港均为城市驱动型，新兴港口均为港口驱动型，秦皇岛港虽然发展较早，但由于其能源港的特征，港口与城市的产业关联度较低，港口货源以腹地为主，港城互动水平低，港口拉动城市的单向作用明显，因此，也属于港口驱动型。

3）RCI 和 DCI 分别将人口和 GDP 作为城市功能的衡量标准，使港城关系分类更强调港口与城市间的经济联系，有利于更深入地探讨驱动因素和作用模式的差异。同时，GDP 的使用对于区分港口与城市和区域腹地的关系具有指向作用。例如，山东的日照、烟台和威海港城关系分属三个类型，较好地反映出三个港口腹地差异明显，表明腹地市场和需求直接决定了港口发展的活跃程度，进而影响港城相互作用的方向。

二、DCI 的变化趋势分析

1997 年以来近 15 年的 DCI、D_e 和 D_i 综合反映了各海港城市港城关系在较长时期内的总体状况，但这种关系处于不断变化中，为了深入探讨各城市 DCI 值的变化情况，分别选取 1997～2001 年、2002～2006 年和 2007～2011 年三个时间段，计算各城市 DCI 值，观察三个阶段 DCI 值的动态变化趋势，如图 9-4 所示。①威海是唯一 DCI 值持续上升且始终小于 1 的城市，表明相对于城市经济，其港口在近 15 年中始终保持较快增长态势。②DCI 值持续下降的城市，包括秦皇岛、天津和青岛，表明相对于城市经济，其港口在近 15 年中始终处于减速运行态势，城市在港城关系中的主动性稳步提升。③DCI 值波动明显的城市，丹东、大连、营口、锦州、沧州、唐山、烟台、日照这 8 个城市的港城关系变化态势尚不明朗，港城关系主导权仍处于交错变化状态。

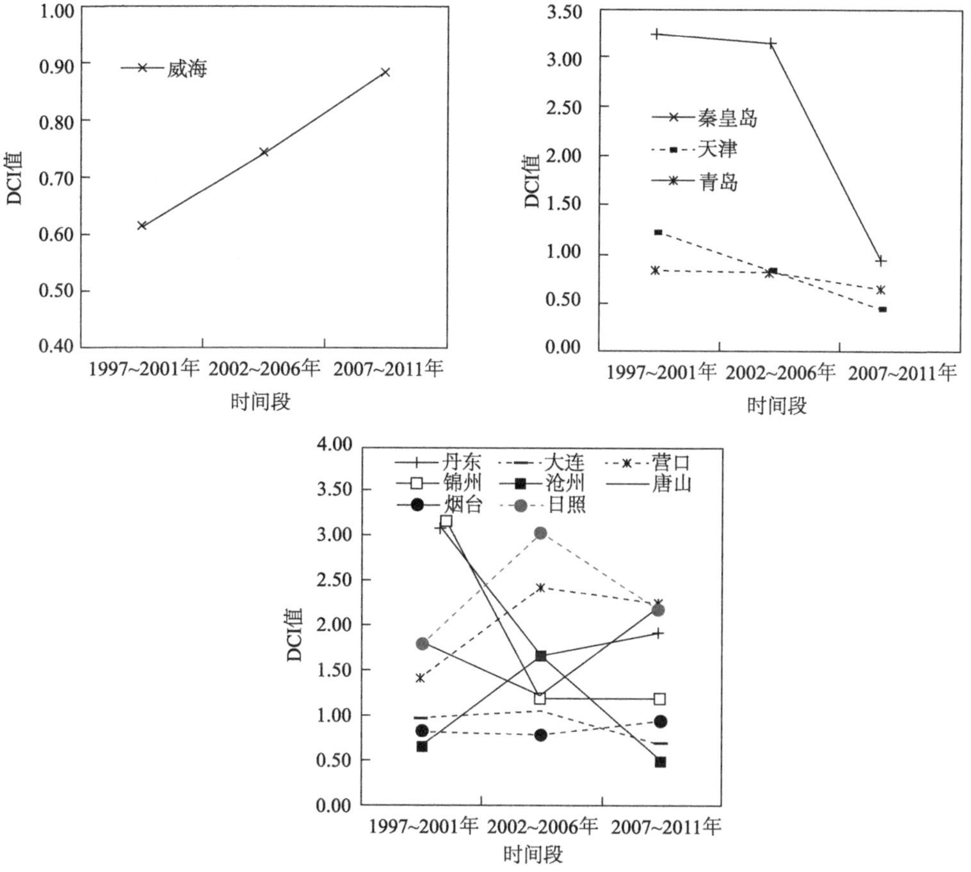

图 9-4　环渤海地区海港城市 DCI 值演变规律

将 DCI 值等于 1 作为港城互动发展的临界值或平衡态，可以发现，在近 15 年的发展过程中，逐渐远离平衡态的城市有大连、天津、沧州、营口、唐山、青岛和日照 7 个城市，逐渐接近平衡态的城市有秦皇岛、烟台、威海、丹东、锦州 5 个城市。结合近 15 年港城关系分类进行具体分析可得到两点启示：①在远离平衡态的城市中，天津和青岛的城市拉动作用持续增强，可称之为稳定的城市驱动型港城关系；营口、唐山和日照的 DCI 值没有跨越临界值，且港口拉动作用增强，可称之为稳定的港口驱动型港城关系；大连的 DCI 值由 0.94 变为

0.66，中间轻微跨越临界值，但城市拉动作用增强，城市驱动更加明显；沧州DCI值大幅跨越临界值，可称之为波动的港口驱动型港城关系。②在接近平衡态的城市中，秦皇岛DCI值持续下降，港口活跃程度大幅度降低，港城关系倾向于两者互动发展。丹东和锦州DCI值变化规律类似，虽然港口相对于城市的活跃程度存在波动性，但港口驱动作用仍十分突出。烟台DCI值波动上升，但距离平衡态仍很接近，港城互动发展态势明显；威海DCI值持续上升，但港口规模仍相对较小，城市经济对港口增长的推动作用明显，倾向于港城互动发展。通过以上分析，将不同城市港城关系分类及变化特征总结为表9-4。

表9-4 不同城市港城关系分类及变化特征

港城关系类型	港口城市	变化特征
港城互动型	烟台	围绕平衡态存在轻微波动
港口驱动型	秦皇岛	逐渐接近平衡态，港口拉动作用减弱
	沧州	剧烈波动，远离平衡态，城市拉动作用总体增强
	唐山、营口、日照	明显波动，远离平衡态，港口拉动作用增强
	丹东、锦州	剧烈波动，港口拉动作用减弱
城市驱动型	威海	逐渐接近平衡态，倾向港城互动型转变
	天津、大连、青岛	远离平衡态，城市拉动作用增强

三、结论

通过测度环渤海地区海港城市港城关系对DCI进行验证。DCI主要通过港口或城市的相对增长速度和增长量衡量港城彼此的活跃程度，从而判定某一历史时期港城相互作用的类型和驱动模式。研究结果表明，与RCI相比，DCI在方法计算和应用方面具有以下五方面的特点或优势：第一，强调港城关系的最终表现形式与港口城市规模无关，重点解决港口城市发展的驱动力。第二，将港城关系的测算与研究周期相结合，明确港城关系的动态性，注重其变化趋势和过程。第三，引入港城发展的弹性系数 D_e 和港城增长的相对集中指数 D_i，从速度和规模两个方面综合评判港城发展的相对活跃程度。使港城关系的分类更具有明显的地域分异特征，并使分类体现的港口、城市及腹地关系更立体、更全面。第四，用 GDP 代替人口指示城市作用更能反映港城的经济联系和作用机制。用人口表示城市功能的缺点在于，长序列、多城市常住人口获取困难，户籍人口指示不准确；城乡行政区变化增加了统计的不准确性；人口增长的非自然性和忽视人口附着的经济发展水平等因素。第五，DCI 的提出坚持简便、有效的原则，与 RCI 一样，具有计算简便、指标获取容易和可操作性强的特点。

第三节　环渤海地区港城要素驱动模式差异

运用基于 VAR 模型的脉冲响应函数探讨港城关系作用的主要影响因素，深化不同类型港城关系的驱动模式。研究数据来源于《中国港口年鉴》（2001～2012 年）、《中国城市统计年鉴》（1998～2012 年）和《中国海洋统计年鉴》（1998～2000 年）。

通过 DCI 值和趋势图可以分析各沿海港口城市的港城关系特征及其动态变化轨迹，但由于港城关系的影响因素很多，无法深入探讨不同类型的影响因素和作用机制。因此，这里选取固定资产投资额、工业总产值、社会消费品零售总额、第三产业产值和城市货运量五个指标作为港城关系的影响因素，对 12 个城市进行脉冲响应分析，以便分析港口城市在港城关系中的具体作用因素及其相互关系问题，揭示其驱动模式。ADF 单位根检验结果显示，各个城市的所有变量在 0.05 的显著性水平下都具有相同的单整阶数，协整检验表明，各个城市的所有变量之间在 0.05 的显著性水平下存在协整关系，可以建立 VAR 模型进行脉冲响应分析。

依据 DCI 值的大小，依次制作脉冲响应曲线，如图 9-5 所示，（a）～（h）表示 DCI 值大于 1 的城市，考察城市受港口不同因素冲击的脉冲响应曲线，（i）～（l）表示 DCI 值小于 1 的城市，考察港口受城市不同因素冲击的脉冲响应曲线。根据脉冲响应曲线反映的港城驱动因素作用特征制作表 9-5。

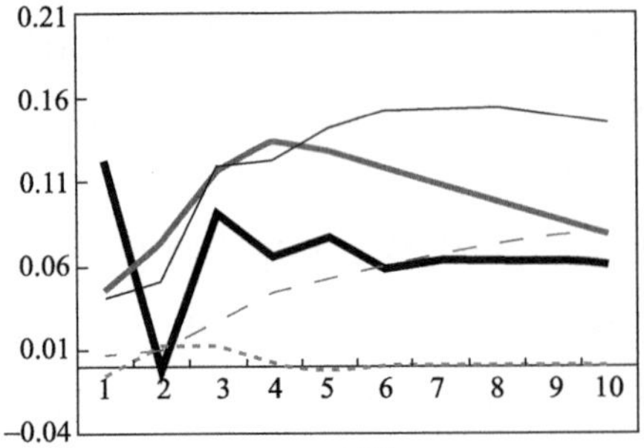

(a) 日照

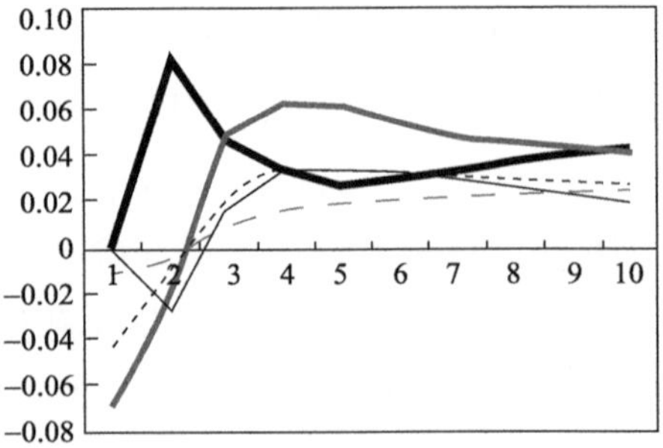

(b) 沧州

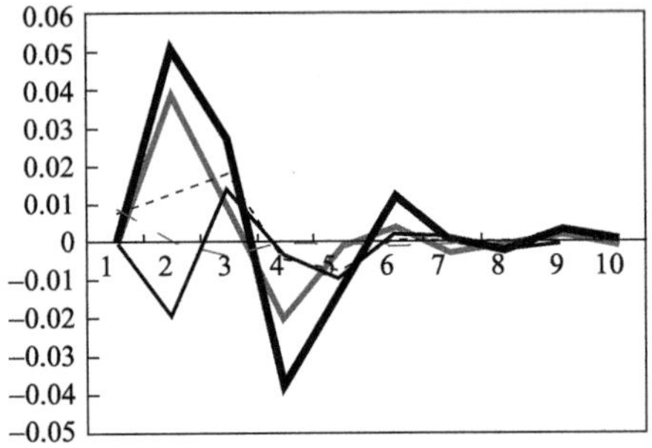

(c) 营口

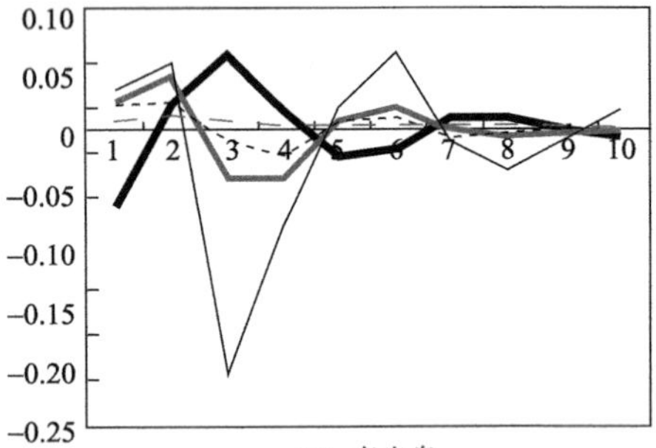

(d) 秦皇岛

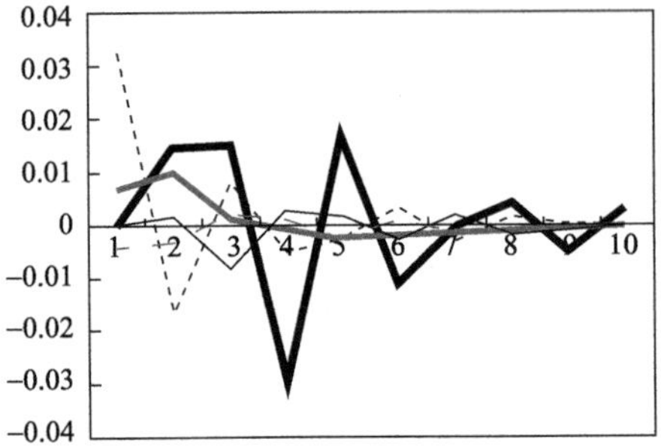

(e) 丹东

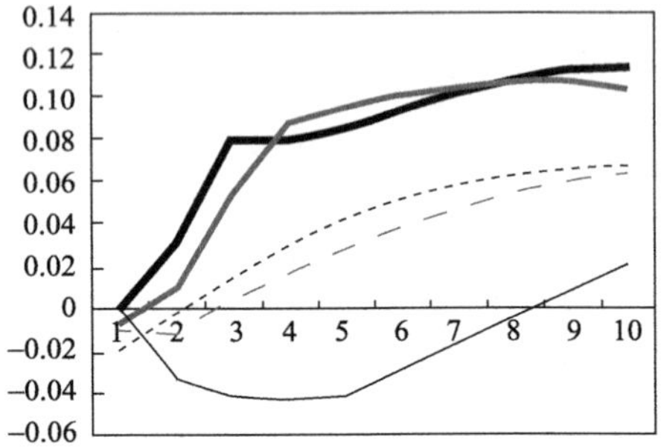

(f) 唐山

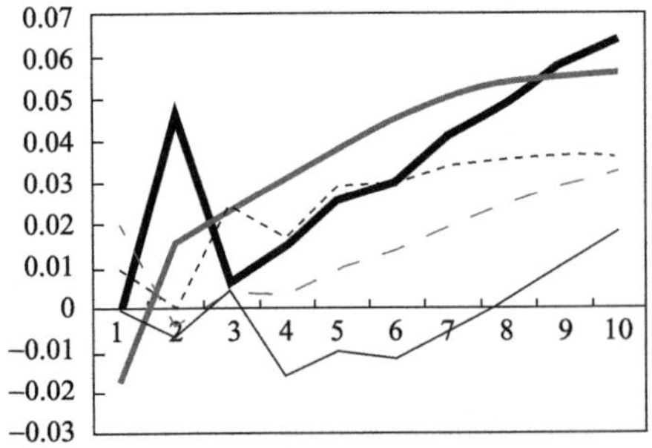

(g) 锦州

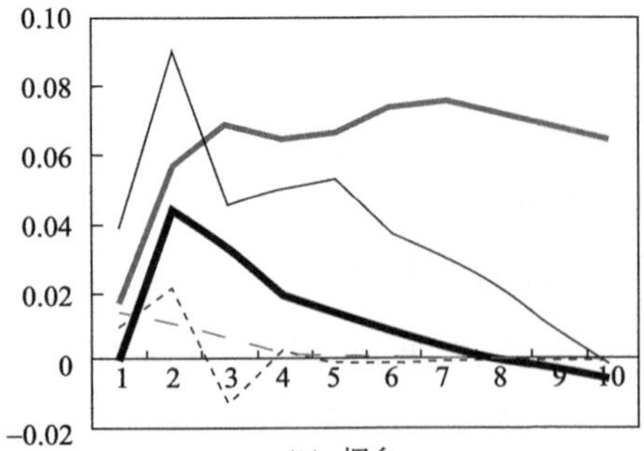

(h) 烟台

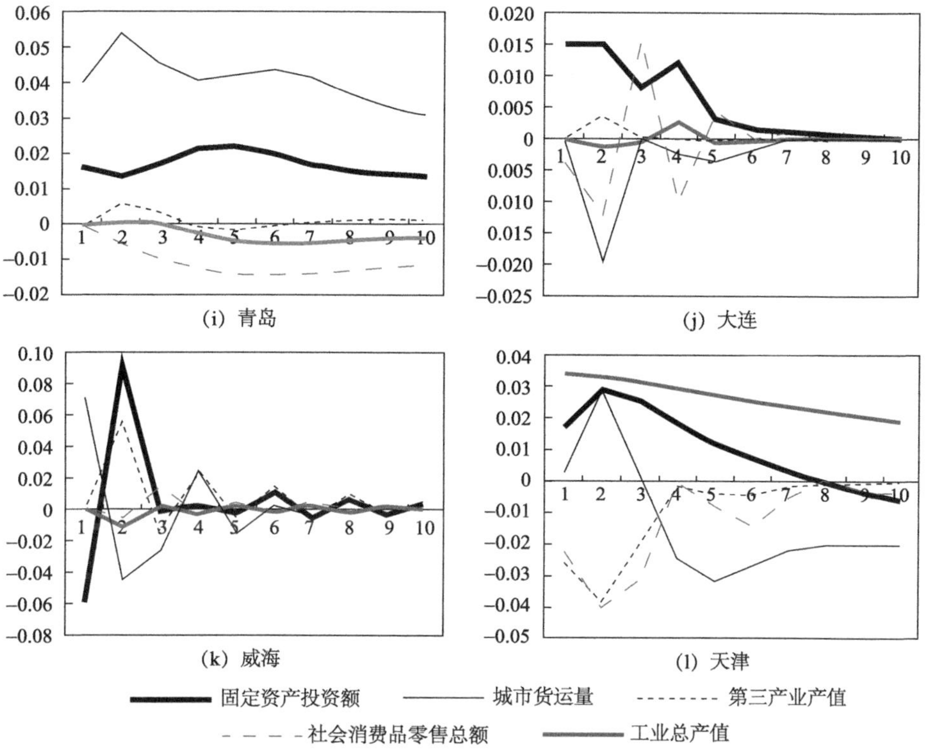

图 9-5　各变量与港口货物吞吐量之间的脉冲响应分析图

横轴为冲击作用的滞后期数；纵轴为脉冲响应函数值，代表港口与城市之间冲击引起的响应程度

表 9-5　不同类型港城关系驱动模式比较

类型	港城	脉冲响应变化特征	港口/城市驱动因素	驱动机制基本特征
DCI > 1	沧州 日照	所有因素均表现为明显的正向溢出效应，且持续性强，直至期末	投资、工业、物流、三次产业和贸易并行	港口驱动作用明显，途径多样，机制稳定
	营口 丹东	各因素脉冲呈现剧烈的正负波动性	驱动因素不明显	港口驱动作用混乱，驱动机制不稳定
	秦皇岛	除贸易外的其他因素具有强烈的正负波动性	贸易具有弱驱动作用，其他因素不明显	港口驱动作用单一且较弱，驱动机制不稳定
	唐山 锦州	除物流外的其他因素均具有明显的正向溢出效应，并呈逐渐加强态势	投资、工业、三次产业和贸易并行	港口驱动作用明显，途径多样，机制稳定
	烟台	除三次产业外的其他因素具有明显的正向溢出效应，且持续性强	工业、物流和投资为主，贸易为辅	港口驱动作用明显，途径多样，机制稳定

续表

<table>
<tr><th>类型</th><th>港城</th><th colspan="2">脉冲响应变化特征</th><th>港口/城市驱动因素</th><th>驱动机制基本特征</th></tr>
<tr><td rowspan="4">DCI < 1</td><td>大连</td><td colspan="2">各因素波动性强，投资的正向溢出效应最显著，三次产业总体表现为正</td><td>投资为主，三次产业为辅，其他因素不明显</td><td>城市驱动明显但途径较单一，机制稳定性不足</td></tr>
<tr><td>威海</td><td colspan="2">短期效应显著，波动性最强，各因素均具有明显的正负波动，投资、三次产业总体表现为正</td><td>投资、三次产业驱动，但波动明显</td><td>城市驱动作用较单一，驱动机制不稳定</td></tr>
<tr><td>青岛</td><td rowspan="2">各因素正负分化明显</td><td>物流和投资正向溢出效应持续时间长</td><td>物流、投资为主，三次产业为辅</td><td rowspan="2">城市驱动作用明显，机制稳定</td></tr>
<tr><td>天津</td><td>工业和投资正向溢出效应持续时间长</td><td>工业和投资驱动明显</td></tr>
</table>

由表 9-5 可以看出，不同港口城市港城交互作用的影响因素、作用机制及稳定性存在很大差别。港城关系的强弱、倾向性及驱动机制与港口或城市规模并不存在直接关系，而是与港口或城市发展阶段、港城融合发展程度、港口与腹地的关系等深层次问题密切相关。

1）港口驱动型的海港城市多为近年来快速崛起的新兴港口城市。其中，以黄骅港驱动沧州城市发展最明显。与开发较早的海港城市相比，这些新兴港口拥有明显的区位优势，距离腹地中心城市较近，因此，随着交通条件的改善，这些港口在腹地拓展方面处于明显攻势，因此，近 15 年的港城关系表现为明显的港口驱动型。

2）城市驱动型的海港城市大多港口开发较早，港城关系发展稳定，但驱动机制各不相同。青岛、大连和天津作为区域性枢纽港，港口的直接腹地——城市经济发达，对港口发展具有较强的支撑作用，货源相对较稳定。威海港开发历史比较早，但受区位所限，腹地受青岛和烟台的挤压一直局限在本市范围，港口发展的腹地因素小，规模不大。从港口与城市在区域内部的相对功能来讲，同一区域内的港口竞争大于合作。随着近年来港口区域化发展态势加剧，开发较早的港口在腹地经营方面必将处于守势，港口发展的外部活跃因素减少。相比之下，城市发展更具有多元化特点，其自增长效应远大于港口。

3）驱动因素波动性强的城市有五个，在不同类型港城关系中都有分布，在区域分布上以辽宁沿海经济带城市（锦州除外）为主，还有秦皇岛和威海。这些城市具有一个共同特点，即港口与周边城市腹地重叠严重，且本身城市经济规模有限。例如，一方面，大连的城市驱动作用与青岛、天津相比，具有明显的波动性，作为辽宁沿海经济带的枢纽港，大连与腹地联系的区位条件较差，腹地货源被大幅度袭夺。另一方面，由于城市经济强大，大连与其他四个城市相比，波动幅度最小，且有明显的正向拉动因素。与此相反，营口、秦皇岛、丹东、威海的脉冲波动幅度较大，正向因素不明显。其中，丹东港、营口港的腹地与枢纽港大连重叠，彼此竞争激烈，加之港口分工不明显，因此，两港的发展及对城市的驱动作用存在明显的波动性。秦皇岛的能源输出受到区位更优的黄骅、唐山等港口的竞争，港口发展态势受挫。威海在腹地的区位与大连相似，具有边缘化特点，港口严重依赖城市本身经济支撑，且港城规模较小，导致港城关联机制波动性强。相比之下，锦州作为辽西北的中心城市，腹地和港口驱动作用均比较稳定。唐山港与沧州港虽然与天津港相距不远，但由于唐山港以北京搬迁大型工业企业及临港工业为重点，沧州港以专用能源通道为核心，各港形成了相对差别化的发展路径，因此，两港的发展及对城市的驱动作用更明显，更具有稳定性。

第十章

港城耦合的系统评价与多尺度分析

第一节　环渤海地区港城耦合协调度测定与比较

“以港兴城，港为城用，港城相长，衰荣共济”，构成了港口城市发展演变的一般规律（杨山和潘倩，2011）。它既揭示了港城关系的变迁过程，也揭示了港城关系相互作用的机理，即港口的发展将促进城市的发展，城市的繁荣也将促进港口的繁荣，港口和城市的关系是相互依存、相互影响的。由于港口与城市是两个复杂的系统，两者的关系错综复杂，对两者关系的定量分析也就有一定难度。我国正处于港口高速建设和城市迅速发展的时期，港口和城市功能在一定程度上存在不协调，如何协调两者关系是提高港口城市综合能力的关键。鉴于此，本章选取相应指标构建港城综合评价指数，以环渤海地区 17 个港口城市为例，运用耦合协调模型对港城耦合协调发展进行实证分析。

一、港城耦合的评价指标体系

本章主要运用耦合协调度模型(第五章第二节已介绍,不再详述)和 D-S 证据理论,通过构建指标体系对环渤海地区 17 个港口城市的港城耦合协调度进行评价和分析。选取 2003 年、2008 年、2013 年作为研究周期。研究数据来源于 2004～2014 年的《中国港口年鉴》《中国城市统计年鉴》《中国区域经济统计年鉴》《中国城市建设统计年鉴》及环渤海地区各省市统计年鉴。

（1）指标选取

港口经济与城市经济是复杂的系统工程，两者之间不仅存在相互作用的关系，而且内部也存在复杂的关系（匡海波，2007）。为了判断环渤海地区耦合协调的阶段，评价其港城关系的发展水平和状态，鉴于数据的科学性和可获得性，参考已有研究（朱传耿等，2009；郇恒飞等，2011；杨山等，2011；姜晓丽和张平宇，2013），从港口与城市协调发展的作用机理出发，构建如表 10-1 所示的环渤海地区港城关系系统耦合协调度评价指标体系。

表 10-1　港城耦合协调度评价指标体系

子系统	评价指数	评价指标	AHP 权重	熵值法权重	D-S 合成权重
港口系统	产出系统	港口货物吞吐量	0.107	0.088	0.094
		集装箱吞吐量	0.130	0.164	0.151
		港口外贸吞吐量	0.119	0.133	0.135
	支撑系统	码头长度	0.077	0.085	0.095
		泊位个数	0.099	0.076	0.094
		万吨级泊数	0.077	0.062	0.080
	运营管理系统	航线个数	0.183	0.147	0.142
		所在区域位置性质	0.124	0.096	0.077
		航线所经过的城市个数	0.141	0.091	0.132
城市系统	产出系统	社会消费品零售总额	0.069	0.110	0.102
		第三产业占 GDP 的比重	0.087	0.015	0.034
		出口总额	0.060	0.146	0.088
		GDP	0.109	0.101	0.115
		工业总产值	0.075	0.105	0.098
	保障支撑系统	人均城市道路面积	0.041	0.036	0.035
		每万人拥有医生数	0.045	0.024	0.029
		每万人在校大学生数	0.052	0.058	0.053
		城镇化率	0.063	0.021	0.035
		工业固体废物直接利用率	0.040	0.017	0.020
	运营管理系统	城市居民可支配收入	0.083	0.048	0.046
		建成区绿化覆盖率	0.052	0.011	0.028
		地方财政收入	0.083	0.161	0.143
		全社会固定资产投资总额	0.109	0.111	0.122
		万人公共汽车拥有量	0.033	0.038	0.050

（2）指标权重的确定

为了消除指标数据间量纲和量级的影响，本章使用极差正规化法（胡秉民等，1992），将原始数据有效归一化在[0，1]，使离散度具有一致性。对评价指标的赋权，本章运用 D-S 证据理论将主观性较强的专家主观赋权法（张宝等，2010）和客观性较强的熵值法（李小燕等，2011）有机结合起来，使得分析结果更加客观合理。

（3）D-S 证据理论

证据理论是由 Dempster（1967，1968）首先提出，并由 Shafer（1976）进一步发展起来的一种处理不确定性的理论。设 D 为样本空间，函数 M：$2^D \to [0, 1]$，且满足 $M(\Phi)=0$，$\Sigma M(A)=1$，其中 $A \subseteq D$，则称 M 是 2^D 上的概率分配函数，$M(A)$ 称为 A 的基本概率数。

命题的信任函数 Bel：$2^D \to [0, 1]$，且 $\mathrm{Bel}(A)=\Sigma M(B)$，其中 $B \subseteq A$。Bel 函数又称下限函数，Bel（A）表示对命题 A 为真的信任程度。

似然函数 P：$2^D \to [0, 1]$，且 $\mathrm{Pl}(A)=1-\mathrm{Bel}(\neg A)$，其中 $A \subseteq D$。似然函数的含义是由于 Bel（A）表示对 A 为真的信任程度，所以 Bel（$\neg A$）就表示对非 A 为真，即 A 为假的信任程度，由此可推出 Pl（A）表示对 A 为非假的信任程度。似然函数又称不可驳斥函数或上限函数。

设 M_1，M_2，…，M_n 是 n 个概率分配函数，则其正交和 $M=M_1 \oplus M_2 \oplus \cdots \oplus M_n$ 为

$$\begin{aligned} &M(\Phi)=0 \\ &M(A)=k^{-1}\sum_{\cap A_i=A}\prod_{1\leqslant i\leqslant n}M_i(A_i) \end{aligned} \tag{10-1}$$

其中：

$$K=1-\sum_{\cap A_i=\Phi}\prod_{1\leqslant i\leqslant n}M_i(A_i)=\sum_{\cap A_i\neq\Phi}\prod_{1\leqslant i\leqslant n}M_i(A_i) \tag{10-2}$$

综合评价指数为

$$Z=\sum_{j=1}^{m}T_j X_{ij}(i=1,2,\cdots,n;j=1,2,\cdots,m) \tag{10-3}$$

二、耦合协调度时空差异分析

根据表 10-2 的测度分析，总体来看，随着港口综合评价指数和城市综合评价指数的增加，耦合度和耦合协调度大体呈现由小到大的变化趋势。这说明两者的协调关系越来越好，有向协调状态发展的趋势。

表 10-2 港口与城市耦合度与耦合协调度

城市名	2003 年				2008 年				2013 年			
	$f(x)$	$g(y)$	C	D	$f(x)$	$g(y)$	C	D	$f(x)$	$g(y)$	C	D
大连	0.435	0.209	0.468	0.388	0.581	0.383	0.489	0.485	0.765	0.614	0.497	0.585
营口	0.129	0.071	0.479	0.219	0.223	0.138	0.486	0.310	0.358	0.204	0.481	0.368
锦州	0.069	0.087	0.497	0.197	0.104	0.127	0.498	0.239	0.132	0.195	0.491	0.310
丹东	0.015	0.084	0.361	0.134	0.037	0.113	0.432	0.180	0.092	0.180	0.473	0.254
葫芦岛	0.007	0.065	0.298	0.104	0.013	0.100	0.322	0.135	0.020	0.150	0.319	0.165
盘锦	0.000	0.093	0.011	0.023	0.002	0.137	0.126	0.094	0.015	0.199	0.256	0.166
天津	0.392	0.260	0.490	0.399	0.671	0.515	0.496	0.542	0.877	0.903	0.500	0.667
秦皇岛	0.165	0.130	0.496	0.271	0.228	0.189	0.498	0.322	0.239	0.265	0.499	0.355
唐山	0.028	0.097	0.417	0.162	0.110	0.206	0.476	0.274	0.328	0.338	0.500	0.408
沧州	0.017	0.079	0.382	0.135	0.042	0.157	0.409	0.202	0.087	0.280	0.425	0.280
青岛	0.488	0.220	0.463	0.405	0.694	0.419	0.484	0.519	0.854	0.661	0.496	0.613
烟台	0.139	0.139	0.500	0.264	0.273	0.286	0.500	0.374	0.424	0.472	0.499	0.473
日照	0.071	0.082	0.499	0.195	0.161	0.135	0.498	0.272	0.327	0.201	0.486	0.358
威海	0.072	0.131	0.479	0.220	0.102	0.243	0.456	0.280	0.158	0.345	0.464	0.342
东营	0.002	0.127	0.136	0.094	0.006	0.206	0.168	0.133	0.058	0.333	0.355	0.263
滨州	0.001	0.054	0.147	0.063	0.004	0.143	0.164	0.110	0.046	0.262	0.357	0.235
潍坊	0.002	0.108	0.129	0.084	0.011	0.215	0.215	0.156	0.021	0.377	0.225	0.212

注：C 为耦合度；D 为耦合协调度；$f(x)$ 和 $g(y)$ 为港口综合评价指数和城市综合评价指数

1. 耦合协调度时间演化

根据环渤海地区港城耦合协调度得分，这三年的核密度分布图（图 10-1）大致解释了 17 个港口城市耦合协调测度分布的演进状况。

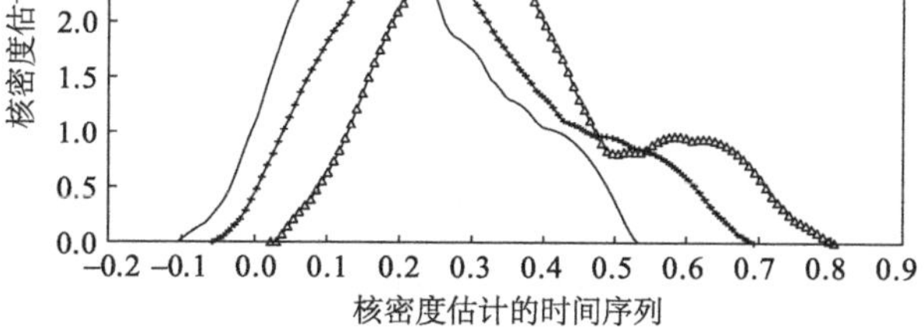

图 10-1 环渤海地区港口和城市耦合协调度的核密度分布

由图 10-1 可知，港城耦合协调分布演进具有以下几个明显特征：

1）从形状上看，港城耦合协调发展水平呈现明显的偏态分布，图形也是非严格的单峰形状，2003 年为单峰分布，到 2008 年波峰有所下降，2013 年波峰变化显著，出现了多峰分布的态势，且波峰多出现在图形右侧，即高值区域。第一个波峰对应的核密度较大，第二个波峰对应的核密度较小，说明环渤海地区 17 个港口城市耦合协调测度分布在 2003～2013 年的变化呈现两极分化的态势。在 2013 年，各港口城市耦合协调度得分的分布趋于分散，主要是因为中度耦合协调的港口城市越来越多地转变为高度耦合协调，导致港城关系高度协调的港口城市比重增加，中度耦合协调的港口城市和低度耦合协调的港口城市比重逐渐缩小的局面。这反映出耦合协调度发展经历了由单峰向多峰的演进过程，峰值中心逐渐右移，协调度水平普遍提高，高值聚集地区逐渐增多，区域间差距仍然存在。

2）从位置上看，2003～2013 年，密度分布曲线呈整体向右移的趋势，说明耦合协调度水平极低地区正逐渐减少。这反映出环渤海地区 17 个城市中的绝大多数港口城市耦合协调状态不断改善。

3）从峰度上看，港口城市耦合协调测度分布在 2003～2013 年出现了尖峰形向宽峰形发展的变化趋势。2003 年港口城市耦合协调度呈现明显的尖峰特征，随着时间推进峰度逐年平缓，波峰高度明显下降，中间至右端的面积逐渐增加，波峰对应的耦合协调度的区域变大，说明在此期间绝大多数港口城市的耦合协调度都有所提高，耦合协调度低的港口城市状态得以改善。

2. 耦合协调度空间差异

1）从城市来看，17 个港口城市的耦合协调度出现了低度耦合协调、中度耦合协调和高度耦合协调三种状态；随着时间的推移，低度耦合协调的城市个数不断减少，高度耦合协调的城市个数不断增加。三个年份中同时处于低度耦合协调的有丹东、葫芦岛、盘锦、沧州、东营、滨州、潍坊 7 个港口城市，其他 10 个港口城市出现了协调区间的跨越，其中由低度耦合协调进入中度耦合协调的有营口、锦州、秦皇岛、唐山、烟台、日照、威海。由中度耦合协调进入高度耦合协调的有大连、天津、青岛。

2）从空间分布来看，高、低值区的空间分布差异主要受到港口系统和城市系统的影响，港口基础设施建设程度高、吞吐量大、生态系统较好的港口城市，港口和城市的相互关系较好，耦合协调度较高。其中，高值区依次集中在青岛、大连、天津，低（较低）值区依次集中在丹东、葫芦岛、盘锦、沧州、东营、滨州、潍坊。

3）从三个省域来看，京津冀地区的耦合协调均值一直处于最优状态，山东半岛次之，而辽东半岛的耦合协调均值处于最差状态。以辽东半岛来说，大连在辽宁沿海港口占据绝对的领导地位，耦合协调度最高，营口和锦州的耦合协调度次之，而丹东、葫芦岛、盘锦作为辽东半岛耦合协调度最低的三个城市，港口对城市总体发展的贡献小，港城关系较弱。山东半岛各港口的耦合协调度均值不断增加，各港口与城市间耦合协调状态不断完善。但也存在区域差异，表现在东部耦合协调状态等级较高，西部耦合协调状态相对滞后。津冀港口群经济实力强，港城耦合协调状态最好。

上述结果表明：第一，2003～2013 年环渤海地区 17 个港口城市的港城系统耦合协调度程度明显增强，反映出港口和城市的关系越来越协调，港口的发展对促进城市经济、社会的发展具有很大的推动作用。反之，城市的发展对港口的拉动作用也越来越大。第二，从空间分布来看，耦合度高值区集中分布在经济社会发展水平较高的港口城市；而低值区则集中分布在经济欠发达的港口城市，以葫芦岛、盘锦等为代表。这种分异特征系统地体现了影响港城关系耦合协调的因素。

3. 耦合协调度类型的空间组合

为了更加全面地反映耦合度和耦合协调度的时空变化，对环渤海地区 17 个港口城市三个年份的耦合度和耦合协调度进行组合分类，结果如表 10-3 所示。

表 10-3　港口与城市耦合协调类型的空间组合

耦合协调类型	2003 年	2008 年	2013 年
低耦合低协调区（$0<C\leqslant0.3$，$0<D\leqslant0.3$）	葫芦岛、盘锦、东营、滨州、潍坊	盘锦、东营、滨州、潍坊	盘锦、潍坊
中耦合低协调区（$0.3<C\leqslant0.5$，$0<D\leqslant0.3$）	营口、锦州、丹东、秦皇岛、唐山、沧州、烟台、日照、威海	锦州、丹东、葫芦岛、唐山、沧州、日照、威海	丹东、葫芦岛、沧州、东营、滨州
中耦合中协调区（$0.3<C\leqslant0.5$，$0.3<D\leqslant0.5$）	大连、天津、青岛	大连、营口、秦皇岛、烟台	营口、锦州、秦皇岛、唐山、烟台、日照、威海
高耦合中协调区（$0.5<C\leqslant0.8$，$0.3<D\leqslant0.5$）		天津、青岛	大连、天津、青岛

17 个港口城市在三个不同时段中同时属于低耦合低协调区的有盘锦、潍坊，同时属于中耦合低协调区的有丹东、沧州，其他 12 个港口城市的耦合协调类型出现了由低级类型向高级类型转变的不同组合。不同组合类型的港口城市变化反映

了耦合协调度变化的基本规律，即耦合度与耦合协调度并非保持一致，港口与城市各自的发展及其相互的影响和作用是导致耦合协调类型变化的直接驱动力。

三、耦合协调度的分类及制约因素

根据 2003 年、2008 年和 2013 年港口综合评价指数和城市综合评价指数，结合耦合度和耦合协调度，可将环渤海地区 17 个港口城市港城耦合协调关系状况分为港口驱动型、城市驱动型和港城互动型三类（郭建科等，2017a），具体如表 10-4 所示。

表 10-4 不同耦合协调类型的港口城市港城关系分类及制约因素

耦合协调类型	港城关系类型	港口城市	港口/城市制约因素	制约因素分析
低度协调	城市驱动型	丹东、葫芦岛、盘锦、沧州、东营、滨州、潍坊	港口生产系统、港口支撑系统、港口运营与管理系统三个系统都相对较差	在港口系统的三个子系统中，外贸吞吐量、集装箱吞吐量、万吨级泊位数、航线个数、航线所经过的城市个数数值均最低，制约了港口的发展，进而影响了港城耦合协调度
中度协调	港口驱动型	营口	城市经济社会发展的保障与支撑系统相对较差	在城市经济社会发展的保障与支撑系统中，每万人拥有医生数、每万人在校大学生数、城镇化率指标数值较低，制约了城市的发展，进而影响了港城耦合协调度
	城市驱动型	唐山、烟台、威海	唐山港口运营与管理系统较差	唐山在港口运营与管理系统中，航线个数、航线所经过的城市个数数值均最低，所在区域的位置性质也较差
			烟台、威海港口生产系统较差	烟台、威海在港口生产系统中，集装箱吞吐量数值较低
	港城互动型	锦州、秦皇岛、日照	港口与城市发展水平都相对较好，相对来说，锦州港口支撑系统相对较差	锦州在港口支撑系统中，港口泊位数、万吨级泊位数、码头长度数值都相对最小
			秦皇岛城市经济社会发展的价值系统相对较差	秦皇岛在城市经济社会发展的价值系统中，GDP、出口总额、工业总产值数值都相对较低
			日照城市经济社会发展的运营与管理系统相对较差	日照在城市经济社会发展的运营与管理系统中，在万人公共汽车拥有量方面的数值最低

续表

耦合协调类型	港城关系类型	港口城市	港口/城市制约因素	制约因素分析
高度协调	港口驱动型	大连、青岛	在环渤海地区港口群港口和城市的发展水平都相对较高，相对来说，大连城市经济社会发展的价值系统相对较差	大连在城市经济社会发展的价值系统中，GDP、第三产业占 GDP 比重、工业总产值数值相对较低
			青岛城市经济社会发展的保障与支撑系统相对较差	青岛在城市经济社会发展的保障与支撑系统中，工业固体废物直接利用率、每万人在校大学生数数值相对较低
	港城互动型	天津	港口与城市发展水平都相对较高，相对来说，城市经济社会发展的运营与管理系统相对较差	在城市经济社会发展的运营与管理系统中，建成区绿化覆盖率、万人公共汽车拥有量数值相对较低

（1）港口驱动型

2003 年、2008 年和 2013 年港口综合评价指数均大于城市综合评价指数的港口城市依次为：大连、营口、青岛。此类港口城市的港城耦合协调关系特点是港口的发展状况优于城市的发展状况。相对于城市的发展来说，港口的各项数值较高，航线系统优越，所到达的城市覆盖面广，所在区域的位置较优越。港口为城市的发展提供了强有力的支撑，进而促进城市的发展，港口的发展对港城耦合协调的状态起到促进作用。

（2）城市驱动型

2003 年、2008 年和 2013 年港口综合评价指数均小于城市综合评价指数的港口城市依次为：丹东、葫芦岛、盘锦、唐山、沧州、烟台、威海、东营、滨州、潍坊。表明此类港口城市的港城耦合协调关系特点是城市的发展状况优于港口的发展状况。港城协调关系的演进与港口城市经济结构的变动密切相关，相对于港口的发展来说，城市各项指标数据不断上升，城市各项系统间的关系不断协调，进而促进港口的发展，城市的发展为港口的发展提供了经济腹地，城市带动港口的发展，城市的发展对港城耦合协调的状态起到促进作用。

（3）港城互动型

2003 年、2008 年和 2013 年港口综合评价指数大于或小于城市综合评价指数的港口城市依次为：锦州、天津、秦皇岛、日照。根据不同年份的港口和城市综合评价指数的不同，又可以分为以下两类：第一类，以 2003 年分界，2003 年港口综合评价指数均小于城市综合评价指数，而 2008 年和 2013 年港口综合评价指数大于城市综合评价指数的港口城市为日照。表明此类港口城市近年来受城市的推动作用、港口自身实力的增强及地方政策的影响，港口的发展不断增强。第二类，2003 年港口综合评价指数均大于城市综合评价指数，而 2008 年和 2013 年港口综合评价指数小于城市综合评价指数的港口城市为锦州。2003 年和 2008 年港口综合评价指数均大于城市综合评价指数，而 2013 年港口综合评价指数小于城市综合评价指数的港口城市为天津、秦皇岛。表明此类港口城市近年来受港口的推动作用，城市的发展水平不断增强。

第二节　环渤海地区港口-城市体系偏移增长与重心耦合态势

随着我国对外水平的不断提高及地区经济的快速发展，沿海城市依托沿海区位优势，纷纷规划布局新港口，打破过去以大型港口为主导的港城发展格局，尤其是以辽宁、津冀和山东沿海港口群组成的环渤海港口群，在“十三五”时期，已在长达 5800 公里的海岸线上布局 60 余个港口，与世界 160 个国家开展航运贸易往来，是我国沿海规模最大的港口群。2015 年 10 月国家发展和改革委员会印发的《环渤海地区合作发展纲要》中指出：辽宁沿海港口群要以大连港和营口港为主要港口，丹东港、锦州港、葫芦岛港和盘锦港为地区性重要港口，主要服务东北三省和蒙东地区；津冀沿海港口群要以天津港、秦皇岛港为主要港口，唐山港和黄骅港为地区性重要港口，主要服务京津冀、华北及西北地区；山东沿海港口群要以青岛港、烟台港和日照港为主要港口，威海港、潍坊港、东营港和滨州港为地区性重要港口，主要服务山东省及中西部部分地区。

目前，我国学者对该区域港口发展演化及其与腹地城市的互动状态关注度相对较少，对港城发展过程中存在的问题揭示程度有限，可供该区域港口发展规划参考的理论数据支撑相对不足。基于此，本书根据已有研究成果（金一等，2017），以环渤海地区的大连、丹东、营口、锦州、天津、秦皇岛、唐山、黄骅、青岛、烟台、威海、日照12个主要海港城市为研究对象，研究数据来源于历年《中国港口年鉴》和《中国城市统计年鉴》，运用不均衡指数、重心分析模型及偏移-分享分析模型，对环渤海地区港口及其腹地城市发展的集散特征、重心发展轨迹、竞合状态及港城耦合态势进行深入探讨，揭示环渤海地区港口与腹地城市的良性互动状态及内在影响机制，使海港城市发展规划更具有针对性。

一、港口体系与其城市经济的不均衡性对比

不均衡指数计算分为港口指标和城市指标两部分，分别将各项指标1998～2014年的数据代入不均衡指数模型（第五章第六节）中，计算得到不均衡指数值，并依据数值和年份形成坐标体系（图10-2），以便于比较观察各项指标长期的集聚离散情况，其中港口总规模和城市总规模为港口和城市各项指标按照权重计算而得，总体上港口及腹地城市的集散特征呈现基本一致的特征。

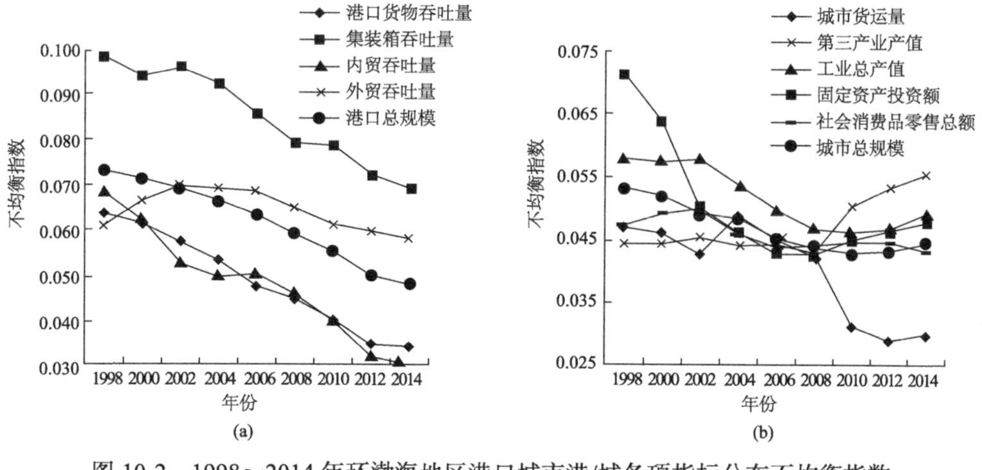

图10-2　1998～2014年环渤海地区港口城市港/城各项指标分布不均衡指数

1）由图10-2（a）可以看出，港口各规模指标不均衡指数均呈现明显的下降趋势，说明港口整体呈现分散化发展态势。随着中小港口的迅速崛起，以主枢纽港为核心的港口发展格局被打破，中小港口开始分担腹地城市货源。以往

环渤海地区重点发展青岛、天津、大连三大综合性港口，近年来，辽宁省的营口港、河北省的沧州港及山东省的日照港等中小港口在国家优惠政策的扶持下得到了迅猛发展，极大地分摊了三大港口的市场份额。最终，辽宁省基本形成以大连港、营口港为核心，以丹东港、锦州港等中小港口为辅助的港口发展格局；山东省基本形成以青岛港、烟台港为核心，以日照港、威海港等中小港口为辅助的港口发展格局；京津冀地区基本形成以天津港、秦皇岛港为核心，以唐山港、黄骅港为辅助的港口发展格局。

2）由图 10-2（b）可以看出，城市各规模指标中除城市货运量外，其他指标均呈现先减小（1998～2008 年）后小幅度提升（2008～2014 年）的变化趋势，说明城市整体呈现先分散后小幅度集聚的发展态势。这与我国经济发展形势有很大关系，2008 年之前，我国对外贸易显著提升，依托港口货物运输程度较高，港口的规模化发展对腹地城市经济的影响程度显著，港口均衡化发展态势在 1998～2008 年牵引着腹地城市向均衡化方向发展。2008 年世界金融危机的发生，使我国港口航运贸易受阻，各港口城市发展受到一定限制。虽然此阶段港口发展趋于均衡，但是港口经济对腹地城市经济发展贡献度相对较低，此阶段城市经济向基础相对较好的城市集聚。而城市货运量不均衡指数持续下降，说明各中小港口货运量持续增长对提升各城市货运量的趋势并未改变。

3）由港口各指标变化对比可知，与内贸吞吐量相比，外贸吞吐量与集装箱吞吐量不均衡指数下降趋势较为平缓，说明开展外贸运输与集装箱运输依旧主要集中在几个大型港口，各港口内贸运输的发展是港口向均衡化发展的主要原因。

4）由城市各指标变化对比可知，2008 年后城市货运量不均衡指数下降最明显，这与港口目前的职能为货物运输，且货运量占港口城市货运总量的比重有很大关系。其他指标的不均衡指数变化相对一致，且受港口影响的程度与城市货运量相比相对有限。

二、港口体系与城市经济重心轨迹关联分析

根据研究需要，将各城市的行政中心坐标及各项指标值依次代入重心模型进行计算，将所得结果通过坐标系的横坐标（纬度）和纵坐标（经度）进行定

位，各年份重心点连线即形成变化轨迹，以便直观地显示港口和城市各项指标1998～2014年重心方向的变化情况。

1. 港与城的整体重心移动轨迹变化对比

港口总规模与城市总规模重心移动轨迹是依据重心分析模型，利用熵值法对港口和城市各项指标求权重，借助各城市中心坐标及面积等数据，计算经度和纬度，再将各年份、各重心点依次连接，以显示港口总规模与城市总规模在1998～2014年的重心方向变化情况（图10-3）。

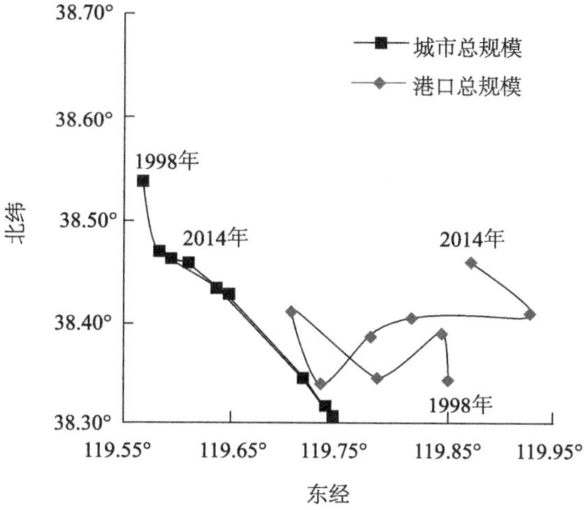

图10-3　1998～2014年环渤海地区城市总规模及港口总规模重心移动轨迹

由图10-3可知，港口总规模、城市总规模重心基本稳定在同一个区域内部，经度波动范围（东经119.55°～119.95°）和纬度波动范围（北纬38.30°～38.55°）相对较小。说明港口规模与腹地规模呈现明显的正相关性，即经济发展相对较好的城市，港口发展相对完善，而经济发展相对有限的城市，港口发展受到一定局限。港口与城市之间互相促进，共同发展，实现港口与腹地城市之间的良性互动对于港口城市经济发展意义重大。具体来看：在城市总规模方面，重心移动方向分为两个清晰的阶段，先由西北向东南，再由东南向西北，实际移动距离为57.60公里，平均移动速度为3.60公里/年，空间位移为8.78公里；在港口总规模方面，重心移动轨迹也大致分为两个阶段，由东向西，再向东北移动，实际移动距离为66.16公里，平均移动速度为4.13公里/年，空间位移为12.84公里。

2. 港与城的各项指标重心移动轨迹对比

依据具体的计算结果，将 1998～2014 年环渤海地区各项指标的重心坐标分别表示在经纬网平面坐标系中，再将各个坐标点依次连接就形成了各项指标的重心移动轨迹图（图 10-4）。

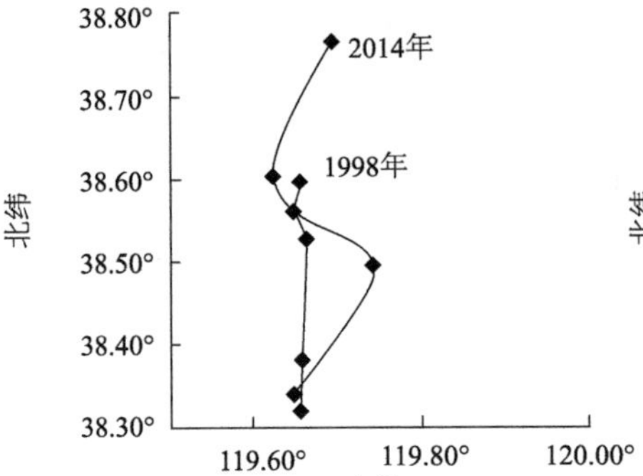

(a)城市货运量

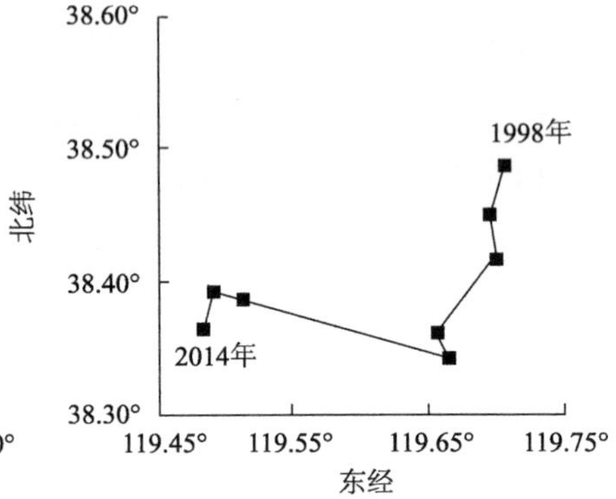

(b)第三产业产值

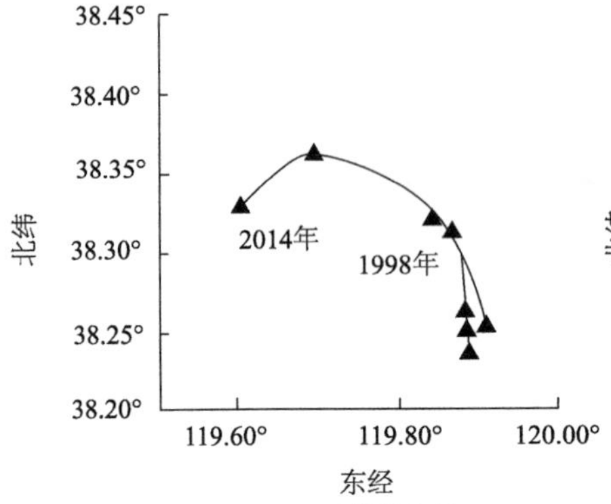

(c)工业总产值

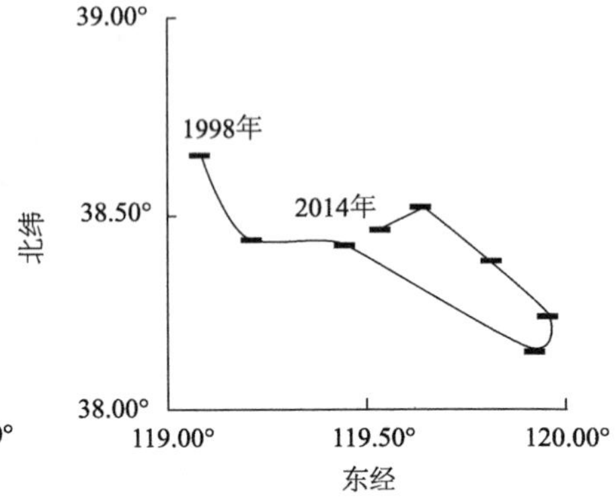

(d)固定资产投资额

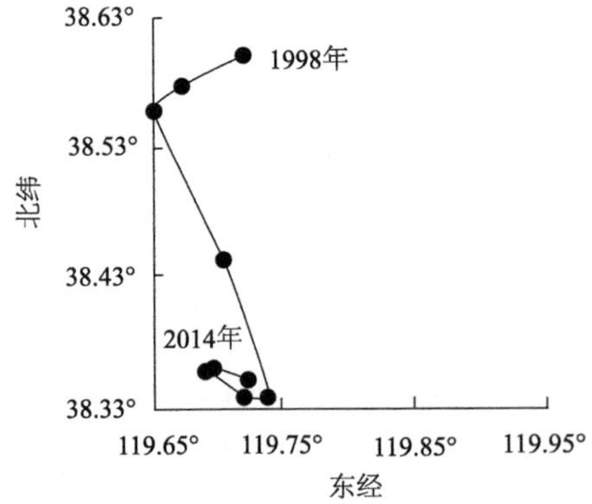

(e)社会消费品零售总额

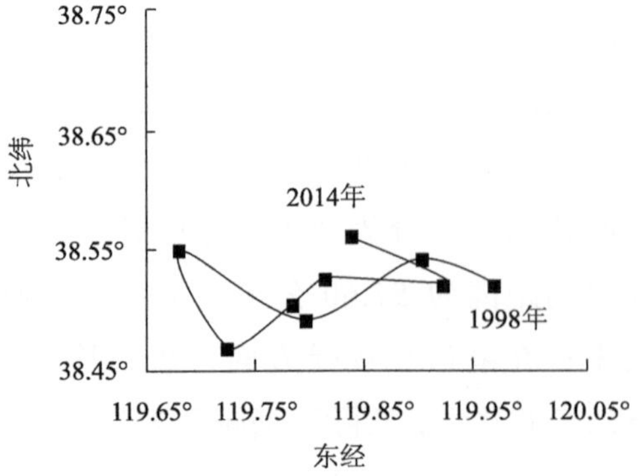

(f)港口货物吞吐量

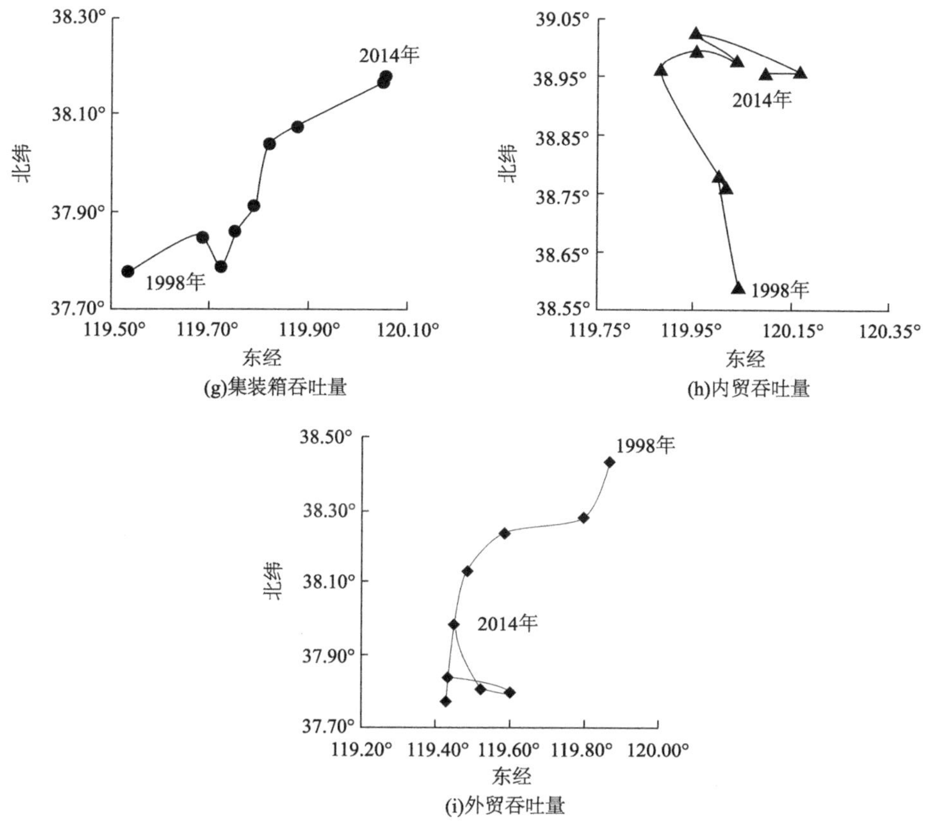

图 10-4　各项指标的重心移动轨迹

（1）城市指标重心移动方面

与城市总规模变化轨迹相似，工业总产值、固定资产投资额均呈现先由西北向东南，再由东南向西北的往返态势，说明城市发展主要体现在工业生产及投资拉动上。但与工业总产值相比，固定资产投资额重心轨迹移动更加明显：工业总产值重心实际移动距离为 39.01 公里，平均移动速度为 2.44 公里/年，空间位移为 13.31 公里，重心相对稳定；固定资产投资额重心实际移动距离为 185.55 公里，平均移动速度为 11.62 公里/年，空间位移为 21.33 公里。而城市货运量、第三产业产值、社会消费品零售总额与城市总规模变化轨迹呈现相反趋势，整体呈现由北向南，再由南向北的变化轨迹。其中，重心变化最明显的是城市货运量移动轨迹，实际移动距离为 90.89 公里，平均移动速度为 5.68 公里/年，空间位移为 28.52 公里；其次是第三产业重心移动，实际移动距离为 1.03 公里，平均移动速度为 2.56 公里/年，空间位移为 28.22 公里；社会消费品零售总额实际移动距离为 45 公里，平均移动速度为 2.81 公里/年，空间位移为 27.5

公里。综上可知，城市发展受工业及投资的影响相对较大，而受其他指标影响程度相对有限。

（2）港口指标重心移动方面

港口货物吞吐量的重心变化轨迹与港口总规模变化轨迹近乎相同，均经历了先由东向西，再由西向东移动的变化阶段，说明港口货物吞吐量是影响港口货运发展的主要因素，而组成港口货物吞吐量的内（外）贸吞吐量指标也都经历了两个变化阶段，但集装箱吞吐量的重心变化却是持续由西南向东北方向移动，说明中小港口的快速发展并未影响集装箱运输市场，集装箱货运依旧由大型港口主导。具体来看，港口货物吞吐量的重心变化幅度最小，主要为经度变化，先由东向西，再向东，近年来又有向西移动的趋势，实际移动距离为 79.88 公里，平均移动速度为 4.99 公里/年，空间位移仅为 15.72 公里，重心较稳定；集装箱吞吐量重心变化幅度则较大，主要由西南向东北移动，实际移动距离为 87.71 公里，平均移动速度为 5.8 公里/年，空间位移达 73.28 公里；内贸吞吐量重心先由南向北移动，再向东西方向变化，实际移动距离为 111.52 公里，平均移动速度为 6.97 公里/年，空间位移为 41.28 公里，变化幅度较大但重心却较为稳定；外贸吞吐量重心前期由东北向西南移动，后期先向东，再向西北移动，实际移动距离为 149.33 公里，平均移动速度为 9.33 公里/年，空间位移为 67.37 公里，变化幅度最大且重心变化也较为明显。

三、港口运输与其城市经济偏移增长耦合态势

1. 港口规模偏移增长分析

区域内各指标分布的变化由其内部各地区偏移增长所致，本书因研究对象、指标数量较多，因而通过熵值法计算得到各项指标权重，从而求得环渤海地区港口、城市各自的综合偏移增长量，进而对这一地区港口与城市的集聚、离散状态进行分析，因增长量为多项指标综合计算而来，所以无具体单位，计算结果如表 10-5 和表 10-6 所示。

表 10-5 环渤海地区港口总规模偏移分析

项目	1998～2006 年	2006～2014 年
环渤海地区不同港口间的偏移增长量	$VOLSHIFT_{total}$：48.32	$VOLSHIFT_{total}$：211.00

续表

项目	1998～2006年	2006～2014年
同一港口群内不同港口之间的偏移增长量	$VOLSHIFT_{intra}$辽宁沿海经济带：2.87 $VOLSHIFT_{intra}$京津冀：5.80 $VOLSHIFT_{intra}$山东半岛：15.42	$VOLSHIFT_{intra}$辽宁沿海经济带：0.00 $VOLSHIFT_{intra}$京津冀：31.35 $VOLSHIFT_{intra}$山东半岛：44.34
不同港口群间的偏移增长量	$VOLSHIFT_{inter}$：24.23	$VOLSHIFT_{inter}$：135.31
正偏移港口	丹东港：2.16，营口港：16.99，锦州港：7.96，秦皇岛港：2.88，唐山港：2.54，黄骅港：0.38，烟台港：9.06，威海港：1.39，日照港：4.97	大连港：29.93，丹东港：32.63，营口港：72.36，锦州港：0.38，唐山港：23.52，黄骅港 7.83，日照港：44.34
负偏移港口	大连港：−2.87，天津港：−27.83，青岛港：−17.62	秦皇岛港：−5.16，天津港：−65.39，烟台港：−14.22，威海港：−0.26，青岛港：−125.98

表 10-6　环渤海地区城市总规模偏移分析

项目	1998～2006年	2006～2014年
环渤海地区不同城市间的偏移增长量	$VOLSHIFT_{total}$：1053.69	$VOLSHIFT_{total}$：2071.11
同一港口群内不同城市之间的偏移增长量	$VOLSHIFT_{intra}$辽宁沿海经济带：38.72 $VOLSHIFT_{intra}$京津冀：300.36 $VOLSHIFT_{intra}$山东半岛：85.90	$VOLSHIFT_{intra}$辽宁沿海经济带：0.00 $VOLSHIFT_{intra}$京津冀：132.42 $VOLSHIFT_{intra}$山东半岛：125.66
不同城市群间的偏移增长量	$VOLSHIFT_{inter}$：628.70	$VOLSHIFT_{inter}$：1813.04
正偏移城市	营口：38.72，唐山：205.43，黄骅：94.94，烟台：428.45，青岛：200.80，日照：85.36	大连：18.06，丹东：101.56，营口：121.00，锦州：239.08，唐山：27.37，黄骅：436.27，天津：1002.12，日照：125.66
负偏移城市	大连：−169.26，丹东：−58.75，锦州：−42.57，秦皇岛：−87.42，天津：−609.79，威海：−85.90	秦皇岛：−132.42，烟台：−875.54，威海：−980.51，青岛：−82.65

由表 10-5 可知，环渤海地区港口总规模在 1998～2014 年偏移增长量为正值，说明港口发展向部分港口区域集聚。具体来看，始终保持正偏移的为丹东港、锦州港、营口港、唐山港、黄骅港、日照港六个港口，这些港口在该时段实现了稳步增长。但 2006～2014 年港口总规模偏移增长量比 1998～2006 年更明显，该时段偏移正增长量主要体现在营口港、日照港、丹东港的快速提升上，偏移增长量分别为 72.36、44.34、32.63。同时，部分港口发展优势相对下降，

腹地市场被新兴港口市场分摊，最明显的是大连港、威海港、烟台港、秦皇岛港等，在某时段偏移增长量出现明显的负值状态，市场分别被周边营口港、日照港、黄骅港等分摊。将环渤海地区港口分为三大港口群，即辽宁沿海经济带港口群、山东半岛港口群和京津冀港口群。对比发现，港口群发展呈现明显的区域差异性，山东半岛、京津冀、辽宁沿海经济带港口群偏移增长量依次减少且为正，说明该时段山东半岛港口之间的竞争趋势相比其他区域明显，主要体现在日照港的兴起对青岛港货源的掠夺上。

2. 城市规模偏移增长分析

如表 10-6 所示，与环渤海地区港口总规模相似，1998～2014 年城市总规模偏移增长量同样为正值，说明港口与腹地城市发展相对同步，是城市发展的重要支撑，港口经济繁荣必然带动腹地城市经济迅速发展。具体来看，始终保持正偏移增长量的城市为营口、黄骅、日照、唐山，同时，2006～2014 年城市总规模偏移增长量比 1998～2006 年更加明显,该时段偏移正增长量主要体现在天津、黄骅、锦州的快速发展上，三城市经济规模偏移增长量分别为 1002.12、436.27、239.08。发展优势相对下降的城市主要有大连、烟台、威海等。将环渤海地区城市分为三大城市群，即辽宁沿海经济带城市群、山东半岛城市群和京津冀城市群。研究发现，京津冀城市群偏移增长最为明显，说明该区域部分港口城市经济得到显著提升，这与我国实施京津冀协同发展战略，对该区域提供大量的政策、经济支持有很大关系。

综上所述，首先，港口与城市发展偏移增长量基本呈现同步变化趋势，港口地位的提升会带动腹地城市经济出现较大的竞争优势，同时，随着其他中小港口的逐步完善，主枢纽港口腹地被分摊，发展优势相对下降，最终使得环渤海地区城市发展格局发生相应改变，此种现象也说明，港口与城市呈现高度的耦合态势。其次，区域内港口要统筹、规划发展，未来环渤海地区应以京津冀港口群为核心，以辽宁和山东沿海港口为两翼，内部各大中小型港口城市需根据各自城市经济特点，明确各自港口的优势运输货种并开展相应航运业务，《环渤海地区合作发展纲要》中对本书所研究的 12 个港口城市做出了明确规划，要求各港口合理分工、优化资源配置。未来辽宁沿海港口群中，大连港和营口港为主要港口，丹东港、锦州港、葫芦岛港和盘锦港为地区性重要港口，主要服务东北三省和蒙东地区。大连港要重点发展集装箱干线运输和能源、原材料等大宗物资运输，积极发展液化天然气、商品、汽车和邮轮运输，拓展现代航运、贸易、物流服务；营口港、丹东港、锦州港等港口重点发展能源、原材料、粮食等大宗物资运输和集装箱支线运输，拓展临港工业、现代物流等综合服务功能。津冀沿海港口群中，天津港、秦皇岛港为主要港口，唐山港和黄骅港为地区性重要港口，主要服务京津冀、华北及西北地区。天津港要以集装箱干线运输为重点，积极发展液化天然气和邮轮、游艇运输等，大力发展航运、贸易、物流等现代服务，提升航运中心功能；秦皇岛港、唐山港、黄骅港要以能源、原材料等大宗物资运输为主，大力拓展综合服务功能。山东沿海港口群中，青岛港、烟台港和日照港为主要港口，威海港、潍坊港、东营港和滨州港为地区性重要港口，主要服务山东省及中西部部分地区。青岛港要重点发展集装箱干线运输和能源、原材料等大宗物资运输，相应发展液化天然气、商品运输和邮轮运输；日照港、烟台港等港口重点发展能源、原材料等大宗物资运输和集装箱支线运输，拓展临港工业、现代物流等综合服务功能。

四、结论与建议

本节运用不均衡指数、重心分析模型、偏移-分享分析模型对环渤海地区12个主要海港城市1998～2014年港口体系与城市经济的发展空间耦合态势进行分析，结果发现：

1）港口发展与城市经济建设总体上呈现明显的空间关联性。尤其是大连港、青岛港、天津港等大型港口，目前处于港口发展的成熟期，与城市腹地经济发展基本形成良好的互动格局；中小港口正处于生长期和发展期，港口与城市联系将更加紧密。但也存在某时期港口发展与城市经济建设发生一定的空间错位，如营口港的崛起及东北亚航运中心的建设，使环渤海地区港口总规模重心向东北方向移动，城市总规模重心却向西北方向移动，出现一定程度的偏离。

2）整体来看，城市规模、港口规模指标不均衡指数均呈现下降趋势；港口、城市总规模重心基本稳定在同一个区域内部，波动幅度相对较小。对于港口而言，中小港口的迅速崛起，打破了过去以主枢纽港为核心的港口发展格局，中小港口开始分摊腹地城市货源，并在一定程度上缩短与枢纽港的差距；对于环渤海地区海港城市而言，经济的不断提升，也逐步缩短了本区域城市间经济发展的差距。同时，通过分解各港口、城市总体规模指标发现，工业总产值、固定资产投资额对城市整体发展影响最大，港口吞吐能力是港口发展好坏的最直接反映。

3）环渤海地区港口（城市）总规模在 1998～2014 年始终保持正值偏移增长量，港口与腹地城市发展相对同步，港口是海港城市发展的重要支撑。对于港口而言，丹东港、锦州港、营口港、唐山港、黄骅港、日照港偏移增长量始终为正值，在一定程度上分摊了区域枢纽港的货源；对于城市而言，营口、黄骅、日照、唐山偏移增长量始终为正值，在一定程度上实现了区域城市经济的均衡发展。

基于以上发现，需从以下五方面继续强化港口与城市的互动效应：第一，保证投资效益与岸线效率，在国家“一带一路”倡议影响下，未来我国海上战略支点建设成为仅次于铁路建设的重要工程，其中环渤海地区港口群在我国三大港口群中投资额度最高，面临着极佳的发展机遇，因此，要科学、适度地开发建设港口，避免能力过度超前导致资源浪费。第二，推动环渤海地区港口城市与内陆腹地的统筹发展，对环渤海地区各港口进行合理分工，提升大连港、天津港、青岛港主枢纽港的国际中转能力，以及营口港、唐山港、日照港等中小港口的配置能力，优势互补的同时竞合发展，提升港口群的综合竞争力。第三，充分发挥市场资源配置，推动落实国家“一带一路”倡议及京津冀协同发展重大战略，深化与内陆经济腹地的合作，使中韩自贸区、天津自贸区、京津冀、山东半岛蓝色经济区成为环渤海地区港口经济发展的动力。第四，完善市场体系，构建开放型经济新格局，使环渤海地区各港口充分发挥自身优势的同时，结合沿海及内陆腹地城市的特色资源、产业优势，形成环渤海地区共同市场，构建互利互惠新格局。第五，加强交通、信息等配套基础设施建设，合理布局、完善功能，在环渤海地区形成现代化基础设施网络体系，在保证硬件条件的同时，要提高航运服务软实力，完善航运法律、保险、金融等产业链。

第十一章

港口城市的区域体系及网络联系

区域尺度的港城关系可持续发展离不开港口体系及其所在城市体系的双向互动。虽然不同港口城市的港城关系强弱和态势不同，港城关系所处的发展阶段也存在明显差异，且港口城市本身具有多元化的功能。但城市的多功能发展与港口的多功能发展是密切相关的，特别是随着全球化、区域一体化和物流网络化的发展态势，港口体系的内部结构，港口与港口间的竞争与合作关系越来越影响城市之间的空间联系、产业联系和要素联系。因此，有必要从区域尺度，围绕港口体系、港口城市体系及两者的网络联系进行深入分析，洞察区域层面港城关系发展的真谛。本章分别以环渤海地区及中国沿海港口城市为案例对区域港口体系、区域港口航运网络联系及区域港口城市体系进行空间分析。

第一节　环渤海地区港口体系位序-规模分布演化特征

改革开放 40 年来，在腹地经济支撑和全球化背景下，我国大陆地区逐渐成为全球港口成长的中心，并形成了以环渤海、长三角和珠三角三大区域性港口群为核心，海峡西岸、北部湾等港口群为补充的港口体系。与其他区域性港口群相比，环渤海地区港口分布密集，规模、功能类型多样，港口群内部地域分化较为明显，三大枢纽港及其子系统的港口竞争与合作关系异常复杂，对于研究港口体系及港口间相互作用而言，具有典型性和代表性，是全球化时代我国港口体系发展过程与演化特征的缩影。特别是近年来，随着天津滨海新区开发开放和京津冀协同发展纳入国家战略，环渤海地区港口竞争与合作必将进入新的发展阶段。在此背景下，对环渤海地区港口体系进行深入研究具有重要意义。

鉴于此，这里利用笔者已有研究成果（郭建科等，2017b），运用位序-规模法则对环渤海地区港口体系规模分布特征及变化轨迹进行深入研究，并结合核密度方法分析环渤海地区港口体系位序-规模分布的作用机制，揭示新时期环渤海地区港口区域化的现状特征，为当前港口区域化研究提供新的视角和有益启示。

本章以环渤海地区为研究区域，根据 2015 年国务院批复的《环渤海地区合作发展纲要》，选取本区域 17 个港口作为研究样本，沿海岸线依次为丹东港、大连港、营口港、盘锦港、锦州港、葫芦岛港、秦皇岛港、唐山港、天津港、黄骅港、滨州港、东营港、潍坊港、烟台港、威海港、青岛港、日照港。关于测算指标和数据：第一，港口货物吞吐量一直以来是港口产出能力和港口发展综合评价的重要指标，而集装箱吞吐量及其占比则反映港口发展的现代化水平和港口货流的结构变化。因此，本章以港口货物吞吐量和港口集装箱吞吐量两个指标分别进行测算，可以较好地反映港口规模分布情况。第二，不同时期的港口数量不同，新兴港口建港的起始年份及当年的吞吐量也不同，为此，必须设定一个港口规模下限，为了尽可能地将主要港口纳入考察范围，本书将港口初始年份的运输规模下限定为：货物吞吐量为 1 万吨，集装箱吞吐量为 1000 标准箱。综合考虑港口发展情况与数据的可得性，以 1985 年和 1990 年为始点分别研究港口货物与集装箱的分布规律，所用数据主要来源于《中国港口年鉴》（2001～2015 年）和《中国交通年鉴》（1985～2000 年），部分数据来源于国家统计局。

1985 年以来，环渤海地区规模以上港口数量从 7 个增至 17 个，区域港口货物吞吐量由 1.4 亿吨发展到 2014 年的 37.0 亿吨，开展规模化集装箱运输的港口由 3 个增至 14 个，区域港口集装箱吞吐量由 25.3 万标准箱发展到 2014 年的 5705 万标准箱，港口货物吞吐量和集装箱吞吐量分别为 30 年前的 26 倍和 225 倍，环渤海地区港口体系在实现港口数量增加和规模分布变化的同时，港口货源结构优化更为明显，以集装箱运输为代表的港口现代化水平大幅度提升。

一、基于港口货物吞吐量的分析

通过绘制环渤海地区港口货物吞吐量位序-规模双对数关系图，观察其拟合效果，发现许多年份的港口货物吞吐量散点图很难用一条直线或曲线拟合，其间出现明显分岔转折，由此分割的两个或三个线段却出现高度拟合，这表明用港口货物吞吐量标定的港口体系位序-规模分布出现了多个无标度区的情形，存在多分形结构，不同规模等级的港口具有明显的分层现象，其位序-规模分布的分形特征存在差异。据此，对 1985～2014 年环渤海地区港口货物吞吐量位序-规模分布的无标度区进行识别和拟合得到表 11-1。通过比较各年份无标度区个数及变化情况，可将环渤海地区港口货物吞吐量位序-规模分布划分为四个发展阶段，为节省篇幅，制作每个阶段首尾年份的港口货物吞吐量位序-规模双对数关系图，如图 11-1 所示。

表 11-1 1985～2014 年港口货物吞吐量位序-规模分布的无标度区参数

年份	港口总数（个）	无标度区一	无标度区二	无标度区三
		范围；拟合方程；R^2	范围；拟合方程；R^2	范围；拟合方程；R^2
1985	7	3～7; 14.734–5.615ln*k*; 0.880	—	—
1986	8	2～8; 10.924–2.916ln*k*; 0.928	—	—
1987	9	2～9; 11.111–3.021ln*k*; 0.936	—	—
1988	9	2～9; 11.045–2.851ln*k*; 0.911	—	—
1989	9	2～9; 10.974–2.748ln*k*; 0.919	—	—
1990	9	2～9; 10.995–2.793ln*k*; 0.917	—	—
1991	9	2～9; 10.958–2.660ln*k*; 0.902	—	—
1992	9	2～7; 10.102–1.825ln*k*; 0.915	—	—
1993	9	2～7; 10.096–1.733ln*k*; 0.909	—	—
1994	9	1～4; 9.030–0.497ln*k*; 0.985	6～9; 19.310–6.657ln*k*; 0.941	—
1995	8	1～4; 9.028–0.350ln*k*; 0.994	5～7; 8.373–0.668ln*k*; 0.917	—
1996	9	1～4; 8.994–0.236ln*k*; 0.910	5～7; 7.824–0.287ln*k*; 0.999	7～9; 22.270–7.747ln*k*; 0.983
1997	11	1～4; 8.958–0.106ln*k*; 0.932	5～7; 7.677–0.166ln*k*; 0.997	8～10; 8.773–1.168ln*k*; 0.989
1998	12	1～4; 8.971–0.099ln*k*; 0.940	6～11; 13.232–3.157ln*k*; 0.911	—
1999	12	1～4; 9.064–0.127ln*k*; 0.854	6～11; 12.330–2.636ln*k*; 0.913	—
2000	12	1～4; 9.199–0.084ln*k*; 0.858	5～11; 11.651–2.239ln*k*; 0.965	—
2001	15	1～4; 9.357–0.092ln*k*; 0.810	5～11; 11.744–2.220ln*k*; 0.936	11～15; 40.802–14.352ln*k*; 0.969
2002	16	1～4; 9.476–0.130ln*k*; 0.955	6～10; 11.120–1.712ln*k*; 0.919	10～16; 27.288–8.589ln*k*; 0.953
2003	16	1～4; 9.687–0.195ln*k*; 0.966	5～10; 10.752–1.399ln*k*; 0.943	11～16; 31.335–10.111ln*k*; 0.956
2004	17	1～4; 9.913–0.258ln*k*; 0.964	5～13; 12.401–2.134ln*k*; 0.913	13～16; 49.272–16.577ln*k*; 0.954
2005	16	1～4; 10.062–0.265ln*k*; 0.941	5～13; 13.392–2.483ln*k*; 0.912	13～16; 51.248–17.254ln*k*; 0.989
2006	17	1～4; 10.151–0.188ln*k*; 0.986	6～14; 15.734–3.444ln*k*; 0.931	15～17; 20.784–6.034ln*k*; 0.980
2007	17	1～4; 10.344–0.226ln*k*; 0.981	6～14; 15.958–3.433ln*k*; 0.923	15～17; 26.709–8.129ln*k*; 0.966
2008	17	2～8; 10.978–0.795ln*k*; 0.909	8～17; 24.179–6.874ln*k*; 0.943	—
2009	17	1～7; 10.618–0.437ln*k*; 0.930	7～17; 21.682–5.808ln*k*; 0.941	—
2010	17	1～7; 10.664–0.336ln*k*; 0.976	7～17; 20.231–5.052ln*k*; 0.951	—

续表

年份	港口总数（个）	无标度区一	无标度区二	无标度区三
		范围；拟合方程；R^2	范围；拟合方程；R^2	范围；拟合方程；R^2
2011	17	1～7；10.736–0.300ln*k*；0.989	7～14；17.637–3.787ln*k*；0.964	—
2012	17	1～7；10.810–0.292ln*k*；0.919	7～17；18.735–4.219ln*k*；0.959	—
2013	17	1～4；10.821–0.135ln*k*；0.924	6～17；17.118–3.507ln*k*；0.955	—
2014	17	1～4；10.913–0.166ln*k*；0.931	7～17；17.641–3.637ln*k*；0.962	—

注：范围指 *k* 值范围；拟合方程指 ln*P*（*k*）方程；R^2 为相关系数

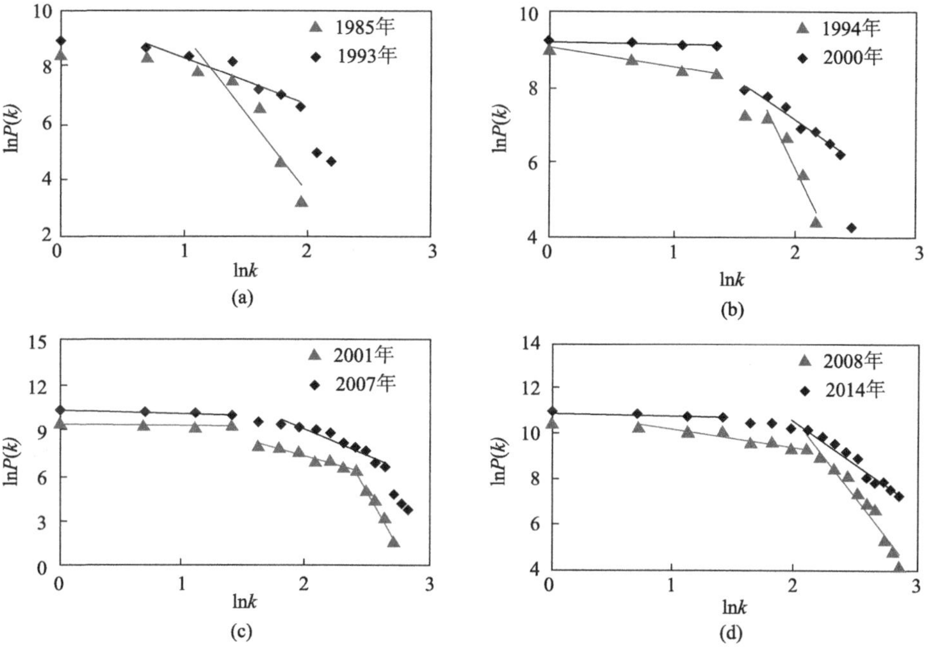

图 11-1　不同阶段首尾年份港口货物吞吐量位序-规模双对数关系图

1. 1985～1993 年：单分形，大型港口支配下的高位序平衡发展阶段

这一时期港口体系变化不大，港口货物吞吐量从 1.4 亿吨增加到 2.4 亿吨。

1）各年份港口货物吞吐量均存在一个无标度区，呈现局部单分形结构，在大型港口支配下，中小港口与之形成明显的高位序-规模分布特征，且彼此规模差异保持平衡。秦皇岛港作为能源输出港，由于增长速度明显快于其他港口而被排除在无标度区内。

2）各年 Zipf 指数（对应表 11-1 中 ln*k* 的系数）均大于 1，呈高度集中分布，各港口规模等级差异较大。Zipf指数逐年下降，港口规模分散化态势明显。

3）改革开放初期港口建设主要集中在秦皇岛港、大连港等传统大港，它们集中了绝大部分沿海港口货物吞吐量，形成大型港口占据绝对的支配地位，小型港口不发育的分布格局，大中小港口位序分布明显。秦皇岛港与大连港位居前两位，合计占区域港口货物总吞吐量的60%以上。秦皇岛港作为我国最早的能源大港，长期占据北方第一大港的地位；大连港作为东北老工业基地的门户，也在较长时期保持了北方第二大港的位置。青岛港、天津港分别位居第三、第四位，这四个港口的货物吞吐量均超过3000万吨。烟台港、日照港则刚刚突破1000万吨，营口港、威海港等尚处在几百万吨的发展水平。

2. 1994～2000年：双分形、三分形交替，中小港口突破

这期间，随着以特区及沿海开放城市为核心的改革开放步伐加快，全国对外贸易迅速扩大，环渤海地区港口货物吞吐量从2.7亿吨增至2000年的4.7多亿吨，年均增速9.5%，环渤海地区港口体系变化明显。

1）本阶段最显著的特征是大量新兴港口的涌现对原有港口体系造成巨大冲击，港口体系结构发生突变，分形结构波动明显。各年份港口货物吞吐量的无标度区为2～3个，结构为双分形与三分形交替变化，随着港口数量的增加，港口体系进入调整期。

2）无标度区一Zipf指数小于0.5且逐年降低的趋势明显，空间形态为对数正态分布模式；秦皇岛港、大连港、天津港和青岛港作为本区域的大型港口，处在同一量级，相对差距较小，并具有均衡化的发展态势。无标度区二各年份的Zipf指数及所包含的港口数变化较大，1996年和1997年出现了三个无标度区。

3）本阶段内，许多港口开始了大规模的码头基础设施建设和改扩建，大型枢纽港开始瞄准深水码头，为下一阶段的集装箱运输大发展创造条件。在港口货物吞吐量方面，秦皇岛港、天津港、大连港、青岛港并驾齐驱，接近亿吨大港。天津港则逐渐超越受东北老工业基地所困的大连港上升至第二位。日照港、营口港和烟台港紧随其后，锦州港快速崛起，成为规模在1000万～3000万吨的中型港口，中型港口进入第一轮快速成长期。唐山港、丹东港、威海港和黄骅港等新兴港口刚刚加入区域港口体系，规模较小。

3. 2001～2007 年：三分形，大中小港口差异化发展

21 世纪以来，加入世界贸易组织（World Trade Organization，WTO）、深化港口体制改革、航运技术变革等一系列变化使沿海港口竞争日益激烈，港口规模分布变化较大，环渤海地区港口体系出现明显的三分形结构，大中小港口差异化发展明显，港口体系进入深度调整期。

1）各年份港口货物吞吐量存在三个无标度区，呈现三分形结构。无标度区一包含天津港、青岛港、秦皇岛港、大连港四个港口，无标度区二和无标度区三包含的港口变化较大。

2）无标度区一 Zipf 指数小于 0.5，均衡分布特征明显；无标度区二和无标度区三则表现为明显的集中分布，无标度区三的 Zipf 指数明显高于无标度区二，表明小型港口间的差异最大。

3）港口体系加速调整，并逐渐形成区域内三大子系统。一是东北港口群，以大连港为核心，营口港、锦州港、丹东港为主要支线港；二是山东港口群，以青岛港为核心，烟台港、日照港、威海港为主要支线港；三是京津港口群，以天津港为核心，秦皇岛港为副中心，唐山港、黄骅港为主要支线港。三大子港口群“三足鼎立”，既有相互合作又有激烈竞争。在三个子系统内部，营口港借助第一轮东北振兴战略，凭借优越的区位优势快速成长为东北地区港口发展的副中心，秦皇岛港则因其能源港在货运结构中的劣势，逐渐被天津港和青岛港超越。

4）地方港口开发仍很活跃，大中小等不同规模、层次的港口布局形成，港口数量较稳定，但大中小港口的界限比较模糊。根据无标度区的划分，处于无标度区一的四大港口相对稳定。日照港、营口港和烟台港虽然从 2001 年的 2000 万吨规模成长为亿吨大港，但仍与黄骅港、唐山港、锦州港、丹东港、威海港（2000 万～8000 万吨）等中型港口组成无标度区二，形成明显的位序分布，表明这些港口之间具有较强的系统自组织特性，而新晋亿吨大港与原有四大港口间在货源结构、航运组织、相互联系等方面仍存在较大差异。除此之外，新兴的葫芦岛港、潍坊港、东营港、滨州港、盘锦港的规模仍很小，属于小型港口。

4. 2008～2014 年：双分形，枢纽港竞合下的港口融合发展

随着全球化的进一步推进和国家对沿海港口规划的日益完善，环渤海地

区港口区域化发展日益明显，各年份港口货物吞吐量均为两个无标度区，中小港口的界限被打破，亿吨大港明显增多，港口大型化和集装箱化态势明显，以规模区别的大中小港口分化让位于以航运网络联系区别的枢纽港与支线港分化，因此，主副枢纽港与其他大中小型港口间出现无标度区分化，呈现双分形结构。

1）本阶段最显著的特征是唐山港、营口港和日照港首次进入无标度区一，主要年份无标度区一包含的港口由4个增至6个，位序-规模呈现均衡分布特征，并进一步强化。中型港口大型化并与原有大型港口展开枢纽港的争夺，秦皇岛港退出了无标度区一，而唐山港作为天津港的副中心取而代之。日照港和营口港在与其他新晋亿吨大港的竞争中胜出，进而分别作为青岛港和大连港的副中心进入无标度区一，六大港口货物吞吐量均超过 3 亿吨。至此，环渤海地区港口体系进入三大枢纽港、三个副中心、三个子系统竞合发展时期。

2）从 2014 年的数据看，无标度区二内部集中化分布明显，彼此差异巨大。其中，秦皇岛港（2.74 亿吨）、烟台港（2.38 亿吨）、黄骅港（1.76 亿吨）和丹东港（1.38 亿吨）为四个亿吨大港。这些港口不仅具有优越的区位优势和广阔的腹地，港口所在城市也具备强大的经济实力和成长后劲，这些港口的大型化将成为推动港口体系进一步调整变化的最活跃因素。锦州港、威海港、盘锦港的货物吞吐量在 3000 万～9000 万吨，潍坊港、东营港、葫芦岛港和滨州港的货物吞吐量则在 1000 万～3000 万吨。

二、基于集装箱吞吐量的分析

20 世纪 80 年代的环渤海地区港口集装箱运输主要在天津港、大连港和青岛港，其他港口在后期仍远不足万标准箱，因此，考虑到数据的可解释性，本章主要考察 1990～2014 年环渤海地区港口集装箱吞吐量的位序-规模特征。以千标准箱为单位，对 1990～2014 年环渤海地区港口集装箱吞吐量位序-规模分布的无标度区进行识别和拟合得到表 11-2。通过比较各年份无标度区个数及变化情况，可将环渤海地区港口集装箱吞吐量位序-规模分布划分为四个发展阶段，并制作每个阶段首尾年份的港口集装箱吞吐量位序-规模双对数关系图，如图 11-2 所示。

表 11-2　1990～2014 年港口集装箱吞吐量位序-规模分布的无标度区参数

年份	港口总数（个）	无标度区一	无标度区二
		范围；拟合方程；R^2	范围；拟合方程；R^2
1990	6	1～3；5.597–0.751ln*k*；0.890	4～6；10.937–6.043ln*k*；0.984
1991	6	1～3；5.784–0.646ln*k*；0.921	4～6；11.034–5.898ln*k*；0.899
1992	6	1～3；5.928–0.570ln*k*；0.890	4～6；8.229–3.893ln*k*；0.997
1993	6	1～3；6.162–0.585ln*k*；0.987	4～6；8.520–3.921ln*k*；0.900
1994	6	1～3；6.465–0.650ln*k*；0.986	4～6；10.467–4.976ln*k*；0.999
1995	6	1～3；6.613–0.535ln*k*；0.819	4～6；11.951–5.707ln*k*；0.992
1996	7	2～7；10.941–5.104ln*k*；0.945	—
1997	7	2～7；10.779–4.755ln*k*；0.934	—
1998	7	2～7；10.782–4.644ln*k*；0.938	—
1999	9	2～9；10.114–3.712ln*k*；0.966	—
2000	9	2～9；10.551–3.800ln*k*；0.956	—
2001	9	2～9；10.285–3.442ln*k*；0.973	—
2002	9	2～6；10.476–3.420ln*k*；0.955	6～9；5.407–0.743ln*k*；0.974
2003	10	2～6；10.453–3.144ln*k*；0.954	6～10；6.494–1.060ln*k*；0.959
2004	11	2～6；10.711–3.142ln*k*；0.960	6～10；6.743–1.012ln*k*；0.974
2005	11	2～10；10.376–2.572ln*k*；0.975	—
2006	11	2～11；10.487–2.433ln*k*；0.971	—
2007	12	2～6；10.668–2.395ln*k*；0.945	6～11；9.138–1.633ln*k*；0.921
2008	12	1～11；9.905–1.803ln*k*；0.938	—
2009	12	1～11；9.944–1.798ln*k*；0.935	—
2010	12	1～11；10.993–2.273ln*k*；0.987	—
2011	12	1～11；10.150–1.669ln*k*；0.928	—
2012	13	2～13；11.589–2.427ln*k*；0.937	—
2013	14	2～14；11.863–2.526ln*k*；0.923	—
2014	14	1～14；11.558–2.244ln*k*；0.957	—

注：范围指 *k* 值范围；拟合方程指 ln*P*（*k*）方程；R^2 为相关系数

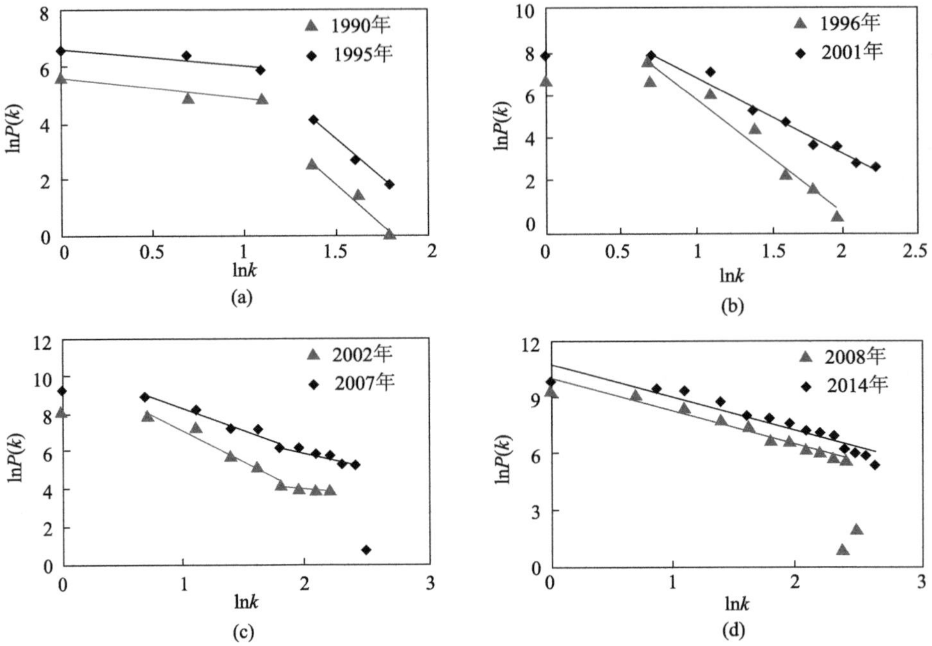

图 11-2　不同阶段首尾年份港口集装箱吞吐量位序-规模双对数关系图

1. 1990～1995 年：双分形，高度集中化与外接式分割发展阶段

1）集装箱运输对于水深和港口基础设施要求较高，与港口货物吞吐量的分布相比，规模化的集装箱运输主要集中在天津港、青岛港和大连港三大枢纽港，三者占环渤海地区集装箱运输总比重由 97.0%变为 95.4%。此时，烟台港、营口港和秦皇岛港作为新兴的集装箱港口，相关运输尚处在适应和摸索阶段。

2）各年份港口集装箱吞吐量均存在两个无标度区，具有明显的双分形结构，与无标度区一相比，无标度区二的港口规模很小，大港口与小港口的分割发展明显。究其原因，在改革开放后相当长时间内，我国各港口的集装箱运输均从属于新加坡、神户、釜山等东亚国际性枢纽港，外贸运输及洲际航线高度集中在少数大型港口，各港口之间缺乏枢纽港与支线港间的网络联系，因此，大小港口形成了外接式的分割发展态势，表现为双分形结构特征。

3）无标度区一的 Zipf 指数小于 1，空间形态为对数正态分布模式，表明三大集装箱枢纽港的运输规模差异较小；无标度区二的 Zipf 指数在 3.89～6.04，空间形态为帕雷托分布模式，烟台港集装箱量是秦皇岛港的

10倍之多，规模等级差异较大。总体上，新兴港口的集装箱运输在枢纽港的运输联系中占据微不足道的份额，大型港口与小型港口各自构成的两个无标度区分化明显。

2. 1996～2001年：单分形，枢纽港形成及新兴港口融入阶段

1）集装箱运输多采用定期班轮挂靠的空间运营模式，以集中货源，提高规模效益。本阶段，各年份港口集装箱吞吐量的规模结构为单分形，但其内部却实现了大中小型港口的高位序分布，这主要是由于随着中国适箱货源的强劲增长，在国内大型港口中逐渐发育了集装箱枢纽港，洲际航线不必外接至东亚其他枢纽港中转，三大集装箱枢纽港均突破了百万标准箱，合计占区域的比重从95.4%变为92.8%。与此同时，烟台港、营口港增长迅速，在航线组织下，与枢纽港间联系增强，集装箱吞吐量均突破10万标准箱。此类中型集装箱港口的发育为单分形结构的形成起到关键作用，促成了大中小型港口的高位序梯次分布。新兴的丹东港和日照港紧随其后，通过发挥腹地优势获得较大适箱货源；而秦皇岛港由于能源港的制约，适箱货源增长乏力，集装箱运输规模与新兴的锦州港相当。

2）从分形拟合的特征看，Zipf指数由5.10减小至3.44，属于逐步降低的高位序分布，集中化程度呈缩小态势，但中小港口的集装箱量与大型港口相比，仍差距甚远。此外，由于青岛众多制造业品牌崛起，青岛港集装箱量增长步伐明显快于其他港口，被排除在无标度区范围内。

3）枢纽港集装箱运输占比微弱下降，但部分小型港口的集装箱运输上升为中等规模，更多新兴港口加入集装箱运输行列，中小型集装箱港口得到充分发育，为下一阶段新的大型集装箱港口产生创造了条件。

3. 2002～2007年：单双分形交替，支线港迅速成长及大型化阶段

1）2002～2007年的分形结构为单分形和双分形波动变化。两个无标度区的出现主要由于中小型集装箱港口随着腹地经济强劲增长，不断开拓新的班轮支线，支线港迅速成长，如营口港、烟台港已突破百万标准箱，使超百万标准箱的港口数达到五个。青岛港的集装箱吞吐量已接近千万标准箱，在区域港口体系中独树一帜。其余四个大型港口则形成了无标度区一，但Zipf指数仍在2.39～3.42，彼此差异较大。三大枢纽港集装箱量占区域的比重从92.8%下降至

82.0%，首位度首次明显下降。五个大型集装箱港吞吐量比重仍在 92.5%，可见，营口港和烟台港的增长远快于其他港口，两者的大型化完全吸收了枢纽港释放的腹地货源份额。

2）无标度区二在 2005 年和 2006 年消失，四个年份的 Zipf 指数也在 1 左右浮动，显示中小型支线港的规模分布较为合理。日照港是 2002～2004 年无标度区一和无标度区二的分叉点，表明两个子系统的等级结构衔接紧密。同时，威海港、唐山港等新兴港口加入集装箱运输行列，中小集装箱港口进一步发展，加剧了支线港间的箱源争夺。

4. 2008～2014 年：单分形，各港口在航运网络连接下的系统整合阶段

1）随着枢纽港和支线港间的航线网络不断优化，大中小型集装箱港口层级和结构得以完善，各年份均形成了单一的无标度区，位序-规模分布为单分形结构。

2）Zipf 指数均大于 1，但与第二阶段的单分形相比，集中化程度已大大降低，且增减波动变化，趋势不明显。三大枢纽港均超过千万标准箱规模，合计占区域比重由 2007 年的 82.0%降至 71.5%，首位度进一步下降。与此相反，规模超百万标准箱的集装箱港则猛增至 9 个，合计集装箱量占区域比重增加至 96.4%，这一层面的集中化程度加强。

3）除黄骅港和威海港分别以能源和集装箱为主外，百万标准箱的港口均为亿吨大港。锦州港集装箱量超过 80 万标准箱，呈现大型化发展态势，秦皇岛港和黄骅港仍以能源为主，集装箱运输开始稳步提升，但仍保持中等规模，盘锦港发展势头较快，潍坊港集装箱运输开始起步。

三、港口体系位序-规模分布的作用机制

环渤海地区是我国港口分布密集区，港口经济活跃。与其他沿海地区类似，环渤海地区港口体系演化也必然受自然条件与技术进步、规模经济、航运市场变化、腹地经济联系、港口管理体制等多方面影响（曹有挥等，2004；吴旗韬等，2011）。除此之外，与长三角、珠三角相比，1985～2014 年环渤海地区港口位序-规模分布演化的作用机制也有其自身特点。

1. 自然经济地理约束下的大港口主导作用明显

1）沿海宜港深港岸线资源丰富，同时缺少内河航运连通，港口与腹地联系严重依赖陆路交通。因此，绝大多数港口为海港，且多大型港口，港口间的水路联系少，港口多通过大致垂直于岸线的交通线与内陆腹地连通，不同规模间港口直接联系相对较少。

2）大型港口区位基本选定，在三大枢纽港格局相对稳定的前提下，随着环渤海经济圈崛起，对外贸易比重提升和港口管理权限逐渐下放，沿海中小港口以能源输出、承接产业转移为契机，获得迅速成长，因此，与国内其他区域相比，环渤海地区的亿吨大港分布较多，大型港口对整个区域港口体系和港行运输的主导作用较强，在此基础上逐步开拓集装箱和外贸业务。

3）两大半岛深入海洋，岸线曲折，各港口与内陆腹地间的空间联系差异较大，更容易促发新兴港口崛起、港口腹地袭夺，进而加速港口体系空间重构。

2. 区域化和竞争压力倒逼港口合作，推动港口实现自组织协调

利用非参数核密度方法对港口体系各阶段协调程度及差异程度进行研究，可对港口体系内部系统融合协调程度进行分析，并洞察大中小港口间的相互作用关系。绘制港口货物吞吐量与集装箱吞吐量的核密度曲线（图 11-3），分析港口体系各阶段协调程度和差异程度。从形状来看，港口货物吞吐量与集装箱吞吐量的核密度曲线从“较矮较胖”逐渐“变陡变瘦”，显示港口间规模差距缩小；从分布模式来看，港口货物吞吐量的核密度曲线由双峰分布模式变为单峰分布模式，集装箱吞吐量的核密度曲线由多峰分布模式变为双峰分布模式，说明港口间不断融合向协调态势发展。造成上述变化特征的原因在于，在全球化推动下，集装箱运营和供应链物流网络不断完善，港口间的竞争越来越体现为港口群的竞争，体现为港口与腹地供应链网络的竞争，长期的恶性竞争和内耗难以为继，尤其是 2008 年金融危机后，经过市场的调节，国际贸易深度调整，以市场化方式加速港口群经营主体一体化，港口间新兴的竞合关系得以形成，港口体系发展更为协调。环渤海地区港口体系位序-规模分布变化充分说明，正是港口区域化发展倒逼长期恶性竞争的环渤海区域港口合作，推动大中小港口、枢纽港与支线港融合发展。

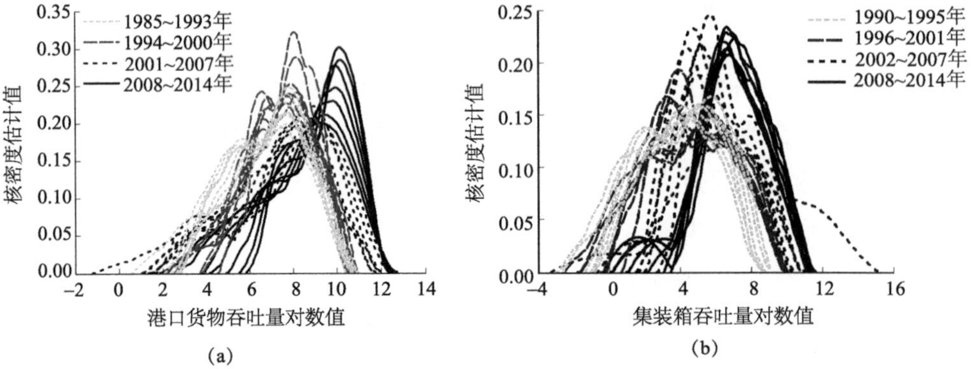

图 11-3 环渤海地区港口规模分布的核密度动态变化图

综合研究（王成金和 Ducruet，2011；程佳佳和王成金，2015；郭建科等，2017b）可知，港口区域化具有内在和外在两方面特征。

1）外在表现主要为新兴港口不断涌现，沿海港口形成港口带，形成港口区域化发展的空间形态。1985～2014 年，环渤海地区港口数量不断增加，许多大港口普遍采取组合港的形式，将周边中小港口纳入联运体系，沿海宜港岸线开发殆尽，沿海城市几乎都成为港口城市，多门户结构促使整个区域的港口空间扩展，沿海地带形成了名副其实的港口带，各港口间腹地交叉重叠，大型枢纽港还通过干港的形式将空间拓展至内陆腹地。

2）内在特征则主要表现为港口与港口之间、港口与腹地之间通过供应链物流网络和快速配送体系实现一体化发展，港口间的关系由单纯的竞争变为新型的竞合关系，彼此分工协作加强，并最终实现联动发展；港口与腹地的关系则实现一体化互动。1985～2014 年，环渤海地区的集装箱运输迅猛增长，区域运输结构已大为改观，以集装箱班轮网络的空间组织与运营为纽带，枢纽港与支线港间逐渐形成了较为密切的网络联系。

3）通过汇总环渤海港口体系发展的主要特征（表 11-3 和表 11-4）并对照研究期内环渤海地区港口货物吞吐量和集装箱吞吐量分布的基尼系数（图 11-4），有两点发现。第一，分别以港口货物吞吐量和集装箱吞吐量标度的港口体系位序-规模分布在分形结构、区域化进程、协调性等方面存在差异。但以两个指标分别衡量的港口体系位序-规模分布演化阶段前后仅差 1～2 个年份，总的货物运输与集装箱运输的发展节点基本吻合，表明散杂货运输与集装箱运输具有紧密的内在联系。第二，从长期看，港口体系规模分布的集中化与分散化交织进行，货物总吞吐量的分散化早于集装箱运输，分散趋势较为明显，而集装箱的集中化与分散化交织进行，波动频繁。与此同时，集装箱位序的分形结构却比货物总吞吐量简单，拟合程度更好。这表明集装箱航运网络具有整合区域港口系统，推动港口联动发展的优势。可见，散杂货运输的均衡化发展为集装箱运输均衡化提供条件，而港口运输集装箱化程度可反映港口区域化水平，集装箱运输及其背后的物流空间运营与组织网络则是港口区域化的决定性因素。集装箱港口位序-规模分布特征及其分形结构表明，环渤海地区港口体系发展已经进入港口区域化阶段，并将随着区域一体化和港口新型竞合关系的确立加速向高级化发展。

表 11-3　环渤海地区各港口货物吞吐量分布阶段及特征

特征	大型港口主导（1985～1993 年）	新兴港口不断发育（1994～2000 年）	大中小港口差异化发展（2001～2007 年）	港口融合发展（2008～2014 年）
分形特征	局部单分形	双分形、三分形	三分形	双分形
集散特征	高度集中分布，但程度逐年弱化	大港口均衡分布明显，中小港以集中化为主，在波动中程度明显弱化	大港口均衡分布明显，但程度有所减弱。中小港口呈高度集中分布，在波动中程度明显弱化	大港口均衡分布明显，且不断强化。中小港口呈高度集中分布，但程度明显减弱
核密度	双峰型	双峰型，峰值变高	单峰型左拖尾	单峰型左拖尾
规模分布	港口数稳定，大港口占绝对优势，小港口不发育	大中港口依然保持良好发展，小港口涌现初期	大中小港口分化明显，差异化发展态势显著	港口大型化特征明显，大港口与中小港口呈双层结构

表 11-4　环渤海地区各港口集装箱吞吐量分布阶段及特征

特征	高度集中化（1990～1995 年）	新兴港口发育（1996～2001 年）	支线港大型化（2002～2007 年）	网络连接下的系统整合（2008～2014 年）
分形特征	双分形	单分形	单分形、双分形交替	单分形
集散特征	大港口均衡分布明显，有集中化趋势；新兴港口高度集中分布，波动且趋势不明	集中分布明显，有分散化趋势	大港口集中分布明显，有分散化趋势；支线港较为均匀，有集中化态势	较为集中分布，在波动中仍呈集中化态势
核密度	多峰型	多峰型	多峰型	双峰型左拖尾
规模分布	集装箱运输高度集中在三大枢纽港，其他港口刚刚起步	高位序港口集装箱发展较快，新兴港口尚处于发育阶段	支线港呈现大型化态势，与枢纽港间的联系处于波动之中	枢纽港与支线港间的网络联系加强，港口规模分布呈现初步的联动发展

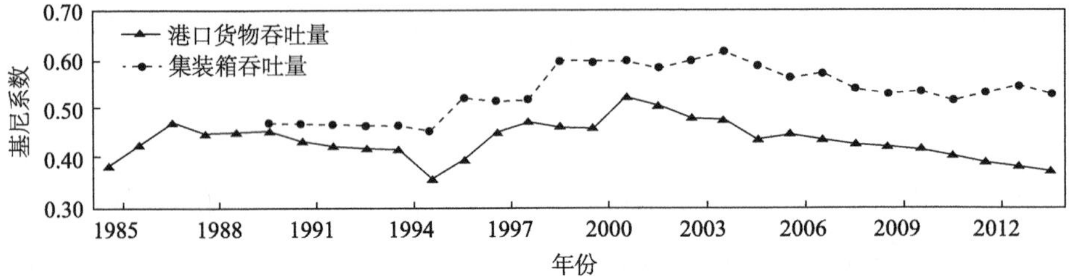

图 11-4 环渤海地区港口规模的基尼系数变化图

3. 能源输出特征及转型推动新兴港口快速成长

在长三角港口区域化实证分析中得到其港口区域化的重要特征是原枢纽港、离岸枢纽和干线港及喂给港共同发展（王成金和 Ducruet，2011），而环渤海地区港口在区域化进程方面缺乏离岸枢纽港，使其能够连接邻近中小型港口从而形成喂给支线，并且枢纽港之间、支线港与枢纽港之间、支线港之间仍缺乏有效的合作，三大子港口群多在省域内整合，因此，实现分工与合作、打破行政区划的界限是环渤海地区港口区域化发展的关键。①受腹地能源输出的贸易结构影响，长期以来，环渤海地区的能源港、能源码头获得了持续成长，许多新兴港口在能源运输的支撑下完成了规模扩张。②长期以来，环渤海地区形成了京津冀、辽东半岛和山东半岛三个次区域的港口系统，彼此相对封闭。近年来，随着环渤海地区成为新一轮产业转移的重要承载区，腹地经济成长加速，各地区产业转型升级逐步展开，产业联系不断加强，许多新兴港口集装箱和外贸吞吐量增长很快，港口可持续发展能力不断提升。

第二节　区域港口体系的航运网络联系

本节综合运用复杂网络模型对 2005 年和 2015 年的中国沿海港口航运网络的系统结构和变化趋向进行分析，以此分析航运网络联系对港口城市发展的影响。主要数据源自《中国港口统计年鉴》及班轮公司船期表。样本遵从《全国沿海港口布局规划》（2006 年）的相关规定，沿海港口之“沿海”包括中国大陆沿海港口及长江干线的南京以下主要港口（包括南京、苏州、常州、镇江、泰州、扬州、无锡）。集装箱航线网络以《中国港口统计年鉴》和主要班轮公司船期表为依据进行深度挖掘，包含两个及以上中国大陆港口的内外贸航线，可以全面反映中国大陆沿海港口的航线网络关系。

一、港口航运网络的整体特征

（1）航线网络的小世界特征增强，结构效率有所提升

以主要班轮公司船期表为依据，根据复杂网络测算，2005～2015 年，中国大陆沿海保持稳定集装箱航线的港口由 34 个扩大到 42 个。①集装箱航运网络的平均路径长度由 2005 年的 1.68 增至 2015 年的 1.75，港口航线的整体转折率明显上升。②网络集聚系数由 2005 年的 0.70 增至 2015 年的 0.72，港口航线的集聚程度有所上升。根据相关研究，将此与 2015 年中日韩港口航运网络（平均路径长度为 2.769，集聚系数为 0.33）（郭建科等，2017b）和我国 2008 年航运网络（平均路径长度为 2.229，集聚系数为 0.694）（莫辉辉，2012）相比较，我国港口网络具有较小的平均路径长度与较大的集聚系数，表现出明显的“小世界”网络特征，2005～2015 年，我国大陆港口联系的航运网络结构具有向效率更高的“小世界”网络演化的态势。

（2）新兴港口大量涌入，港口平均度值增加，高位序度值的港口占比大幅度提升

1）2005～2015 年，大陆集装箱港口网络中增添了 8 个地方新兴港口，增幅达 23.5%，通常情况下，新兴港口数量多、开通航线少，极易拉低全国港口的平均度值，但这里的港口平均度值则从 13 增加至 14，基于整个网络的港口间联系有所增强。

2）度值大于 20 的港口数由 7 个增至 18 个，占总港口比重由 26%提升至 40%，这些港口主要是枢纽港及其周边的次级港口，表明枢纽港运输经济的外溢效应明显，紧邻的港口发挥了明显的疏解作用并逐步大型化和副中心化，整体上提高了区域港口群的规模经济效益。航线数据及网络复杂性计算结果显示，2005 年与 2015 年港口的度累计呈现的指数特征较为明显，少数节点连接了较多数量的航线。表明传统意义上的边缘港挑战更多地表现为枢纽港对部分功能的主动剥离，枢纽港的辐射作用和扩散效应显现，但围绕枢纽港的区域港口群则形成了更大范围的空间集聚，呈现出大范围的地理集聚与小范围的功能分散并存的态势，意味着集装箱港口体系在集聚与扩散的转换过程中，通过新型竞

合关系实现共赢发展。

（3）网络中心性变化特征

小世界特征与度值分布主要考察港口间的航线开通与联系情况，网络中港口节点的中心性与航线数量密切相关。因此，我们在分析网络中心性时，以航线数量为权重，建立港口加权网络模型，通过无权和加权网络比较全面地反映网络中心性特征。

就无权网络来看：①度中心性从 0.402 降至 0.397，略有降低；邻近中心性从 0.438 降至 0.412，降幅较大。这表明 2005～2015 年在港口数量大幅度增加的基础上，网络的整体可达性有所降低，说明 2005～2015 年，我国港口网络中港口直接可达性与间接可达性的功能围绕一个节点或者一组节点运行的集中程度在下降，即各个港口的差距缩小，这主要归功于枢纽港边缘的次级港口实力的增强，所联系航线数量快速发展，减小与枢纽港的差距，在集装箱港口规模发展的同时朝向均衡化发展。②网络介数中心性呈现出增长的态势，从 0.093 升至 0.128，说明 2005～2015 年，我国港口网络的中转功能更加集中于枢纽港，枢纽港口的地位提升。

加权网络的网络邻近中心性与介数中心性呈现上升趋势，分别从 3.1 升至 3.4，0.21 升至 0.25。说明各个港口间接可达性的效率与中转的效率的差异增大。网络度中心性从 0.11 降至 0.07，说明各个港口间直接联系的效率的差异缩小，港口之间的联系紧密度增强。

二、轴–辐网络与航运中心层级

以港口节点的单位权、度、加权邻近中心性与介数中心性为节点指标，以港口间最强联系为线指标，基于 UCINET 建立航运轴–辐图，如图 11-5 所示，并进行航运中心层级划分。①2005 年全国集装箱港口间未形成整体网络，呈现局部网络与港口对并存的格局，具体来讲，围绕上海港、深圳港形成庞大的南方港口联系网络；围绕天津港、大连港形成较小的北方港口联系网络，青岛港、日照港和连云港港在联系强度上与南方港口网络更为密切，因此从属于南方网络，南京港与江苏港则形成稳定的港口对。②2015 年全国大陆集装箱网络形成了较为完整的“轴–辐”网络体系。具体表现为上海港与宁波港之间的联系强度最大，深圳港与上海港之间的航线数量次之，这三个港口间的航线形成了我国大陆港口航线中强大的干线，成为全国性枢纽港。2005～2015 年上海港的全国性枢纽作用大大增强，同时形成了以青岛港、大连港、厦门港、天津港、广州港为主的区域性枢纽港，在各地方港口中发挥着重要的组织与转运功能。烟台港、苏州港等港口形成了相应的支线港和喂给港。③轴-辐结构是指支线港通过支线航班对枢纽港进行箱源喂给，以支撑干线航班，同时以支线港为目的地的箱源也要通过枢纽港进行疏散。这种模式以枢纽港为核心，通过枢纽港和支线港间的航班衔接，集散干支线的集装箱流，提高了集装箱网络的覆盖能力和通达性，航线组织结构更加优化，效率提高，降低了运输成本，促进了航线经济的可持续发展。我国港口之间的关系由单纯的竞争变为新型的竞合关系，彼此分工协作加强，轴-辐功能协作增强，实现了港口联动发展，促进了我国航线经济的可持续发展，港口区域化的内在性更加明显。

具体从区域角度来看：①2005 年环渤海区域的港口以天津港和大连港为中心，形成了较为独立的区域港口群。至 2015 年，天津港的影响突破了环渤海区域范围，与上海港建立了最强引力连线，从而将大部分环渤海地区的港口与全国港口群挂钩。青岛港在 2005～2015 年始终与上海港存在最强引力连线，环渤海地区集装箱港口网络与其实际港口群不同合形成了以天津港和青岛港为双核的枢纽港的区域航运网络。②从长三角区域来看，2005 年，宁波港为第一层级，但宁波港仅与上海港建立了最强联系，相对于其巨大的货运规模而言，说明宁波港的货源在很大程度上源于上海港的分流，属于上海辅助港的特征明显。2015 年，广州港则与宁波港建立最强联系，宁波港通过与广州港的联系，大大增强了自身的航线辐射能力。整体上，长三角形成了上海为主宁波为辅的“双核”型区域性港口航运网络。③从珠三角区域来看，2005 年并没有形成统一的区域性航运网络体系；2015 年则形成以深圳港为主，广州港为辅的区域性航线网络，两大港口分别在不同港口群联系中占据主导地位，形成新型的竞合关系。

从航线最强联系和轴辐体系来看，中国大陆沿海集装箱航运中心层级变化较为明显。①2005年，由于没有形成统一的沿海港口集装箱航运网络，因此缺乏全国性的航运中心。上海港、青岛港、天津港、宁波港与深圳港均表现为区域性航运中心，广州港、大连港、厦门港为第二层级，可称为区域性副中心。福州港、烟台港等为第三层级，是区域性重要节点或地方性港口。②2015年，宁波港、上海港与深圳港第一层级，具有全国性航运中心的多个特征。而天津港、广州港、青岛港、大连港和厦门港为第二层级，可称为区域性航运中心，苏州港、泉州港等为第三层级，为区域性重要节点或地方性港口。

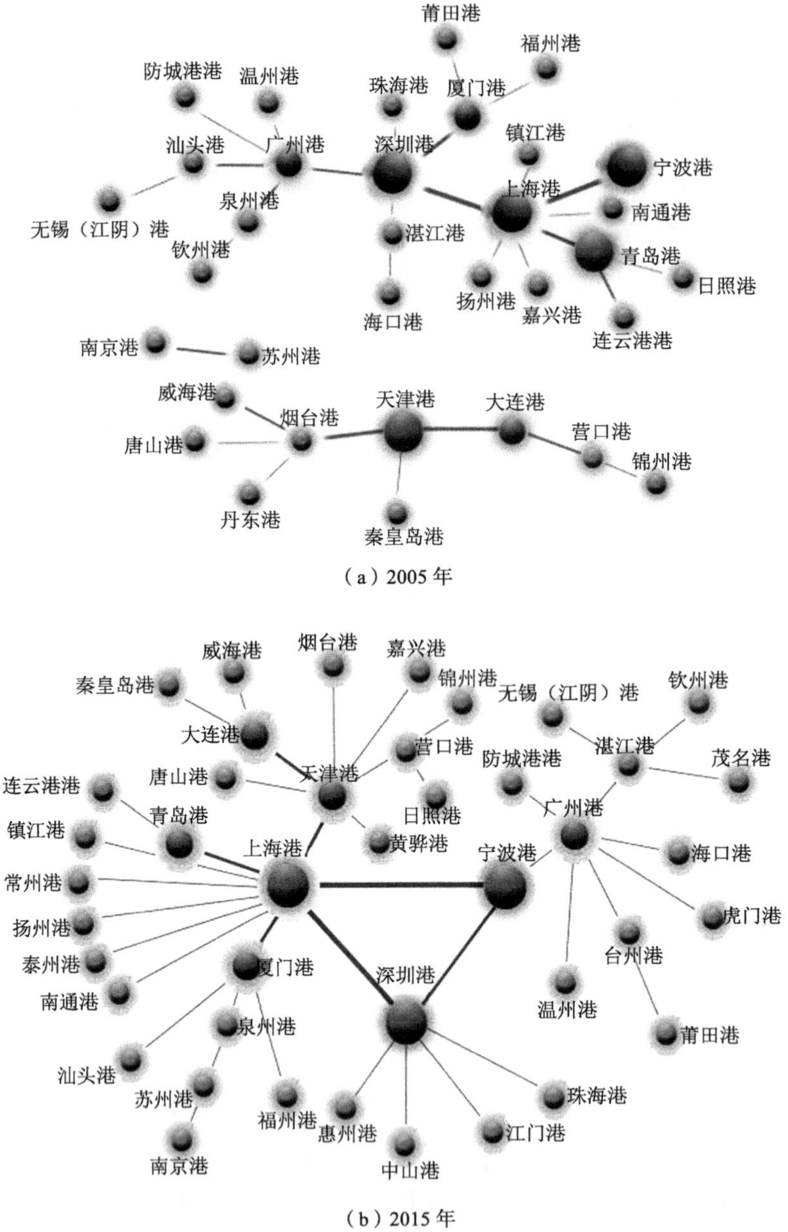

（a）2005 年

（b）2015 年

图 11-5 基于港口间最强航线连接集装箱航运网络“轴-辐”图

第三节　多功能视角的中国港口城市等级体系

根据笔者团队研究，本节以中国沿海和部分沿江地区作为研究区域，选取47个主要港口城市作为研究样本，所涉及省份包括中国沿海辽宁、河北、山东、江苏、浙江、福建、广东、广西和海南共九省，以及天津和上海两个直辖市。鉴于指标数据的可获得性与连续性，时间序列确定为2001～2015年。指标数据来源于《中国城市统计年鉴》（2002～2016年）和《中国区域经济发展年鉴》（2002～2014 年），部分缺失数据来源于各省、市年鉴或统计公报，个别数据依靠数学方法拟合得到。由于各指标数据单位不统一，需进行数据标准化处理和熵值法赋权。

一、多功能视角下沿海港口城市体系位序-规模分布

21 世纪以来，中国城市尤以东部港口城市发展见长。由于其得天独厚的区位优势及国家政策的支持引导，港口城市逐步演化成中国东部城市化水平高、经济发展速度强劲且国际贸易交流密切的港口城市体系，各城市也成为具备多功能特征的港口城市。为进一步研究港口城市体系功能性规模的分布特征与演化趋势，特选取相关指标数据构建指标体系（表 11-5），进一步表征港口城市功能。本书利用式（5-42）对我国港口城市各功能性规模进行了模拟回归分析，得到结果拟合优度均高达 90%，证明位序-规模法可用来解释港口城市体系规模分布特征。具体位序-规模双对数曲线如图 11-6 所示。

表 11-5　港口城市体系多功能规模评价指标体系

功能类型	指标
航运物流功能	货运总量、水运货运量、港口货物吞吐量、集装箱吞吐量、港口外贸吞吐量
商业贸易功能	社会消费品零售总额、限额以上批发零售业商品销售总额、批发零售业单位从业人员、当年实际利用外资总额、限额以上批发零售业企业个数

续表

功能类型	指标
现代服务功能	金融机构各项贷款余额，金融机构各项存款余额，金融业单位从业人员，入境国际旅游人数，信息传输、计算机服务业与软件业单位从业人员
人口集散功能	客运总量、铁路旅客运量、公路客运量、水运客运量、民用航空客运量
制造业功能	规模以上工业总产值、规模以上工业企业利润总额、规模以上工业企业流动资产、规模以上工业企业数、制造业单位从业人员

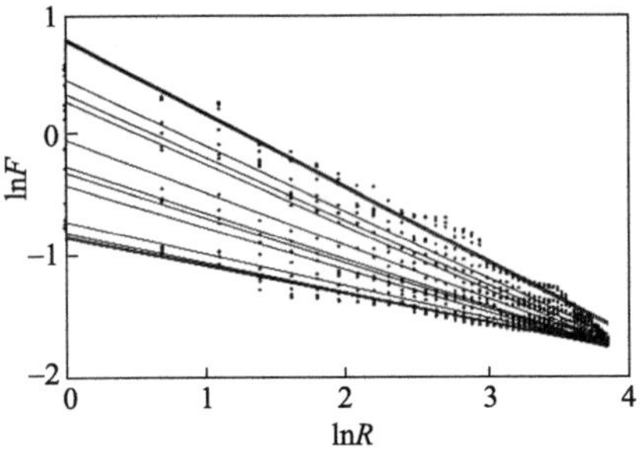

(a)商业贸易功能

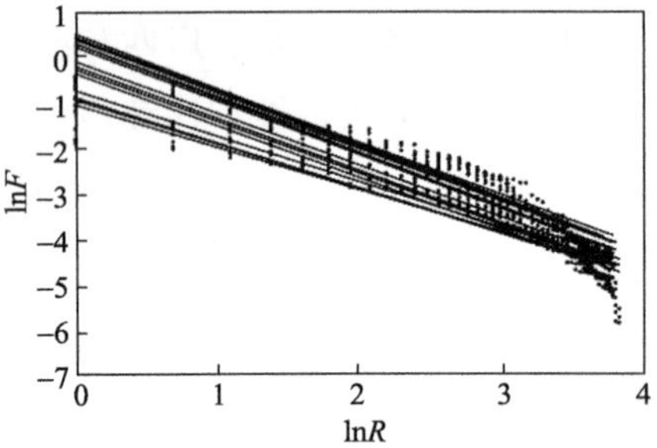

(b)人口集散功能

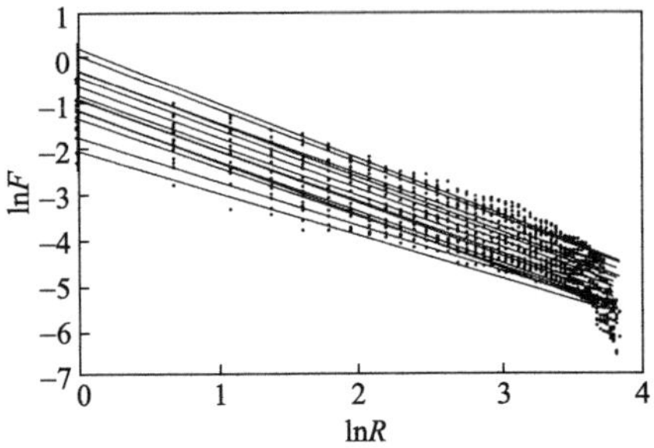

(c)现代服务功能

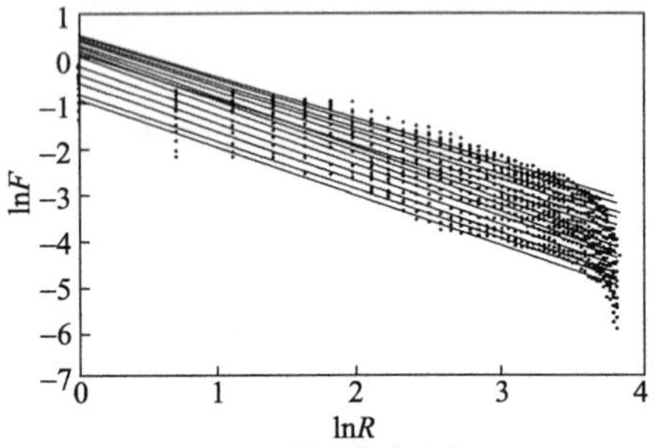

(d)航运物流功能

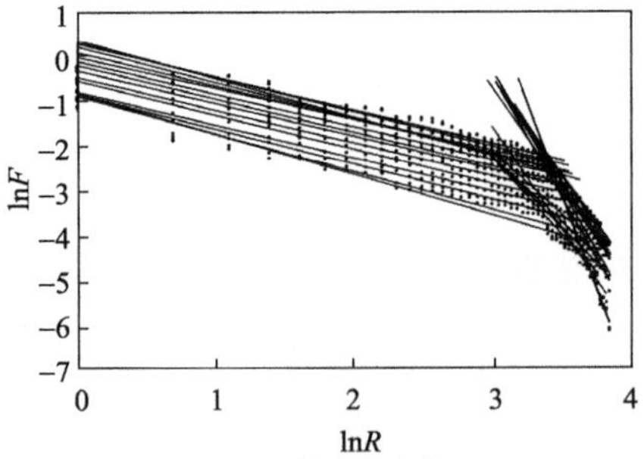

(e)制造业功能

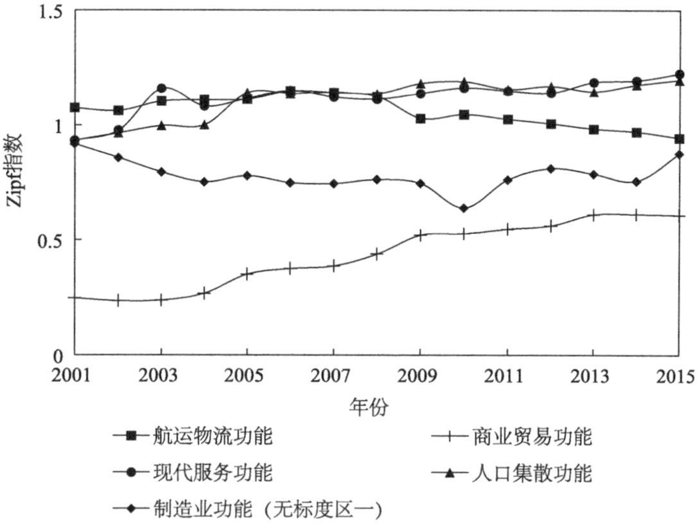

(f)

图 11-6 港口城市体系多功能位序-规模双对数曲线及指数折线图

ln$F$ 和 ln$R$ 为港口城市各功能规模与城市位序的对数值

各功能规模分布结构、态势与规模增长特征各有不同特点：①制造业功能出现两段拟合较高区域，为显著双分形结构，层级分割特征明显，其余功能均为单分形结构。从 Zipf 指数看，制造业功能与商业贸易功能都小于 1，但前者经历了先减后增的变化，说明其处于调整型均衡化态势；后者 Zipf 指数远小于 1 但不断增长，商业贸易功能处于绝对均衡化态势，其集中力量大于分散力量。比较之下，航运物流功能、现代服务功能、人口集散功能 Zipf 指数多数年份大于 1，集中态势均比较明显，但所处具体时段有所差异。②从曲线特征及规模分布长期演化特征看，各功能在实现规模扩大的同时，增长特征各有不同。商业贸易功能曲线为显著的“前宽后窄”形发散增长，规模较大港口城市增长速度明显快于中小城市，规模分布趋向不均衡。其余功能大体表现为偏向型平行增长特征：如现代服务功能、人口集散功能曲线、制造业功能（无标度区一）为“前宽后窄”平行偏发散增长，即大城市膨胀速度相对较快，规模分布缓慢趋向不平衡；航运物流功能曲线趋向“前窄后宽”平行偏收敛增长，即中小城市不断发展并追赶大城市，规模分布逐渐走向均衡。③与航运物流功能发展特征相比，差别较小的是制造业功能（无标度区一），差别较大的为商业贸易功能，其可在一定程度上独立发展；现代服务等高端服务业更易在高等级城市落地并发挥衍生潜力，且当前经济活力与人口集散能力更强的主体依旧为少数高等级城市。

二、港口城市体系等级结构特征

城市规模等级结构是各城市在城市体系内地位与作用的综合反映，是探测城市体系内部分布格局的重要依托。传统上，城市等级划分常用人口、用地规模指标来反映，但其规模大小并不能完全等同于等级层次。人口数量多或用地面积广的城市等级未必高，相同等级的城市人口或用地规模未必相等，因此采用多功能规模指标体系进行港口城市规模等级结构的划分更能说明城市综合实力的强弱。位序-规模方法也能基于无标度区反映城市体系等级结构特征，但是等级划分不够细致，在等级界限判定时具有一定的主观性。模糊聚类分析原理是依据每一个数据点对聚类中心的隶属程度划分不同类别并得到聚类等级结果，最常用的模糊聚类为模糊均值算法（fuzzy C-means 算法，简称 FCM），FCM 算法是在对目标函数的优化基础上并且区别于传统硬聚类算法的一种数据聚类方法，能对城市体系等级进行更准确的刻画。本书基于 MATLAB 9.0 软件平台计算得到 2001 年与 2015 年港口城市体系规模等级划分结果如表 11-6 所示。

表 11-6　基于模糊聚类的港口城市体系等级划分

等级类型	2001 年	比重（%）	2015 年	比重（%）
全国性枢纽	上海	2.13	上海	2.13
区域性枢纽	广州、天津	4.26	广州、天津、深圳、苏州、宁波	10.64
区域性副中心	青岛、深圳、苏州、大连、宁波、南京	12.77	青岛、大连、南京、厦门、无锡、温州、福州、东莞、南通、泉州	21.28
区域性节点	舟山、温州、厦门、无锡、福州、烟台、东莞、泉州、珠海、海口、常州、唐山、南通、台州、嘉兴、镇江、秦皇岛、茂名、中山、江门	42.55	唐山、烟台、连云港、嘉兴、舟山、威海、台州、惠州、中山、常州、珠海、江门、湛江、镇江、扬州、泰州	34.04
地方性节点	湛江、惠州、泰州、扬州、威海、沧州、连云港、锦州、营口、莆田、丹东、日照、阳江、北海、汕尾、防城港、钦州、汕头	38.30	海口、营口、丹东、锦州、秦皇岛、沧州、日照、莆田、汕头、汕尾、阳江、茂名、北海、钦州、防城港	31.91

1. 港口城市体系逐步向中上部壮大、底部缩减的扁平化金字塔模式过渡

2001 年，区域性节点与地方性节点港口城市有 38 个，占港口城市体系数

量的 80.85%。区域性副中心港口城市有 6 个，所占比重较小，为 12.77%。区域性枢纽港口城市仅有 2 个，占比为 4.26%，分别为广州与天津。上海综合实力首屈一指，已发展为重要的物资进出口通道，全年港口货物吞吐量也已超过 2 亿吨大关，逐步确立了其全国性枢纽的地位。2015 年，金字塔底部缩减程度较大，区域性、地方性节点数量减至 31 个，比重下降至 65.96%。湛江、惠州、唐山等升级为区域性节点；无锡、温州、福州、南通、东莞、泉州、厦门等也上升了一个等级；中高等级的区域性枢纽、区域性副中心数量增长明显，较 2001 年增长了 7 个，其中深圳、苏州、宁波由第三等级的区域性副中心攀升至区域性枢纽行列。港口城市体系仍具备金字塔等级结构，但逐步向中上部壮大、底部缩减的扁平化金字塔模式过渡。

2. 高等级城市空间集聚特征明显，东南部港口城市群发展潜力较大

2001 年前三位高等级城市天津、上海、广州及 2015 年前六位高等级城市都集中于环渤海、长三角、珠三角区域，长三角区域中心枢纽港口城市数量较其他两地多，得天独厚的地理位置使其发育了较多等级高的海港与河港城市。东南部港口城市群的福州、泉州、厦门都实现了等级提升，且占据区域发展副中心地位，得益于政策支持与枢纽城市带动，该区域发展潜力较大；对比之下，西南部等级港口城市发育不足的情况显著，仅湛江发育较好。因此，基于等级划分可初步确立主要区域发展枢纽、重点与配套城市结构，以期根据各港口城市发展现状明确各区域发展形势。依次为：环渤海区域天津为枢纽，青岛、大连为重点，唐山、烟台等为配套；长三角区域上海、苏州、宁波为枢纽，南京、无锡、温州、南通为重点，连云港、嘉兴等为配套；珠三角区域广州、深圳为枢纽，东莞为重点，惠州、珠海等为配套。

第十二章

港口城市发展的区域协调与空间管治

改革开放以来，随着沿海地区的快速崛起，以环渤海、长三角、珠三角三大经济圈为核心，再加上东南沿海和西南沿海区域，我国沿海地区已形成五大区域性的港口群，仅就开展规模以上集装箱业务的港口而言，其数量已由改革开放初期的 20 多个增加到近 50 个，沿海地区已普遍形成一种多门户的港口-腹地经济地域系统，中国沿海地带已形成一条港口城市带，港口体系与港口城市体系相得益彰，相互促进，相互影响。但与特定区域的城市体系不同，港口体系、港口城市体系的不同之处在于，相对于整个区域而言，其城市功能具有更强的同质性，产业功能具有很强的趋同性，这种趋势在近 10 年的港口工业化和临港产业集聚过程中更加明显。因此，港口与港口之间、港口产业与港口产业之间、港口城市与港口城市之间的竞合关系是竞争强而合作少，特别是在港口管理权限下放至地方后，港口间的恶性竞争多，一体化互动较少。这种区域矛盾和空间冲突在全球化深入发展、区域一体化加速推进的今天更加突出，其实质是港口竞争逐渐演变为港口群之间的竞争及港口与腹地形成的综合物流能力的竞争。鉴于此，为深入探讨该问题，本章结合笔者的已有研究，以辽宁沿海经济带港口城市为案例，进行深入解读（韩增林和郭建科，2012）。

第一节　案例区域：辽宁沿海港口城市概况

辽宁沿海经济带就是在辽宁沿海地区划分的经济发展区域。2009 年 7 月 1 日国务院批准《辽宁沿海经济带发展规划》后，辽宁沿海作为整体开发区域便被纳入国家战略。在这之前，辽宁沿海经济带是全国唯一尚未大规模整体开发开放的沿海地带。国家对于辽宁沿海经济带的定位，已不仅仅是类似地区在改革开放初期那样仅仅实现先富起来，而是要立足辽宁，依托东北，服务全国，面向东北亚，谋求率先发展和科学发展的统一。建设“东北亚重要的国际航运中心”和“具有国际竞争力的临港产业带”。通过发展成为国内一流的临港产业集聚带，做东北振兴的龙头。

从地理概况来看，辽宁沿海经济带毗邻渤海和黄海，包括大连、丹东、锦州、营口、盘锦、葫芦岛六个沿海城市所辖行政区域，陆域面积为 5.65 万平方公里，海岸线长 2920 公里，海域面积约 6.8 万平方公里。2015 年末，常住人口约 1942 万人，地区生产总值为 13 534 亿元，人均地区生产总值为 69 685 元。辽宁沿海经济带是东北老工业基地振兴和我国面向东北亚开放合作的重要区域，在促进全国区域协调发展和推动形成互利共赢的开放格局中具有重要的战略意义。

辽宁沿海经济带的比较优势主要有以下几方面：①资源禀赋优良。拥有约 2000 平方公里的低产或废弃盐田、盐碱地、荒滩和 1000 多平方公里可利用的滩涂；镁、硼、钼、石油、天然气等资源储量较大；宜港岸线约 1000 公里，开发空间较大；双台河口、丹东鸭绿江口湿地等国家级和省级自然保护区陆域面积为 1300 多平方公里。②工业实力较强。造船、机床、内燃机车、成套设备等装备制造业具有较强的国际竞争力；石化、冶金等原材料工业在国内具有举足轻重的地位，石油、电力等能源工业规模较大；拥有一批国家骨干企业和大量高素质工程技术人员及产业工人。③交通体系发达。根据各城市统计公报数据，进入“十三五”以来，大连港、营口港等港口拥有 300 多个生产性泊位，其中万吨级以上泊位 130 多个，已同 160 多个国家和地区的 300 多个港口有贸易往来；依托沈山、哈大等干线铁路，形成了较为完备的疏港和支线铁路运输网络；沈大、沈山、丹大、盘海营等多条高速公路贯穿区内；大连、丹东、锦州三个空港已开辟 180 余条国内航线和近 40 条国际航线。

辽宁沿海经济带不仅存在内部互动的问题，更存在与内陆腹地的互动问题。这里通过辽宁沿海经济带与其直接腹地沈阳经济区进行比较说明。

1）辽宁沿海经济带的优势在于不可替代的区位与港口优势，劣势在于自身空间整合难度较大；而沈阳经济区的优势恰恰在于城市群的整体优势，一体化空间障碍小，劣势在于转型的包袱过于沉重。解决这些问题，除依靠自身力量外，还必须通过彼此协作互助完成。

2）就地域特性而言，沈阳经济区是典型的块状集聚体，各城市围绕沈阳集中分布，形成紧密的圈层结构，根据空间邻近效应，比较容易发挥规模效益和集聚效益，有利于形成高度一体化的统一体，整合的空间障碍较小。辽宁沿海经济带为线状串联，岸线弯曲，有的深入东北腹地，基本形同沈阳经济区外围的环带，自身一体化难度较大，造成辽宁沿海各城市与沈阳经济区之间多协作，而沿海各市之间则多竞争，自身空间整合难度较大。

3）就影响范围而言，辽宁沿海经济带在东北是唯一的，沈阳经济区不是它唯一的腹地。辽宁沿海经济带具备发展成为沟通东北沿海与内陆的战略高地和面向东北亚的重要国际区域经济合作区的优越条件。自身除具有港口优势外，还具有开发强度低，可开发用地多，配套政策优惠、海洋资源潜力较大等优势。相比之下，沈阳经济区的许多工矿城市“东北现象”严重，资源型城市面临重大转型；要想突破原有体制、机制和产业结构限制，必须依托沿海地区的对外开放窗口、贸易通道和产业重组空间。

第二节 港口-城市-产业系统存在的矛盾与问题

区域层面的港口城市协调发展，一是看港口与港口间的协调；二是看港口城市间的协调，而港口城市间的协调则更多地通过产业特别是临港产业体现。

1. 辽宁沿海经济带各港口间腹地重叠明显，分工不清，恶性竞争严重

辽宁沿海经济带六个城市中，大连是核心城市和门户城市，而大连港长期以来是东北地区的枢纽港，2003 年实施东北振兴战略以来，营口港和丹东港强势崛起，已发展成为大连港的两翼，此外，锦州港作为辽西的出海口和内蒙古东部的门户，港口规模增加也非常明显。葫芦岛港作为锦州港的补充，发展较为缓慢。近年来，盘锦以石化产业为支撑，也开发了盘锦港并呈现快速增长的势头。也就是说，目前，六个沿海城市均为港口城市，而各港口的腹地重叠特别明显，分工不清，恶性竞争严重，导致出现全省港口效益下降、投资压力加大、重复建设和资源浪费等现象，与长三角、珠三角等沿海发达地区相比，港口竞争力不强。辽宁沿海六个港口各自为战，分工不明确，经营同质化，大打价格战，削弱和分散了辽宁港口整体竞争力。

2. 港口与临港产业匹配程度各异，港口合作和一体化进程乏力，产业互动受限

根据《2016 辽宁统计年鉴》，从辽宁沿海港口运输规模来看，2015 年，大连港和营口港的货物吞吐量分别达到 4.15 亿吨和 3.38 亿吨，占全省港口货物吞吐量的 39.6%和 32.3%，但两城市的工业总产值却分别为 4306 亿元和 1387 亿元，差距明显；盘锦港货物吞吐量仅为 3440 万吨，但其工业增加值却高达 1301 亿元，尤其是石化产业占据主导地位。

从港口与临港产业匹配程度来看，辽宁沿海经济带各城市的港口与产业互动关系基本涵盖了两高、两低、港强产弱和港弱产强四种模式。客观上讲，这种差异化的特征，为港口合作和区域产业互动提供了条件。但由于沿海经济带为不规则线状串联，形同沈阳经济区外围环带，中心城市大连偏居南端，六个城市分散，缺乏城市群支撑，各城市腹地被沈阳经济区分割，核心城市大连的辐射和带动作用不强，各城市港口发展和产业导向趋同化，致使港口合作和区域一体化进程受阻。以上因素导致出现两种截然相反的问题：一种是部分临港产业在马太效应的推动下，加速向大型、综合型港口周边集聚，这些港口具有政策、服务、产业配套等多种竞争优势，但产业集聚呈现低级化，扩散作用不强；另一种是地方中小港口纷纷上马，区域内的优质港口资源得不到有效整合，进而造成临港产业低密度集聚和低水平扩展。

3. 各市临港产业趋同化，传统产业比重大，新兴产业发展缓慢，创新能力亟待提升

从整个经济带的产业布局看，临港产业趋同化现象明显。在沿海六市的“十一五”和“十二五”等区域规划中，有五个城市明确提出要重点发展石化产业，四个城市要重点发展装备制造业，三个城市要发展船舶制造业。以船舶和石化产业为例，目前，辽宁沿海经济带六个城市均有造船、修船业的发展基础或相应的发展规划，包括大连、锦州、盘锦、葫芦岛在内的沿海城市也都将石化产业作为自己的主导产业，均建有专门的石化产业园。反过来，相近的主导产业选择和产业发展规划，又固化了地方利益冲突，强化竞争，打击合作，形成恶性循环。

临港产业趋同化的另一种集中体现是石化、钢铁、能源、原材料等传统产业发展迅猛，现代物流、核心技术研发、港航综合服务等第三产业，特别是生产性服务业发展相对缓慢。从“十二五”时期六个城市的招商引资现状来看，许多大型外资项目是其国内淘汰产能或相对落后的技术，或者其产品设计和研发都已在国内完成，产业转移仅仅表现在生产加工。造成这种局面的原因是多方面的：一是大型临港工业大多是资金和技术密集型产业，在核心技术方面，西方国家处于垄断地位，并对我国进行技术封锁；二是在许多产业项目上，我们还不具备核心技术的研发能力，创新力不足；三是高端临港产业发展的科技人才、创新人才比较缺乏；四是地方政府各自为政、互相压价的招商状况在一

定程度上降低了产业入驻门槛。

4. 与先进地区相比，港口岸线与土地利用粗放，部分项目“跑马占地”现象明显

港口是辽宁沿海经济带的核心战略资源，作为大型基础设施和运输枢纽，它既是生产要素的汇聚中心，又是临港产业的支撑源点。同时，优越的港口区位在一定历史时期内不可再生、无法复制。正因为如此，许多大型外资财团，以产业发展需要为名，在项目规划中肆意扩大港口使用规模，漫天要价，加紧抢占优质港口资源。但实际投产后，有些项目产能规模并无法支撑自有港口运行，而公共港区又无法满足区内大量企业货源进出港的需要，因此，该企业既可以通过收取较高的“过路费”获取高额利润，也可以将空余岸线挪作他用，进而获取低成本利益弱化自身产业成长动力，增加区内其他企业运输成本，打破区内产业共生体的共享平台，从而产生恶劣影响。同时，高耗能、高污染、占地大、低产出的资源密集型产业对于大片土地的占用，在大大降低区域单位土地收益的同时，也阻碍了其他资金和技术密集型产业入驻，导致产业结构的低端化和不可持续性。

5. 产业园区多，利益主体杂；重增长节点培育，轻一体化产业政策和制度建设

“十二五”时期，不包括市级以下地方政府设立的中小型产业园区，省级重点支撑园区就已达 42 个，仅大连就达 19 个。这些园区在制定产业政策、招商引资，甚至是港口建设方面均具有较大自主权，从而形成了众多并行的区域利益主体。当前，在国土开发与规划中，普遍重视增长节点培育和对地方发展积极性的调动。往往为了考虑区域平衡和土地指标，在相邻区域设立产业定位相似、功能相仿的多个园区，各园区优惠政策和措施千差万别，园区比项目多，造成低层次区域分割和恶性竞争。相反，在制定产业政策时，往往缺乏“大园区”观念和“大集群”观念，较少考虑通过制定并细化大的区域性产业政策，使各专业园区在招商引资中协调一致，形成合力，专业园区更专注于差别化的产业群组设计、公共平台建设和柔性化服务保障。

6. 若干大型产业集聚区规划管治不到位，海岸带生态风险加剧

发达国家重化工业布局高度集中，而我国石化产业集约化程度偏低，遍地

开花。当前，重化工业加速向沿海布局的态势明显，但产业发展和项目引进要科学规划、精细论证、按部就班，不可具备条件和不具备条件的地区都一窝蜂上项目，甚至为了项目落地，简化环评和风险防范等关键的控制性环节，这不仅可导致经济效益低下，而且在生产运输过程中环境事故概率大大增加，放大了对生态环境的威胁。以大连为例，双岛湾、大孤山半岛、松木岛、长兴岛、两中岛等多个大型石化工业园区分布遍及城市四周，存在重大安全隐患。生态环境部对大连大孤山半岛大型石化产业基地进行环境风险排查后曾指出，该区域环境风险问题十分突出，风险防范措施与风险应急预案不完善，保障设施及应急水平明显低于相应的产业集聚规模，属于高风险区。

第三节　协调发展与空间管治策略

1. 科学规划，统一布局，加快港口资源整合，实现沿海与内陆产业联动

1）沿海港口之间既要有竞争还要有合作分工。必须加快港口整合，通过统一规划布局，对港口发展和恶性竞争进行空间管治。当前，在港口建设上，重要的是做好港口的统一布局规划，对各港口的主要功能和发展方向进行更高层次的协调，实施错位发展，努力避免重复建设和过度竞争。要以市场为导向，打破行政区划和行业分割，通过股权置换、合资合作等方式，整合各港口资源，明确各自功能定位，促进企业间融合，加快形成规模效应和竞争合力。努力打造以大连港为中心，营口港、丹东港、锦州港、盘锦港、葫芦岛港等港口为两翼，各港分工合作、优势互补，形成不同层次、不同货种的港口体系，寻求区域综合效益的最大化。此外，要科学规划沿海港口与内陆联动发展的通道，如大连港与哈大轴线、营口港与沈阳经济区、锦州港与蒙东和辽西通道连线、丹东与东北东部经济带连线等。借鉴先进地区经验，以大连港为核心，成立辽宁港口集团，对全省各港口进行优化重组，结束各港口长期恶性竞争、重复建设、货源不足、港口与产业发展脱节的乱象不失为一种有效途径。从 2017 年末辽宁省人民政府官方网站报道来看，辽宁港口集团已经实现突破，但整合效果和发展前景有待观察。

2）发挥大连国际航运中心主导作用。大连在东北沿海经济带中占据核心支配地位，其经济发展水平遥遥领先，其他五市经济总量之和仅为大连的80%左右。大连不仅是东北地区的出海口，还是俄罗斯等远东国家的重要海上通道，要把建设大连东北亚国际航运中心放在突出的地位，在形成国内外产业集群、物流集聚方面充分发挥其龙头牵动作用。大幅度提升集装箱港口吞吐能力，努力向集装箱枢纽港方向发展。全面发展原油、矿石、散粮等大宗散货中转运输，大力发展港口物流服务，积极促进临海产业带和产业基地的形成。加强与各地区政府和企业的密切合作，建立相互沟通和协调的机制，结成利益共同体，形成共建大连东北亚国际航运中心的局面。

2. 加快推进区域合作的体制机制创新，推进区域港口一体化进程

1）推进体制机制创新，实施港区联动，推动大连早日成为东北亚国际自由港。首先，形成港口与城市基础设施共用，港口与工业区紧密结合的布局。扩大港区联动试点范围，充分发挥大连保税港在区域航运中心建设中的核心作用，加快将保税港区部分功能延伸至东北内陆腹地，在腹地设立保税港区，开展“属地申报、口岸验放”的进出口通关改革。其次，加快东北内陆干港建设，通过多种途径，增强保税港在全省乃至东北区域货源组织、硬件配套、信息化处理、综合服务等方面的引领作用，带动区域港口物流做大做强。最后，以大连大窑湾保税港为核心，以辽宁国际自由贸易区大连片区、营口片区、沈阳片区为重点，推动大连早日成为东北亚国际自由港。要以大连保税港建设为契机，争取大连的“北方香港”自由港地位，给大连更自由宽松的环境。

2）我国目前处在第三代港口建设高潮，部分港口已出现第四代港口的特征。港口作为物流中心和资源配置枢纽，必须具有完善的综合物流支撑能力和信息化服务水平。今后应加强对港口物流园区的建设，积极引进第三方和第四方港口物流项目，在港口形成物流产业集群，同时加强港口行业的信息化建设，以信息化促进港口现代化和区域港口一体化。

3）加快形成整个沿海经济带区域共同市场，打破区域内部壁垒，使生产要素自由流动，各种资源优化配置。坚决取消不合理的、跨行政区的交通关卡、乱收费现象及地方保护政策，使人尽其才，货畅其流。

3. 深化对现代临港产业体系的认识，注重不同港口城市错位发展

1）根据不同城市的发展基础和比较优势，在石化、造船、钢铁、能源等传

统临港重化工业方面，积极淘汰落后产能和低端环节，围绕主导产业和龙头企业，加快核心技术研发和产品升级换代。围绕临港主导产业，建立区域性研发中心和博士后科研流动站，打造一批具有自主知识产权的临港高技术产业创新成果和产业集群。

2）加快发展以现代物流为核心，包括展示、设计、金融、保险、信息服务、人力资源开发、滨海旅游等临港型生产性服务业，以第三产业发展推动产业结构优化和制造业服务化、高端化。

3）对于有条件的中心城市，要坚持海陆联动，促进临港产业与临海产业融合发展。对于临港产业，往往比较重视陆域产业发展。而对于海上钻井平台建造、海洋机械、海洋制药、深海潜水、海水淡化及综合利用、海洋能开发、海洋新材料等更多依靠或应用于海洋的新兴产业重视不够。今后在产业链拓展和产业体系构建中，应加强对此类临海新兴产业的培育力度，促进临港和临海产业融合发展。

4. 强化重点项目或园区前期规划与空间管治，细化产业发展的综合配套与保障措施

沿海地区是海陆交互作用最明显、人类活动最频繁、人地关系最复杂的区域，这里人口密集、生态灾害风险高。因此，必须强化大型临港产业园区特别是高耗能高风险高密度的重化工业项目在投产前的科学论证和前期规划，实行更具体、更细致的空间管治。

1）龙头产业项目占地大、投资周期长，不易搬迁，一个失败的决策不仅可使区域生态环境处于高风险，而且可能导致整个区域产业集群陷入困境。因此，迫切需要强化对高污染项目的风险认识，实行环保一票否决制。

2）规范大型产业项目决策程序，建立科学、民主、公开、透明的公众参与机制和听证制度，在实现公众参与的同时，普及安全教育。

3）参照国际惯例和国家相关法规、技术标准，严格大型产业项目的环境评价，落实重点企业和重点区域的配套防范设施及公共安全设施建设，完善灾害应急响应机制和应急预案。

5. 推进滨水区综合利用，提高港口岸线集约利用水平，使滨水区成为新兴产业发育区

1）大力强化公共港区建设，提升公共港区对周边临港产业辐射的规模效应

和综合服务功能。对于大型项目抢占优质港口资源的问题，我们要有清醒的认识。在规划大型临港产业区时，应充分考虑该区域主港区的公共服务功能，留有足够的优质港口岸线强化公共港区建设，为吸引大型产业集群或相关配套产业创造条件。在制定区域产业规划和岸线利用规划上，政府部门应根据各产业的临港程度，划分不同的港口岸线利用门槛。同时，加强对已占用港口岸线的跟踪、监督，为港口岸线的使用设置“过渡期”，对于无法达到预先规模或荒废的港口岸线，坚决予以收回。

2）充分借鉴西方发达国家在城市滨水区复兴和功能再造方面具有的成功经验。加强对各城市老港区、废弃港区的功能再造和产业培育，围绕高端临港服务业、休闲、旅游等，推进不同港区的可持续发展。

3）根据各类产业的临港程度，对港口岸线使用进行针对性的空间规划，保证对港口依赖程度高、产业带动作用强的龙头企业优先使用优质港口资源，实现港口资源利用最大化和区域综合效益最大化。

参 考 文 献

贝毅, 曲连刚. 1998. 知识经济与全球经济一体化——兼论知识经济条件下国际产业转移的新特点[J]. 世界经济与政治, (8): 28-30.

曹卫东. 2012. 港航企业区位特征及其空间关联——以上海港口后勤区为例[J]. 地理研究, 31(6): 1079-1088.

曹小曙, 薛德升, 阎小培. 2005. 中国干线公路网络联结的城市通达性[J]. 地理学报, 60(6): 903-910.

曹有挥, 曹卫东, 金世胜, 等. 2003. 中国沿海集装箱港口体系的形成演化机理[J]. 地理学报, 58(3): 424-432.

曹有挥, 李海建, 陈雯. 2004. 中国集装箱港口体系的空间结构与竞争格局[J]. 地理学报, (11): 1020-1027.

曹有挥, 梁双波, 吴威, 等. 2017. 枢纽港口城市港航服务业空间组织机理——以上海市为例[J]. 地理学报, 72(12): 2226-2240.

陈国亮. 2015. 海洋产业协同集聚形成机制与空间外溢效应[J]. 经济地理, (7): 113-119.

陈航, 栾维新, 王跃伟. 2009. 我国港口功能与城市功能关系的定量分析[J]. 地理研究, 28(2): 475-483.

陈洁, 陆锋. 2008. 京津冀都市圈城市区位与交通可达性评价[J]. 地理与地理信息科学, 24(2): 3-56.

陈为忠, 吴松弟. 2008. 港口(城市)-腹地关系与山东区域发展战略研究[J]. 云南大学学报(社会科学版), 7(4): 70-75.

陈有文, 王晋. 2008. 大型港口、产业综合体的布局与空间发展模式研究[J]. 水运工程, 419(9): 12-15.

陈长石, 吴晶晶, 刘和骏. 2016. 转型期中国制造业产业集聚分布特征及动态演进——兼论EG指数衡量产业集聚的有效性[J]. 财经问题研究, (1): 25-33.

陈争平. 1990. 天津与南通近代中国港城发展的两类典型[J]. 经济地理, 17(4): 78-82.

程佳佳, 王成金. 2015. 珠江三角洲集装箱港口体系演化及动力机制[J]. 地理学报, 70(8): 1256-1270.

程开明, 庄燕杰. 2012. 城市体系位序-规模特征的空间计量分析——以中部地区地级以上城市为例[J]. 地理科学, 32(8): 905-912.

程钰, 刘雷, 任建兰, 等. 2013. 县域综合交通可达性与经济发展水平测度及空间格局研究[J]. 地理科学, 33(9): 1058-1065.
邓羽, 蔡建明, 杨振山, 等. 2012. 北京城区交通时间可达性测度及其空间特征分析[J]. 地理学报, 67(2): 169-178.
丁井国, 钟昌标. 2010. 港口与腹地经济关系研究——以宁波港为例[J]. 经济地理, 30(7): 1133-1137.
董洁霜, 范炳全. 2003. 现代港口发展的区位势理论基础[J]. 世界地理研究, 12(2): 47-53.
董洁霜, 范炳全. 2006. 国外港口区位相关研究理论回顾与评价[J]. 城市规划, 30(2): 83-88.
董洁霜, 范炳全, 刘魏巍. 2006. 港口区位势模式及其增长机制[J]. 系统工程理论方法应用, 15(3): 215-219.
董维忠. 2005. 港口经济研究[M]. 北京: 中国财政经济出版社.
董竹, 张云. 2011. 中国环境治理投资对环境质量冲击的计量分析——基于 VEC 模型与脉冲响应函数[J]. 中国人口·资源与环境, 21(8): 61-65.
杜小飞. 2015. 港城关系的动态测度与驱动模式研究[D]. 辽宁师范大学硕士学位论文.
杜小飞, 郭建科. 2014. 辽宁沿海经济带港口拉动城市发展的脉冲响应分析[J]. 地理与地理信息科学, 30(1): 86-90.
段学军, 王书国, 陈雯. 2008. 长江三角洲地区人口分布演化与偏移增长[J]. 地理科学, (4): 139-144.
樊欢欢. 2014. Eviews 统计分析与引用[M]. 北京: 机械工业出版社.
封学军, 季婕, 蒋柳鹏, 等. 2017. 临港产业空间布局模型[J]. 河海大学学报(自然科学版), 45(5): 419-424.
复旦大学历史地理研究中心. 2005. 港口-腹地和中国现代化进程[M]. 济南: 齐鲁书社.
高鸿业. 2014. 西方经济学(微观部分·第六版)[M]. 北京: 中国人民大学出版社.
高配山. 2011. 汇率波动与山东贸易收支的动态关系分析[D]. 山东大学硕士学位论文.
高素英, 王竞, 杨丽芸, 等 2010. 滨海新区与环渤海地区经济增长互动效应研究: 基于 VAR 模型的脉冲响应分析[J]. 天津大学学报: 社会科学版, 12(4): 338-342.
高小真. 1990. 短缺经济中的港市相互作用[J]. 地域研究与开发, 9(2): 14-20.
顾朝林, 甄峰, 张京祥. 2000. 集聚与扩散——城市空间结构新论[M]. 南京: 东南大学出版社.
关伟, 王春明. 2014. 沈阳经济区经济重心的演变及其轨迹分析[J]. 人文地理, (3): 103-108.
关欣, 乔小勇, 孟庆国. 2013. 高技术产业发展与经济发展方式转变的关系研究[J]. 中国人口·资源与环境, 23(2): 43-50.
管楚度. 2002. 交通区位论及其应用[M]. 北京: 人民交通出版社.
郭建科. 2007. 现代物流业与港口城市空间再造——以大连为例[D]. 辽宁师范大学硕士学位论文.
郭建科, 韩增林. 2006. 试论现代物流业与港口城市空间再造——以大连市为例[J]. 人文地理, (6): 80-86.
郭建科, 韩增林. 2010. 港口与城市空间联系研究回顾与展望[J]. 地理科学进展, 29(12): 1490-1498.
郭建科, 韩增林. 2013. 中国海港城市“港-城空间系统”演化理论与实证[J]. 地理科学, 33(11): 1285-1292.
郭建科, 韩增林. 2014. 中国海港空间效应[M]. 南京: 东南大学出版社.

郭建科, 韩景, 韩增林, 等. 2013. 现代海港演化对城市发展的地域空间效应——以大连为例[J]. 地理科学进展, 32(11): 1639-1649.
郭建科, 杜小飞, 孙才志, 等. 2015a. 环渤海地区港口与城市关系的动态测度及驱动模式研究[J]. 地理研究, 34(4): 740-750.
郭建科, 王丹丹, 王利, 等. 2015b. 基于内外联系的双核型区域交通可达性研究——以辽宁省为例[J]. 经济地理, 35(11): 71-77.
郭建科, 杜小飞, 韩增林, 等. 2015c. 辽宁沿海港口成长的影响因素动态分析[J]. 地理与地理信息科学, 31(1): 87-90.
郭建科, 谷月, 赵敬尧, 等. 2017a. 环渤海地区港城耦合协调度综合分析[J]. 资源开发与市场, 33(5): 569-574.
郭建科, 陈园月, 于旭会, 等. 2017b. 1985 年来环渤海地区港口体系位序—规模分布及作用机制[J]. 地理学报, 72(10): 1812-1826.
郭思, 曾刚, 李刚. 2011. 基于企业网络组织的上海临港装备制造业集聚效应研究[J]. 经济地理, 31(2): 277-283.
韩增林, 安筱鹏. 2006. 集装箱港口发展与布局研究[M]. 北京: 海洋出版社.
韩增林, 郭建科. 2012. 辽宁沿海经济带港口与产业互动关系研究[J]. 辽宁经济, (12): 74-77.
韩增林, 郭建科. 2014. 中国海港空间效应的识别与测度[J]. 地理学报, 69(02): 243-254.
韩增林, 杨文毅, 郭建科, 等. 2017. 环渤海地区临港石化产业集聚水平测度[J]. 地理科学, 37(8): 1135-1144.
郝之颖. 2007. 新建海港城市发展探究——大连长兴岛港城规划发展研究为例[J]. 现代城市研究, (5): 10-18.
何子张, 段进. 2005. 城市空间形态优化的城市设计方法——以青岛小港及周边地区规划为例[J]. 规划师, 21(1): 52-55.
侯仁之. 1962. 历史地理学刍议[J]. 北京大学学报: 自然科学版, (1): 73-80.
胡秉民, 王兆骞, 吴建军, 等. 1992. 农业生态系统结构指标体系及其量化方法研究[J]. 应用生态学报, 3(2): 144-148.
胡峰, 李箭飞, 吴强. 2006.. 广州港发展与珠江岸线利用策略探析[J]. 城市问题, 130(2): 31-35.
黄佩蓓, 刘妙龙. 2002. 基于 GIS 的城市交通网络分形特征研究[J]. 同济大学学报, 30(11): 1370-1374.
黄盛璋. 1951. 中国港市之发展[J]. 地理学报, 18(Z1): 21-40.
惠凯. 2004. 临港产业集聚机制研究[D]. 大连理工大学博士学位论文.
惠凯. 2006. 临港产业集聚研究[M]. 北京: 华龄出版社.
吉阿兵. 2013. 长三角集装箱港口群空间结构演变实证研究[J]. 港口经济, (3): 23-27.
姜丽丽, 王士君, 刘志虹. 2011. 港口与城市规模关系的评价与比较: 以辽宁省港口城市为例[J]. 地理科学, 31(12): 1468-1473.
姜世国, 周一星. 2006. 北京城市形态的分形集聚特征及其实践意义[J]. 地理研究, 25(2): 204-211.
姜晓丽, 张平宇. 2013. 基于 Huff 模型的辽宁沿海港口腹地演变分析[J]. 地理科学, 33(3): 282-290.
蒋海兵, 徐建刚, 祁毅. 2010. 京沪高铁对区域中心城市陆路可达性影响[J]. 地理学报,

65(10): 1287-1298.
蒋晓威, 曹卫东, 罗健, 等. 2012. 安徽省公路网络可达性空间格局及其演化[J]. 地理科学进展, 31(12): 1591-1599.
蒋自然, 曹有挥. 2017. 长三角集装箱港口体系的集疏演化[J]. 经济地理, (8): 114-121.
金凤君. 2001. 中国航空客流网络发展及其地域系统研究[J]. 地理研究, 20(1): 31-39.
金凤君, 王娇娥. 2004. 二十世纪中国铁路网扩展及其空间通达性[J]. 地理学报, 59(2): 293-302.
金一, 郭建科, 韩增林, 等. 2017. 环渤海地区港口体系与其城市经济的偏移增长及重心耦合态势研究[J]. 地理与地理信息科学, (1): 117-123.
匡海波. 2007. 基于关联度模型的港口经济与城市经济关系研究[J]. 中国软科学, (8): 110 -115.
李东泉, 徐飞鹏. 2003. 青岛城市发展史上的三次飞跃——兼论城市规划与城市发展的关系[J]. 城市规划汇刊, 143(1): 37-44.
李东泉. 2007. 近代青岛城市规划与城市发展关系的历史研究及启示[J]. 中国历史地理论丛, 22(2): 125-136.
李加林. 1998. 河口港城市形态演变的分析研究——兼论宁波城市形态的历史演变及发展[J]. 人文地理, (2): 50-53.
李加林, 朱晓华, 张殿发. 2008. 群组型港口城市用地时空扩展特征及外部形态演变——以宁波为例[J]. 地理研究, 27(2): 275-284, 483.
李南. 2007. 论临港产业集群的内涵与边界[J]. 港口经济, (11): 40-42.
李小燕, 王菲凤, 张江山. 2011. 基于韦伯-费希纳定律的湖泊富营养化评价[J]. 水电能源科学, 29(3): 37-39.
连健, 李小娟, 宫辉力, 等. 2010. 基于ESDA 的北京市乡镇农业经济空间特性分析[J]. 地域研究与开发, (1): 130-135.
梁辰, 王诺, 佟士祺, 等. 2012. 大连临港产业集聚与城市空间结构演变研究[J]. 经济地理, 32(8): 84-90.
梁国昭. 2008. 广州港: 从石门到虎门——历史时期广州港口地理变化及其对城市空间拓展的影响[J]. 热带地理, 28(3): 247-252.
梁双波, 曹有挥, 吴威. 2007. 全球化背景下的南京港城关联发展效应分析[J]. 地理研究, 26(3): 599-608.
梁双波, 曹有挥, 吴威. 2013. 上海大都市区港口物流企业的空间格局演化[J]. 地理研究, 32(8): 1448-1456.
林桂兰, 左玉辉. 2007. 厦门湾城市化过程的人口资源环境与发展调控[J]. 地理学报, 62(2): 137-146.
林艳君. 2004. 宁波城市空间形态演变过程及优化研究[J]. 现代城市研究, (12): 53-57.
刘斌. 2009. 城市物流量空间分布位序规模模型[J]. 上海海事大学学报, 30(1): 74-78.
刘传明, 曾菊新. 2011. 县域综合交通可达性测度及其与经济发展水平的关系: 对湖北省 79 个县域的定量分析[J]. 地理研究, 30(12): 2209-2221.
刘鹤, 金凤君, 刘毅, 等. 2011. 中国石化产业空间组织的评价与优化[J]. 地理科学, 66(10): 1332-1342.
刘继生, 陈彦光. 1998. 城镇体系等级结构的分形维数及其测算方法[J]. 地理研究, 17(1): 83-90.
刘明华, 陈彦光. 2001. 城市土地利用形态及其空间结构的分维描述方法[J]. 信阳师范学院学报(自然科学版), 14(2): 209-219.

刘巍, 陈昭. 2009. Eviews 操作简明教程[M]. 广州: 暨南大学出版社.
刘长德. 1999. 大连城市规划 100 年(1899～1999)[M]. 大连: 大连海事大学出版社.
陆锋, 陈洁. 2008. 武汉城市圈城市区位与可达性分析[J]. 地理科学进展, 27(4): 68-74.
陆伟芳. 2000. 港口城市: 18—19 世纪上海与利物浦发展的比较研究[J]. 学术月刊, (3): 55-61.
陆玉麒. 2002. 区域双核结构模式的形成机理[J]. 地理学报, 57(1): 85-95.
罗宏宇, 陈彦光. 2002. 城市土地利用形态的分维刻画方法探讨[J]. 东北师大学报(自然科学版), 34(4): 108-113.
马丽, 金凤君, 刘毅. 2012. 中国经济与环境污染耦合度格局及工业结构解析[J]. 地理学报, 67(10): 1299-1307.
马仁锋, 王美, 张文忠, 等. 2015. 临港石化集聚对城镇人居环境影响的居民感知——宁波镇海案例[J]. 地理研究, 34(4): 729-739.
马荣华, 蒲英霞, 马晓冬. 2007. GIS 空间关联模式发现[M]. 北京: 科学出版社.
孟德友, 陆玉麒. 2011. 高速铁路对河南沿线城市可达性及经济联系的影响[J]. 地理科学, 31(5): 537-543.
莫辉辉. 2012. 复杂交通网络[M]. 北京: 经济管理出版社.
莫辉辉, 金凤君, 刘毅, 等. 2010. 机场体系中心性的网络分析方法与实证[J]. 地理科学, 30(2): 204-212.
潘坤友, 曹有挥, 刘可文, 等. 2017. 长江三角洲集装箱班轮网络空间格局及其演化[J]. 地理科学, (5): 682-690.
申卯兴, 薛西锋, 张小水. 2003. 灰色关联分析中分辨系数的选取[J]. 空军工程大学学报, 4(1): 68-70.
沈惊宏, 陆玉麒, 兰小机, 等. 2012. 区域综合交通可达性评价——以安徽省为例[J]. 地理研究, 31(7): 1280-1293.
沈丽珍, 顾朝林, 甄峰. 2010. 流动空间结构模式研究[J]. 城市规划学刊, (5): 26-32.
沈秦伟, 韩增林, 郭建科. 2013. 港口物流与城市经济增长的关系研究——以大连为例[J]. 地理与地理信息科学, 29(1): 69-73.
施欣. 2000. 水运企业现代管理理论方法与应用[M]. 北京: 人民交通出版社.
宋连威. 1998. 青岛城市的形成[M]. 青岛: 青岛出版社.
孙芳芳. 2010. 浅议灰色关联度分析方法及其应用[J]. 科技信息, (17): 880-882.
孙玺菁, 司守奎. 2015. 复杂网络算法与应用[M]. 北京: 国防工业出版社.
滕堂伟, 施春蓓. 2013. 区域经济联系与卫星城产业区发展: 以上海临港产业区为例[J]. 经济地理, 33(8): 61-67.
田汝耕, 张振克, 朱大奎. 2004. 海岸带临港工业、海运物流与全球化大生产的探讨[J]. 世界地理研究, 13(2): 1-8.
万旭东, 麦贤敏. 2009. 港口在城市空间组织中的作用解析[J]. 规划师, (4): 56-62.
汪小帆, 李翔, 陈关荣. 2006. 复杂网络理论及其应用[M]. 北京: 清华大学出版社.
王成金. 2007. 中国港口分布格局的演化与发展机理[J]. 地理学报, 62(8): 809-820.
王成金. 2008. 现代港口地理学的研究进展及展望[J]. 地球科学进展, 23(3): 243-251.
王成金, Ducruet C. 2011. 现代集装箱港口体系演进理论与实证[J]. 地理研究, 30(3): 397-410.
王海壮, 栾维新. 2011. 20 世纪 60 年代以来海港城市研究进展[J]. 地理科学进展, 30(8): 995-1005.
王缉宪. 2010. 中国港口城市的互动与发展[M]. 南京: 东南大学出版社.

王列辉. 2006. 港口城市与区域发展——上海、宁波两港比较的视野[J]. 郑州大学学报(哲学社会科学版), (6): 12-13.
王列辉. 2010. 国外港口城市空间结构综述[J]. 城市规划, 34(11): 55-62.
王列辉. 2013. 外港与城市发展研究——以上海、天津为中心[J]. 地域研究与开发, 32(6): 24-28.
王诺, 董玲玲, 吴暖, 等. 2016 蓄意攻击下全球集装箱海运网络脆弱性变化[J]. 地理学报, 71(2): 293-303.
王淑琴, 韩增林. 1992. 东北区港口货流与布局研究[M]. 大连: 大连理工大学出版社.
王松涛, 王丽君. 2008. 青岛临港产业集群发展现状评述[J]. 中国港口, (5): 18-20.
王兴平. 2003. 中国城市新产业空间发展机制与空间组织研究[D]. 南京大学博士学位论文.
王铮, 邓悦, 葛昭攀, 等. 2002. 理论经济地理学[M]. 北京: 科学出版社.
卫志民. 2011. 微观经济学[M]. 北京: 高等教育出版社.
邬珊华, 杨忠振, 董夏丹. 2014. 重要临港产业的空间分布特征及其临港偏好程度的差异性比较[J]. 热带地理, 34(2): 199-208.
吴传钧, 高小真. 1989. 海港城市的成长模式[J]. 地理研究, 8(4): 9-15.
吴旗韬, 张虹鸥, 叶玉瑶, 等. 2011. 港口体系演化的影响因素及驱动机制分析[J]. 人文地理, (3): 106-110.
吴松弟. 2004. 港口—腹地与中国现代化的空间进程[J]. 河北学刊, 20(3): 160-166.
吴威, 曹有挥, 曹卫东, 等. 2006. 长江三角洲公路网络的可达性空间格局及其演化[J]. 地理学报, 61(10): 1065-1074.
吴威, 曹有挥, 曹卫东, 等. 2007. 开放条件下长江三角洲区域的综合交通可达性空间格局[J]. 地理研究, 26(2): 391-402.
吴威, 曹有挥, 梁双波. 2010. 20 世纪 80 年代以来长三角地区综合交通可达性的时空演化[J]. 地理科学进展, 29(5): 619-629.
武强. 2012. 近代中国港城关系变迁简析(1916～1936): 以相对集中系数为例的分析[J]. 中国历史地理论丛, 27(2): 70-81.
肖红. 2008. 集装箱运输对港口城市交通的影响[J]. 铁道运输与经济, (1): 77-79.
徐永健, 阎小培, 许学强. 2001. 西方现代港口与城市、区域发展研究述评[J]. 人文地理, 16(4): 28-33.
许继琴. 1997. 港口城市成长的理论与实证探讨[J]. 地域研究与开发, 16(4): 11-14.
许学强. 1997. 城市地理学[M]. 北京: 高等教育出版社.
许妍. 2008. 大连城市居住空间扩展及其人居环境问题[D]. 辽宁师范大学硕士学位论文.
郇恒飞, 焦华富, 汪志. 2011. 连云港市港口—城市协调关系的演进研究[J]. 经济地理, 31(11): 1828-1833.
郇恒飞, 焦华富, 韩会然, 等. 2012. 连云港市的港城协调发展模式演化及影响要素[J]. 人文地理, 123(1): 77-81.
杨国良, 张捷, 刘波, 等. 2007. 旅游流流量位序—规模分布变化及其机理——以四川省为例[J]. 地理研究, 26(4): 662-672.
杨洪焦, 孙林岩, 高杰. 2008. 中国制造业集聚度的演进态势及其特征分析——基于 1988～2005 年的实证研究[J]. 数量经济技术经济研究, (5):55-66.
杨镜吾, 沈豹. 2006. 城市依托对港口开发的影响[J]. 中国水运, 9: 34-35.
杨山, 潘婧. 2011. 港城耦合发展动态模拟与调控策略——以连云港为例[J]. 地理研究, 30(6): 1021-1031.

杨山, 潘婧, 季增民. 2011. 耗散结构视角下连云港港城系统演进机理及规律研究[J]. 地理科学, 31(7): 781-787.
杨吾扬. 1989. 区位论原理[M]. 兰州: 甘肃人民出版社.
杨吾扬, 张国伍. 1986. 交通运输地理学[M]. 北京: 商务印书馆.
尹鹏, 李诚固, 陈才. 2014. 东北地区省际城市可达性及经济联系格局[J]. 经济地理, 34(6): 68-74.
于汝民. 2003. 港口规划与建设[M]. 北京: 人民交通出版社.
俞勇军, 陆玉麒. 2005. 省会城市中心性研究[J]. 经济地理, 25(3): 352-357.
张宝, 刘静玲, 陈秋颖, 等. 2010. 基于韦伯-费希纳定律的海河流域水库水环境预警评价[J]. 环境科学学报, 30(2): 268-274.
张莉, 陆玉麒, 赵元正. 2009. 基于时间可达性的城市吸引范围的划分: 以长江三角洲为例[J]. 地理研究, 28(3), 803-816.
张文尝, 金凤君, 荣朝和, 等. 1992. 空间运输联系——理论研究·实证分析·预测方法[M]. 北京: 中国铁道出版社.
张文忠. 2000. 经济区位论[M]. 北京: 科学出版社.
张耀光, 王圣云, 宋欣茹. 2004. 上海利用岛屿岸线发展海洋经济的前景[J]. 经济地理, 24(6) : 780-783.
张耀光, 崔玉阁, 殷艳, 等. 2006. 上海洋山深水港建设的地域空间作用分析[J]. 地理与地理信息科学, 22(3): 85-87.
赵鹏军, 吕斌. 2005. 港口经济及其地域空间作用: 对鹿特丹港的案例研究[J]. 人文地理, 85(5): 108-111.
赵晓波. 2008. 复兴滨水区, 构建精神港湾——厦门港片区更新与改造研究[J]. 现代城市研究, (6): 35 42.
赵媛, 牛海玲, 杨足膺. 2010. 我国石油资源流流量位序-规模分布特征变化[J]. 地理研究, 29(12): 2121-2131.
真虹. 2005. 第四代港口的概念及其推行方式[J]. 交通运输工程学报, 5(4): 90-95.
郑弘毅. 1982. 海港区域性港址选择的经济地理分析[J]. 经济地理, (2): 114-119.
郑弘毅, 顾朝林. 1987. 我国沿海城市体系初探[J]. 自然资源学报, 2(3): 213-229.
郑弘毅, 顾朝林. 1988. 我国沿海城市布局演变过程及其规律[J]. 经济地理, 8(4): 261-263.
郑弘毅, 张务栋. 1982. 从区域与城市发展的角度评上海港港址选择问题[J]. 地理学报, 87(3): 252-260.
周铁军, 陈威成. 2008. 港口码头空间性质变化与城市肌理关系探讨[J]. 建筑学报, (5): 43-46.
朱传耿, 刘波, 李志江. 2009. 港口—腹地关联性测度及驱动要素研究——以连云港港口—淮海经济区为例[J]. 地理研究, 28(3): 716-725.
朱力, 潘哲, 徐会夫, 等. 2009. 从"一主、一副"到"双城、双港"——《天津市空间发展战略研究》的空间解答[J]. 城市规划, (4): 36-40.
庄佩君, 汪宇明. 2010. 港-城界面的演变及其空间机理[J]. 地理研究, 29(6): 1105-1116.
Kaye B H. 1999. 分形漫步[M]. 徐新阳译. 沈阳: 东北大学出版社.
Schubert D. 2006. 汉堡港岸地区的转型过程[J]. 干靓译. 国外城市规划, 21(1): 1-11.
Anselin L. 1980. Estimation Methods for Spatial Autoregressive Structures. Regional Science Dissertation and Monograph Series 8[M]. New York: Cornell University.

Anselin L. 1988. Spatial Econometrics: Methods and Models[M]. Dordrecht: Kluwer Academic Publishers.

Anselin L. 1995. Local indicators of spatial association—LISA[J]. Geographical Analysis, 27(2): 93-115.

Barke M. 1986. Transport and Trade[M]. London: Oliver&Boyd, Edinburgh.

Batty M, Longley P A. 1987. Fractal-based description of urban form[J]. Environment and planning B: Planning and Design, 14: 123-134.

Batty M. 1991. Cities as fractals: simulating growth and form[A]//Crilly A J, Earnshaw P A, Jones H. Fractals and Chaos. New York: Springer-Verlag: 43-69.

Bird J H. 1965. The Major Seaports of the United Kingdom[M]. London: Hutchinson.

Bird J H. 1968. Sea Port Gate Ways of Australia[M]. London: Oxford University Press.

Bird J H. 1971. Sea Portsand Sea Port Terminals[M]. London: Hutchinson.

Bivand R, Szymanski S. 2000. Modelling the spatialimpact of the introduction of compulsory competitive tendering[J]. Regional Science and Urban, 78: 1168-1180.

Chaline C. 1993. Synthesis-Urban Planning and Quality of Life at the City/Port Interface, City and Port, Partners for the Environment[M]. Algeciras: Edition AIVP.

de Langen P W. 2002. Clustering and performance: the case of maritime clustering in the Netherlands[J]. Martitime Policy &Management, 29: 29-221.

Dempster A P. 1967. Upper and lower probabilities induced by a multivalused mapping[J]. Annals of Mathematical Statistics, 38(2): 325-339.

Dempster A P. 1968. Generalization of Bayesian inference[J]. Journal of the Royal Statistical Society, 30: 205-247.

Ducruet C. 2005. Approche comparée du développement des villes-portsàl'échelle mondiale: problemsthéoriques et méthodologiques[J]. Cahiers Scientifiques du Transport, 48: 59-79.

Ducruet C, Jeong O. 2005. European Port-city Interface and its Asian Application[M]. Anyang: Korea Research.

Ducruet C, Lee S. 2006. Frontline soldiers of globalization: port-city evolution and regional competition[J]. GeoJournal, 67(2): 107-122.

Dutt A K, Xie Y, Costa F J, et al. 1994. City forms of China and India in global perspective[A]//Dutt A K, Costa F J, SurinderA, et al. The Asian City: Processes of Development, Characteristics and Planning. Dordrecht: Kluwer Academic Publishers: 25-51.

Eliot E. 2003. Chorotype de la métropole portuaire d'Asie duSud[J]. Mappemonde, 69(1): 7-10.

Ellison G, Glaeser E. 1997. Geographic concentration in U. S. manufacturing industries: a dartboard approach[J]. Journal of Political Economy, 105(5): 889-927.

Frankhauser P, Sadler R. 1991. Fractal analysis of agglomerations[A]//Proceedings of the Second International Colloquium of the Sonderforschungsbereich 230, Natrliche Konsruktionen. Stuttgart: University of Stuttgart: 56-57.

Geurs K, Wee B. 2004. Accessibility evaluation of land-use and transport strategies review and research directions[J]. Journal of Transport Geography, 12(2): 127-140.

Gleave M B. 1997. Port activities and the spatial structure of cities: the case of Freetown, Sierra Leone[J]. Journal of transport Geography, 5(4): 257-275.

Guo J, Wang S, Wang D, et al. 2017. Spatial structural pattern and vulnerability of China-Japan-Korea shipping network[J]. Chinese Geographical Science, 27(5): 697-708.

Gutiérrez J. 2001. Location, economic potential and daily accessibility: an analysis of the accessibility impact of the high-speed line Madrid-Barcelona-French border[J]. Journal of Transport Geography, 9(4): 229-242.

Gutiérrez J, Gonzalez R, Gomez G. 1996. The European high speed train network: predicted effects on accessibility patterns[J]. Journal of Transport Geography, 4(4): 227-238.

Haezendonck E. 2001. Essays on strategy analysis for seaports[J]. International Journal of Maritime Economics, 4(2): 185-187.

Hall P. 1991. Waterfronts: a new urban frontier(working paper No. 55B)[Z]. Berkeley C A, Institute of Urbanand Regional Development, University of California.

Hayuth Y. 1981. Containerization and the load center concept[J]. Economic Geography, 57(2): 160-176.

Hayuth Y. 1982. The port-urban interface: an area in transition[J]. Area, 14(3): 219-224.

Hayuth Y. 1988. Rationalization and deconcentration of the U. S. container port system[J]. The Professional Geographer, (40): 279-288.

Hoover E M. 1948. The Location of Economic Activity[M]. New York: McGraw-Hill.

Hordijk L. 1979. Problems in estimating econometric relations in space[J]. Papers Regional Science Association, 42: 99-11.

Hoyle B S. 1988. Development Dynamics at the Port-City Interface[A]//Hoyle B S, Pinder D A, Husain M S.Revitalising the Waterfront: International Dimensions of Dockland Redevelopment. London: Belhaven Press: 5-19.

Hoyle B S. 1989. The port-city interface: trends, problems and examples[J]. Geoforum, 20: 429-435.

Hoyle B S. 2000. Global and local change on the port-city waterfront[J]. Geographical Review, (5): 595-417.

Hoyle B S. 2006. Identity and interdependence: transport and transformation at the port-city interface[A]. Koper, Slovenia: The 4th Project Meeting of the Ionian and Adriatic Cities and Ports Joint Cooperation.

Hoyle B S, Hilling D. 1984. Seaport Systems and Spatial Change: Technology, Industry and Development Strategies[M]. Wiley: Chichesterm.

Hoyle B S, Pinder D A. 1981a. City Port Industrialization and Regional Development[C]. London: Belhaven.

Hoyle B S, Pinder D A. 1981b. Seaports, cities and transport systems[A]//Hoyle B S, Pinder D A. Cityportin Dustrialization and Regional Development. London: Belhaven: 1-10.

Kenyon J B. 1974. Elements in Inter-Port Competition in the United States[M]. New York: McGraw HillSeries in Geography.

Lee S W, Song D W, Ducruet C. 2008. A tale of Asia's worldports: the spatial evolution in global hub port cities[J]. Geoforum, 39(1): 372-385.

Lilian L. 1993. The Urban Port, an Environmental Challenge: the Case of New-York, City and Port, Partners for the Environment[M]. Algeciras: Edition AIVP.

Linneker B, Spence N. 1996. Road transport infrastructure and regional economic development: the regional development effects of the M25 London orbital motorway[J]. Journal of Transport Geography, 4(2): 77-92.

McCalla R J. 1985. Separation and specialization of landuses in city-port waterfronts: the cases of

Saint John and Halifax[J]. Canadian Geographier, (2T): 49-65.
McGee T G. 1967. The Southeast Asian City: A Social Geographyof the Primate Cities[M]. London: G. Bell & Sons Ltd.
Miguet A P. 1993. Sustainable Development Between City and Port, the Santander Example, City and Port, Partners for the Environment[M]. Algeciras: Edition AIVP.
Morgan F W. 1952. Ports and Harbours [M]. London: Hutchinson.
Notteboom T E. 1997. Concentration and load centre development in the European container port system[J]. Journal of Transportation Geography, 5(2): 99 -115.
Notteboom T E. 2005. Port regionalization: towards a new phase in port development[J]. Maritime Policy & Management, 32(3): 297-313.
Olivier D, Brian S B. 2006. Rethinking the port[J]. Environment and Planning A, 38: 1409-1427.
Pinder D, Hoyle B S, Husain S. 1988. S-Retreat, Redundancy and Revitalisation: Forces, Trends and a Research Agenda[M]. London: Belhaven Press.
Pollock E E. 1973. Ports, Port Hinterland and Regional Development[M]. Tokyo: The Bulletin, Japan MaritimeResearch, Institute.
Pollock E E. 1981. Free ports, free trade zones, export processing zones and economic development[A]//Hoyle B S, Pinder D A. Cityport Industrialization and Regional Development. London: Telhaven: 45-57.
Shafer G. 1976. A Mathematical Theory of Evidence[M]. Princeton: Princeton University Press.
Slack B. 1982. Port service industries: the case of Montreal[J]. Cahiers De Géographie De Québec, 26(68): 235-240.
Slack B. 1989. The port service industry in an environment of change[J]. Geoforum, 20(4): 447-457.
Soffer A, Shimon S. 1986. The port city: a subgroup of the MiddleEastern city model[J]. Ekistics, (53): 102-110.
Sommer J W. 1976. The internal structure of African cities[A]//Knight C G, Newman J L. Contemporary Africa Geography and Change. New Jersey: Prentice Hall: 306-320.
Taaffe E J. 1995. Geography of Transportation(Second Edition)[M]. New Jersey: Prentice Hall.
Taaffe E J, Morrill R L, Gould P R. 1963. Transport expansion in underdeveloped countries[J]. Geographic Review, (53): 502-529.
Turner R K, Bateman I. 1998. Coastal management for sustainable development: analysing environmentand socio-economic changes on the UK coast[J]. The Geographical Journal, 164(3): 269-281.
Ullman E L, Harris C D. 1945. The nature of cities[J]. Annals of the American Academy of Political and Social Science, (242): 7-17.
UNCTAD. 1999. Technical Note: Fourth Generation Port[R]. UNCTAD.
Vigarié A. 1968. Géographie de la circulation[M]. Paris: Genin.
Vallega A. 1979. Fonctions portuaires et polarisations littorales dans la nouvelle régionalisation de la Méditerranée, quelques réflexions[J]. Tokyo: Paper presented at the 2nd French-Japanese Geographical Colloquium, (2): 44-48.
White R, Engelen G. 1993. Cellular automata and fractal urban form: acellular modelling approach to the evolution of urban land-use patterns[J]. Environment and Planning A, 25: 1175-1199.

彩　图

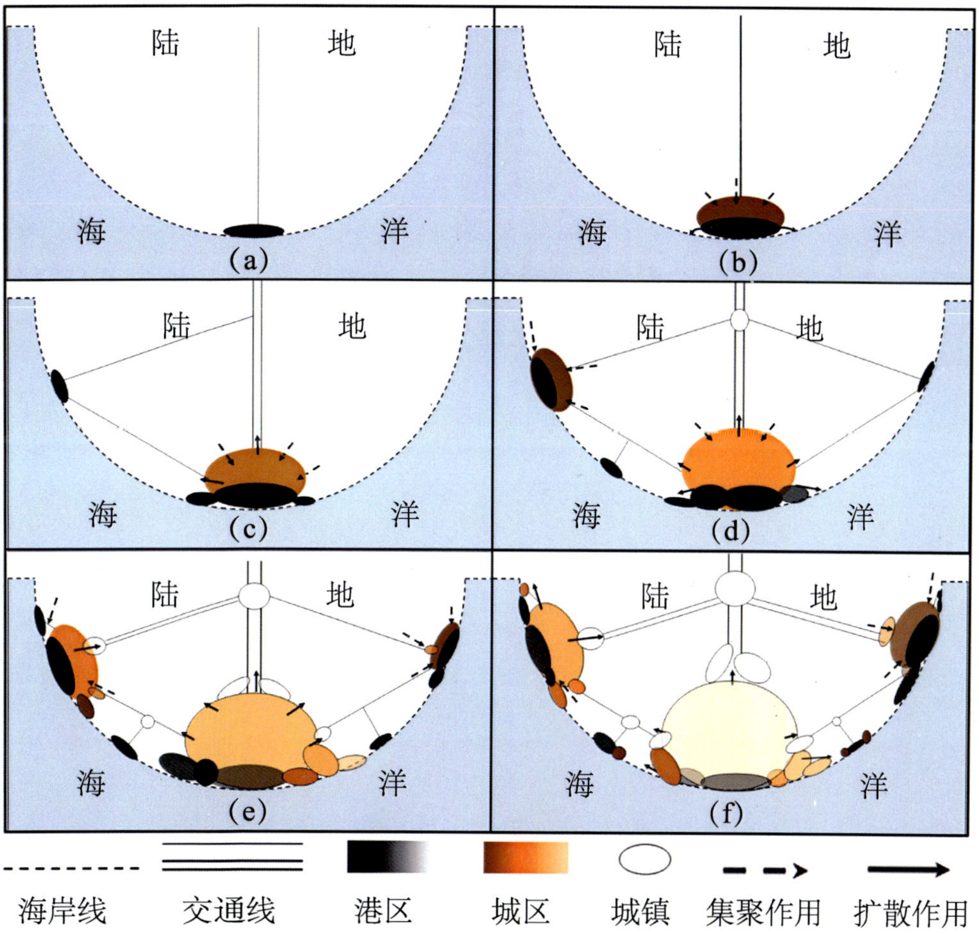

图 3-8　现代海港城市“港-城空间系统”演化模式

城区颜色越浅表示其产业临港化程度越低，港区颜色越浅表示其港口功能越倾向于高级化、服务化